CHRONIQUES PAROISSIALES

DE MAISONCELLES

IMPRIMATUR.

Laval, le 31 mars 1887.

BOUVIER, *Vic. capit*.

CHRONIQUES PAROISSIALES

DE

MAISONCELLES

PAR

L'ABBÉ CHARLES MAILLARD

CURÉ DE LA PAROISSE

Maisoncelles sous l'Ancien régime

Maisoncelles depuis le 4 août 1789 jusqu'au Concordat

Maisoncelles depuis le rétablissement du Culte

LAVAL

CHAILLAND, IMPRIMEUR-LIBRAIRE DE L'ÉVÊCHÉ

Rue des Béliers, 2 (place des Arts)

1887

CHRONIQUES PAROISSIALES

DE

MAISONCELLES

PAR

L'ABBÉ CHARLES MAILLARD

CURÉ DE LA PAROISSE

Maisoncelles sous l'Ancien régime

Maisoncelles depuis le 4 août 1789 jusqu'au Concordat

Maisoncelles depuis le rétablissement du Culte

LAVAL

CHAILLAND, IMPRIMEUR-LIBRAIRE DE L'ÉVÊCHÉ

Rue des Béliers, 2 (place des Arts)

1887

DIVISION DE L'OUVRAGE

PREMIÈRE PARTIE

Maisoncelles sous l'Ancien régime.

DEUXIÈME PARTIE

Maisoncelles depuis le 4 août 1789 jusqu'au Concordat.

TROISIÈME PARTIE

Maisoncelles depuis le rétablissement du Culte.

PREMIÈRE PARTIE

MAISONCELLES

Sous l'Ancien Régime

I

ORIGINE. — FONDATION DE LA PAROISSE. — SON ÉTAT CANONIQUE.

Il est difficile, pour ne pas dire impossible, de remonter à l'origine de Maisoncelles. D'où vient même ce nom ? Qu'étaient, que faisaient les premiers habitants de ce lieu ?

Du reste lors même qu'on aurait déterminé à quelle époque il y eût, dans cette région couverte de bois, une agglomération de travailleurs, soit unis entre eux pour défendre leurs intérêts, soit rangés autour d'un seigneur pour en obtenir aide et protection, la solution ne serait pas complète : il resterait toujours à trouver la première organisation de la paroisse ; c'est-à-dire l'érection d'une église avec son titre, l'établissement d'un office ecclésiastique par l'autorité diocésaine, et la constitution d'un revenu pour le titulaire de la charge créée. Or, sur tout cela les documents nécessaires et précis font absolument défaut, si l'on veut remonter trop loin.

La *Revue d'Anjou* (année 1868, tom. III), a fait remarquer que, sous la féodalité, pendant que la demeure distinguée du gentilhomme, bâtie dans les campagnes, et entourée de douves fangeuses, portait assez souvent le nom de Le Mesnil, la simple habitation du vilain, du paysan recevait celui de Mansio, mot qui adopte les variantes de Mézangers, Maisoncelles. Déjà Cauvin, dans sa géographie ancienne du diocèse du Mans, avait dit au mot Mancionelœ : (x° siècle — 988) Maisoncelles fait partie des biens cédés au monastère d'Evron par Robert, *comte de Blois : reddidit Mancionellas* — (cart. Ebron. instrumenta *LXIX*; et au mot Marsiliacus, il ajoutait : (1097-1125) l'évêque du Mans Hildeber confirme à l'abbaye de Marmoutiers l'église de Maisoncelles. — Mais jamais, ce me semble, *Mansio, Mancionelœ* ou *Marsiliacus* n'ont voulu dire Maisoncelles ; ces mots désigneraient plutôt Mansigné, ou Marcillé. Puis s'agit-il de notre Maisoncelles, ou de l'autre Maisoncelles qui est dans la Sarthe ? Enfin en ce qui concerne la cession de Maisoncelles à l'abbaye d'Evron, Cauvin est en contradiction avec le récent auteur de la *Monographie religieuse* d'Evron qui, en donnant la liste complète des églises attachées au monastère, ne cite pas un seul Maisoncelles. Ce n'est donc pas de ce côté qu'il faut rechercher l'origine de la paroisse ; et du même coup il faut renoncer à l'antiquité assez belle dont on voulait bien nous doter.

Dom Piolin, dans son *Histoire de l'Eglise du Mans*, tom. IV, écrit : Sous l'épiscopat de Guy d'Etampes — (36° évêque du Mans, de 1126 à 1136), — plusieurs abbayes des diocèses étrangers reçurent de nombreuses aumônes de la part des Manceaux..... L'abbaye de Marmoutiers, loin de perdre quoi que ce soit de son ancienne influence dans le diocèse, fonda de nouveaux sanctuaires : le *prieuré de Maisoncelles semble se rapporter à cette même date....* Page 20, le même auteur ajoute qu'à cette époque les religieux faisaient valoir leurs vignes de leurs propres mains, et que dans notre pays il y eut un grand nombre de ces petites *Celles* monastiques, dont l'action morale, religieuse et même industrielle est incalculable. — Ces indications sont intéressantes ; mais elles ne constituent qu'une présomption en notre faveur. — Même volume, aux pièces justificatives, il est dit (p. 573), qu'un personnage du Bignon, du nom de Liziard Tirel, donna à l'abbaye de Marmoutiers les dîmes du Bignon dont il était locataire ; la concession fut faite du consentement du seigneur du Bignon, *favente Hugone Herguenii domno de Bugnone, et filio ejus, et uxore ejus de quibus eam tenebat,* et en présence *de Gauslini de Mesoncellis.* C'était au XII° siècles. Qu'était ce Gauslin ?

Même pièce justificative, il est rapporté qu'un *Garnaldus de Mesoncellis,* qui avait loué, peut-être plus tard, ces mêmes dîmes du Bignon, qui *eamdem decimam in vadimonio tenebat,* fit à son tour un don à l'abbaye de Marmoutiers, par affection pour son beau-frère devenu bénédictin ; le don consistait *in unam sextariam terræ in Maurinarid ;* encore du XII° siècle. Tout cela indique bien que Maisoncelles existait à cette époque, et que plusieurs de ses personnages étaient en relations avec Marmoutiers; mais rien de plus.

A une date ultérieure, difficile à préciser, ces relations avaient pris un caractère autrement grave ; je veux dire que Maisoncelles, comme bien d'autres centres religieux, était entré sous la pleine dépendance de la célèbre abbaye, à titre de prieuré, non pas claustral, ou conventuel, mais simple ; c'est un fait absolument certain ; tous les historiens, tous les documents le disent en termes très nets.

Ne nous étonnons point de cette extension des ordres Monastiques. Quand on dit qu'au moyen âge la science et la culture des lettres s'étaient refugiées dans les cloîtres, cela est rigoureusement vrai ; et il était presque impossible qu'il en fut autrement. Il n'y avait que des moines, vivant ensemble, s'aidant mutuellement, qui fussent capables avant la découverte de l'imprimerie en 1436 et son importation à Paris en 1470, de copier à la main les livres nécessaires à l'instruction, et de les étudier; eux seuls pouvaient, sans trop de difficultés, se pourvoir de missels, breviaires, rituels, livres de chant obligatoires pour le service du culte ; eux seuls, surtout dans les campagnes, étaient en état de recevoir la juridiction spirituelle et d'exercer l'administration temporelle des paroisses. Sans doute, dès 1123, le premier Concile de Latran avait fait aux religieux une loi d'avoir des suppléants pour le gouvernement des paroisses ; mais, observe justement l'abbé Gourdelier (1), « les reli-

---

(1) *Monographie religieuse* d'Evron, p. 70.

» gieux gardèrent le titre de curés primitifs, avec
» une grande partie des honneurs et des avantages
» attachés à la charge curiale, et se firent remplacer
» par des chapelains responsables qu'ils eurent soin
» d'abord de prendre dans leurs rangs et d'assujettir
» en partie à leurs règles ».

Telle a dû être, au moins au XIIIe et au XIVe siècle, la situation canonique de Maisoncelles.

Ainsi à l'obscurité du commencement succède un demi jour; voici venir d'un autre côté une nouvelle lumière.

Dans un livre des *Généalogies des familles nobles* de ce pays, rédigé au XVIIIe siècle par un d'Houllières, seigneur de la Jupellière, et gardé avec soin dans la bibliothèque du château (1), il est rapporté qu'au commencement du XVe siècle Jeanne de Couliettes, dame de Maisoncelles, fille de Geoffroy de Couliettes, se maria à Jean d'Arquené. Devenue veuve elle parût aux assises de Laval en 1418. Le 21 juil-

---

(1) M. de Vauguion a bien voulu me permettre, pendant tout un jour, de consulter intégralement ce manuscrit intéressant, un volume in-folio. Je renouvelle ici publiquement l'expression de ma reconnaissance pour un acte gracieux qui m'initiait à des détails intimes.

Une gratitude sincère est due aussi de ma part à MM. les Archivistes de la Sarthe et de la Mayenne ; à M. l'abbé Pichon, secrétaire de l'Evêché du Mans, à M. le Prêtre-Sacriste de la Cathédrale, gardien des archives du Chapitre de la même ville; et sans plus de retard je veux m'acquitter de ce devoir : s'il est dans la charge de ces messieurs d'ouvrir indistinctement leurs trésors de documents à quiconque veut en tirer parti, ils y ont tous appporté une telle complaisance que le visiteur inconnu se regardait traité comme un ami.

let 1420, elle donna trente livres de rente pour la fondation d'une chapelle. Cette fondation, continuée par le fils, fut acceptée par l'évêque du Mans en 1432; et le fondateur assigna pour revenu les *dixmes* qu'il possédait à Maisoncelles, plus 40 boisseaux d'avoine, *dont 20 seront payés par le curé de Maisoncelles.*

Ce document est précieux, il montre qu'au commencement du xv° siècle, la paroisse était toute fondée, toute organisée; il y avait un curé qui n'était pas le même que le titulaire de la chapelle fondée par le seigneur — notons bien cette distinction de personnes et de titres; elle servira plus tard à faire disparaître une confusion qui s'était produite avec le temps; — avec le curé, il y avait nécessairement une église paroissiale pour exercer son ministère, et enfin un territoire déterminé sur lequel s'étendait sa juridiction.

Si important que soit ce fait, désormais incontestable, les clartés historiques ne sont cependant pas encore complètes; car, sans parler des noms et des actes des curés qui manquent et qui manqueront pendant près de deux cents ans, il nous reste au moins à savoir quel était le présentateur à la cure de Maisoncelles : grave question à tous égards, puisque par là était caractérisée la condition ecclésiastique de la paroisse, et que d'un autre côté les procédés à suivre dans le choix des pasteurs étaient divers. En effet qnand une église paroissiale était à la présentation d'un patron ecclésiastique, il fallait à la mort, ou à la démission des titulaires, ouvrir, dans le délai de six mois, un concours pour le choix du successeur, et prendre le plus digne parmi les clers approuvés par les examinateurs synodaux. (Conc. de Trente. Sess. 24. — Soglia, p. 207). Au contraire quand l'église paroissiale était à la présentation d'un patron laïque, il n'y avait pas de concours entre les clercs qui pouvaient ambitionner la succession; il suffisait que le présentateur presentât un clerc, jugé digne par les examinateurs synodaux (id). Il va sans dire que de tels choix ne faisaient pas immédiatement de la personne élue un curé en titre; le pouvoir de régir spirituellement une paroisse ne peut venir que de l'évêque diocésain, et c'était lui seul qui, en acceptant l'élu et en lui donnant des lettres ad hoc, le faisait curé ; suivant le mot usité en droit canon, l'évêque restait toujours *collateur*.

Or ce grand privilège de présenter à la cure de Maisoncelles n'appartenait pas au seigneur de la Jupellière. Ce personnage était pourtant intervenu pour quelque chose dans la fondation de la paroisse; et s'autorisant de cette part, ses héritiers ou ses successeurs, maîtres de la Jupellière, ont maintes fois réclamé certains droits particuliers en leur faveur; ainsi dans un Extrait de la Remenbrance de la Châtellenie de Maisoncelles (1), du 21 septembre 1779, je lis : « A comparu François Ferrant laboureur demeurant à la Boulayère paroisse de Maisoncelle au nom et comme procureur de la fabrice du dit Maisoncelle lequel audit nom s'est avoué sujet censitaire et im-

---

(1) Archives du presbytère.

médiat de cette Châtellenie pour raison..... etc......
..... et a en outre reconnu que Monseigneur et Madame de cette Cour sont fondateurs de l'église et cimetière de la ditte paroisse, qu'à eux appartient tous les droits et honneurs qui dépend de lad. fondation ; et qu'ils sont en droits et pocession immémoriale de présenter à la sacristie dont l'avons jugé sauf.

» Donné aux assises de Maisoncelle par nous Ambroise René Hoinard avocat au Parlement..... etc. »

La réserve de certains droits honorifiques est bien formellement maintenue, et acceptée ; mais pourquoi n'y est-il pas fait mention, en termes exprès, du droit de présentation à la cure? Quand les seigneurs sont si jaloux de garder leur droit — assez récent, on le verra plus tard, — de présenter à l'office secondaire de la sacristie, comment se fait-il qu'ils ne spécifient pas un droit semblable vis-à-vis la cure, et négligent-ils de faire sonner haut une revendication qui aurait tant ajouté à leur prépondérance? C'est que sur ce point, ils n'avaient nulle prétention à faire entendre, soit que le fondateur n'eût pas fait tout ce qui était requis pour mériter le droit de présentation, soit que les successeurs eussent perdu ce droit ou en eussent fait abandon.

Qui donc dès lors présentait à la cure de Maisoncelles? Le pouillé (1) du diocèse du Mans, en date de 1772, insinue qu'originairement ce devait être

---

(1) On appelle pouillé tout registre qui contient l'état et le dénombrement des bénéfices de tel ou tel pays.

l'abbé de Marmoutiers. C'est du reste la conséquence de ce qui a été dit précédemment. Mais au XVIe siècle, cette union de Maisoncelles à l'abbaye de Marmoutiers n'existait plus : j'en trouve la preuve dans un joli petit pouillé du Mans qui date de cette époque et qui se trouve aux archives du Chapitre de la Cathédrale ; à l'article de l'archidiaconé de Sablé, on lit : *Ecclesia paroch. de Domibus cellis, pr ep. Cenoman.* C'est-à-dire : Eglise paroissiale de Maisoncelles, présentateur, l'évêque du Mans.

Rien de plus net ; Maisoncelles, à cette époque, était église paroissiale, et non succursale, ni annexe. Son nom latin était *Domus cellæ*, ce qui diffère notablement de Mansiliacus, Mancionellæ. Maisoncelles faisait partie du doyenné de Sablé, et de l'archidiaconé du même nom ; et dépendait totalement de l'évêque du Mans.

Cette situation ecclésiastique a duré jusqu'au Concordat de 1801.

II

TERRITOIRE. — POPULATION. — PATRONAGE.

Toute paroisse, au moins depuis la loi portée par le Concile de Trente dans sa session 24e (11 novembre 1563), doit avoir un territoire bien délimité par l'évêque diocésain.

Pour le passé, soit antérieur, soit même postérieur

à cette date, je ne trouve pas de documents traçant avec exactitude et détails le contour de Maisoncelles. Seulement, en consultant aux archives de la mairie, les registres de baptêmes, mariages et sépultures, dont la collection ouvre à l'année 1621, et dans lesquels, à partir surtout de la seconde moitié du XVII° siècle, le domicile des habitants est presque toujours indiqué, j'ai pu faire le relevé des closeries et métairies soumises à la juridiction du curé de Maisoncelles ; et cette désignation authentique des noms des habitations, reproduite avec ordre, équivaut presque à une carte de la paroisse.

Ainsi vers le nord, sont :

1° La Galicherie, où mourut Antoine Viot, en 1649.

2° La Sinandière, où mourut la femme de René Meignan, en 1651.

3° La Tremelière, dont le sieur était Mathurin Lemoyne, 1622.

4° La Parentière, où mourut Mathurin Brillet, en 1633.

5° La Lenauderie, closerie où mourut François Beaujean, 1702.

6° Les Besneries, où était Jean Cosson, en 1660.

7° Champdauphin, où mourut Françoise Aubri, 1662.

8° Les Rouëries, où mourut Jeanne Chauvin, 1660.

9° Le Bout-du-Bois apparait comme simple maison en 1764.

10° Le Saule (près le Bout-du-Bois) et la Hutte (près des Besneries), sont mentionnés en 1790.

11° La Pichelotière ou Pichotière, closerie où vivait un Martigné, en 1735.

12° La Basse-Bretonnière, où mourut le métayer Bertrand, 1661.

13° La Grande-Bretonnière, où vivait Pierre Rezé, en 1701.

14° La Gautellerie, proche Bregault (1), où mourut le closier Louis Marteau, 1657.

A l'est :

15° La Jupellière, lieu seigneurial.

16° La Jupellière, métairie du même nom, et proche le domaine du seigneur.

17° La Megnannerie (plus tard on trouve la Meannerie), où mourut René Pilard, 1643.

18° La Queltrie, métairie où vivait Jean Minzière, 1704.

19° La Rouillère, où vivait le métayer Jean Lelièvre, 1639.

20° Le Fresche-Macé, closerie où vivait Jean Simon, 1699.

21° La Motte où mourut Guy Martigné, 1661.

22° La Croixille, dont le *sieur* était Mathurin Lemoyne, 1623.

Au sud, se trouvent :

23° Forge, closerie où vivait un Chaupêtre, 1721.

24° La Chaufaudière, où mourut un Jean Verger,

---

(1) Ce bois a été parfois désigné sous le nom de bois de Breguillery.

1641 (plusieurs habitations dans le village, parce que ce nom revient assez souvent, avec la désignation de différents fermiers) (1).

25° La Hodardière, métairie où vivait un Panard, 1696.

26° La Forge ou les Forges, où moururent le closier Mathurin Legendre, en 1660, et la closière Fouassier, en 1708.

27° La Pasquerie, ou mourut Perrine Gaignard, 1641.

28° La Fourrye, où mourut le closier Jérôme Viot. 1663.

29° Les Genetais, où mourut le closier Pierre Richer, 1657.

30° La Maison-Neuve, où vivait un charpentier du nom de Jean Meignan, 1742. C'était un journalier qui l'occupait en 1770.

31° Les Bigottières, *lieu seigneurial.*

32° Les Bigottières, métairie à côté du domaine.

33° La Girardière, où mourut la femme du colon Guiard, 1690.

34° Les Hayes, où mourut François Bruneau, 1648.

35° La Bouleière, où vivait François Morin, époux d'une Ferrand, 1692.

36° La Roussière, où mourut le métayer René Picoulier, 1689.

37° La Noë-Rousse, où mourut Elisabeth d'Houllières, 1661. En 1692 mourut là aussi Christofle de la

---

(1) La closerie de la Petite-Fontaine en faisait partie. Un Fournier Joseph y vivait en 1848.

Porte, marié à une d'Houllières. En 1698, c'était un closier qui était à la Noë-Rousse.

A l'ouest :

38° Le Chesnay, où mourut Michel Cribier, 1648.

39° La Battrie, où mourut la métayère Julienne Douxami, femme de Pierre Bouleau, 1653.

40° La Blanchetière, où mourut Olivier Morin, 1647.

41° La Gaptière, où mourut un valet du nom de Vincent, 1671.

42° La Luvinière (quelquefois la Luminière), fondation religieuse de 1519.

43° Le Pont-Lochard, où décéda la métayère veuve Martigné, 1622.

44° Le Haut-Pont-Lochard, où mourut le closier Jean Clousière, 1653.

45° Les Landes, closerie où vivait un Meignan, 1735.

46° La Vilaine, où mourut la métayère Antoinette Chamaret, 1661.

47° Soulou, où mourut le métayer Lelièvre, 1676.

48° Le Grand-Coudray, où décéda la métayère Perrine Landelle, 1622.

49° Le Petit-Coudray, où mourut la closière Perrine Bescher, 1650.

50° Juigné (on trouve aussi Juigny plus tard), où mourut le closier Jean Bossuet, 1652.

Au centre et près le bourg :

51° La Cellerie, où mourut le closier Gilles Boucher, 1650.

52° La Janière, où mourut un nourrisson, 1663.

53° Vaulguyon, où mourut Olivier Lelièvre, domestique, 1664.

54° La Coudraie, où mourut un Cribier, 1649.

55° La Haute-Flécherie, où vivait le métayer Réauté, 1692.

56° La Basse-Flécherie, où mourut la métayère Jeanne Foucault, 1689.

57° Le Mortier, où mourut le closier Sébastien Gaynier, 1653.

58° Le Busson, où mourut Jeanne Réauté, 1653.

59° Les Soucheries, où mourut le closier Jean Beaujan, 1662.

60° La Pommerais, dont le sieur était Nicolas Herbet, 1661.

61° Le Patis (ou Paty), dont la dame était une demoiselle Renée Cousin, de Laval, 1650.

62° Le Mesnil, où mourut Renée Roche, femme de Gilles Bouleau, 1633.

63° Le Saule, près le bourg, où mourut René Pichon, 1663.

64° Le Haut-Poirier, est signalé, en 1762.

65° Le Bas-Perier (pour Poirier), où mourut Marin Belu, 1661.

66° La Rue, proche le bourg où mourut Renée Verger, 1658.

67° la Cour, où mourut Michel Verger, 1648.

68° La Bourgeoisie (il y avait la Haute et la Basse), closerie, où mourut René Guy, 1695 (1).

---

(1) J'ai trouvé aussi la Molaiserie, où décéda en 1793, Julienne Lelièvre, et la Noë-du-Puid, où décéda Pierre Gruau, en l'an II; mais ce doit être des noms de maisons du bourg.

De toutes ces habitations, éparses dans la campagne et désignées expressément comme relevant de Maisoncelles, la plupart subsistent encore aujourd'hui avec leurs noms anciens. Six seulement ont été rasées par leurs propriétaires, à diverses époques; ainsi ont disparu la Gautellerie, qui se trouvait à côté des Roueries et dont on voit encore la mare; le Busson, à côté du Mortier; le jardin est encore dessiné par un exhaussement de terrain; le Fresche-Macé, non loin de la Rouillère; la Basse-Bretonnière, à coté de la Bretonnière actuelle; et la Gapierre, au dessous de la Blanchetière (une petite fontaine, située dans le pré de la Planche-Chanteloup, indique l'emplacement de cette ancienne closerie). Mais ces suppressions n'ont pas diminué le territoire; en revanche, il s'est construit un nouveau château (1849), nommé la Lezière et situé tout à fait à la limite de la paroisse, du côté de Villiers-Charlemagne; puis en face de la Vilaine, s'est élevée la maison de Bel-Air.

De tout cela il résulte clairement, ce me semble, que, de temps immémorial, Maisoncelles garde sa primitive étendue; les nouvelles divisions administratives, créées en 1790 et en 1796, ne l'ont pas entamée; même en 1802, quand Mgr de Pidoll, évêque du Mans, et M. le Préfet de Laval se concertèrent pour procéder à l'organisation religieuse du pays, ils n'eurent, pour notre paroisse, qu'à la prendre telle qu'elle se comportait alors, telle en un mot qu'elle avait toujours existé; aussi n'hésité-je pas à dire que le cadastre de 1830, qui fait loi en cette matière au point de vue civil, constitue en même temps l'authenticité de nos limites traditionnelles au point de vue ecclésiastique.

D'après ce beau travail, signé du nom de Garnier (1) géomètre, la ligne, qui nous sépare d'Arquenay, part de la pointe septentrionale d'un champ nommé la Lande-Brûlée, et dépendant de la Galicherie ; suit les fossés qui bordent, outre le côté de cette Lande-Brûlée, la pièce du grand Bois, le Landereau, la Grande-Lande de la Galicherie, la Petite-Lande, la Grande-Lande, et la Lande-Noire, contourne l'ancienne closerie de la Gautellerie, aujourd'hui plantée en bois, et arrive au chemin du Bout du bois ; elle le suit pendant quelque temps ; puis remonte le long des haies et fossés qui séparent le Taillis de la Jupellière d'avec le bois de Bergault, et aboutit au ruisseau de Béron.

A ce point la ligne de délimitation quitte Arquenay, et touche la commune du Bignon. A partir de là, la limite est formée par le Ruisseau de Béron, en le remontant un peu ; par les fossés qui bordent la Futaie, la Brosse, et les petites pièces de Béron ; par le chemin de Béron ; par un ruisseau et un fossé qui sépare la prairie du Bas, par le chemin de la Jupellière à Vassé ; par le ruisseau (1) de la Megnannerie, qui traverse le pré du même nom, en le remontant jusqu'à l'ancien chemin de Maisoncelles au Bignon.

Arrivée là, la limite suit ce vieux chemin pendan

(1) Archives de la mairie de Maisoncelles.
(1) Ce ruisseau part de l'ancien chemin de Maisoncelles au Bignon, et n'a d'eau dans sa partie supérieure qu'en hiver.

plusieurs centaines de mètres, puis, passant derrière l'ex-Friche-Macé, s'étend le long des haies et fossés qui, en diverses directions bordent le closeau du Douet, la pièce des Forges, le closeau du Devant, le Grand-Champ, le pré Chartier, les pièces de la Cure, la Lande-Commune, la Fauvellière, le champ des Landes, la Lande-Plate, la Lande-du-Haut, les Nouïts de la Croixille et la Prise de la Bruère. A ce point, elle trouve le chemin de la Bruère, qu'elle descend jusqu'au chemin de Villiers à Maisoncelles, traverse ce chemin, longe les fossés qui bordent le champ de l'Epine, la Lande et le Landereau, atteint le petit ruisseau de la Noë-Rousse, et en suit le cours jusqu'à sa jonction avec le ruisseau de l'étang de la Potterie.

A ce point nous abandonnons les frontières du Bignon que nous avons touchées pendant si longtemps, et nous trouvons le territoire de Villiers-Charlemagne. Les limites qui nous séparent de cette dernière paroisse, sont formées par le ruisseau de l'étang de la Potterie, en le descendant, jusqu'au chemin de la Roussière, où il se réunit au ruisseau de la Lizière ; par ce ruisseau de la Lizière, en le remontant, jusqu'à un buisson de saule placé au bas et à l'angle rentrant du pré du Bas de la Lizière ; par une ligne droite qui part dudit buisson, traverse le pré du Bas et le pré du Haut de la Lizière, et se termine aux bâtiments de la ferme de la Lizière, de manière à laisser en Villiers la maison d'habitation, le pressoir et le four, et à garder en Maisoncelles la grange, l'étable et l'écurie ; par une autre ligne droite qui traverse le champ de la Rochette, et qui arrive à un roc placé au milieu dudit champ ; par une nouvelle ligne droite qui part de ce roc et arrive à un second roc placé sur le bord du chemin de la Batardière ; et enfin par le chemin de la Batardière jusqu'au Pont-Orfeu, derrière les Chauffaudières.

Ici se rencontre le territoire d'Entrammes. Nous en sommes séparés, à partir du Pont-Orfeu, par le ruisseau du Chenay, en le descendant, jusqu'à la rivière de l'Ouette, et par l'Ouette, en la remontant un peu, jusqu'au gué de la Planche-de-Chanteloup (1).

Là nous trouvons Parné. Les limites du côté de cette paroisse, sont formées par l'ancien chemin qui part du Gué de la Planche-Chanteloup, et remonte une colline pour se diriger vers les Landes ; puis par les fossés et le chemin d'exploitation qui bordent la Lande, la Grande-Chintre, la Petite-Chintre, et la Grande-Pièce, en longeant l'un des côtés de l'étang du Roseau ; ces limites se continuent, l'autre côté de la nouvelle route de Maisoncelles à Entrammes, par

---

(1) A ce point, les limites de Maisoncelles semblent s'écarter de leur tracé naturel comme pour ne pas englober la métairie du Roseau ; et, vu l'étrangeté de ce retrait, on répète que primitivement le Roseau faisait bien partie de Maisoncelles, mais qu'à une certaine époque, le clergé de la paroisse ayant refusé de secourir les fermiers pris de la peste, ce canton s'était adjoint à Parné, d'où étaient venus tous les secours. Ce récit me parait absolument légendaire.

Les limites en ce point ne sont pas plus fantaisistes qu'à la Lizière ou à la Plaie ; il faut bien que chaque paroisse finisse quelque part, et d'une manière quelconque. D'ailleurs un démembrement de paroisse est toujours chose grave, et la solution de cette question aurait dû laisser des traces positives dans les documents de l'histoire locale.

la haie qui borde, près du Roseau, la pièce du moulin de Souloup, et descendent au ruisseau de l'étang du Grand-Coudray. De là, elles remontent ce ruisseau jusqu'à la bonde fondrale dudit étang ; et prennent le cours naturel des eaux qui divisent le fond de l'étang, quand l'étang est à sec. — A partir de là, les limites avec la même paroisse de Parné sont formées par le ruisseau des étangs des Aunais, en le remontant, et par celui de la Galicherie en le remontant aussi jusqu'à la rencontre du fossé qui borde le pré nommé la Commune de la Plaie ; par ce fossé ; par le chemin de la Sinandière à la Plaie, en laissant en Parné tous les bâtiments de cette métairie (1) ; par les fossés qui bordent le closeau de la Mare, et la pièce du Châteigner de la Plaie, la grande pièce et les closeaux de la Galicherie ; par le chemin des Aunais pendant quelques pas ; par la route de Maisoncelles à Laval, pendant aussi quelques pas ; et enfin, en suivant les fossés du pré de la Hairie, de la pièce de la Hairie, de la Tournée, et de la Lande-Brûlée, ces limites arrivent au point même du départ.

Une chose frappe dans la description de ces limites, c'est que la sombre dénomination de Lande revient souvent : tout un côté de la paroisse a en effet une ceinture de très médiocres terrains. Le reste du territoire est de bonne nature, quoique un peu mouillé, à cause du gisement de terre glaise qui forme le sous sol.

---

(1) Le four actuel, d'après l'affirmation des habitants de la Plaie, est en Maisoncelles. On a quelquefois aussi écrit la Pelée.

Le Paige, chanoine du Mans, qui écrivait au milieu du xviiie siècle, dit, en parlant de Maisoncelles, qu'on y cultivait le méteil, le froment et l'orge. C'était incomplet, il y avait aussi tous les autres fruits qui se trouvent en pays agricole, avoine, sarrasin, etc.

Autrefois il y avait des vignes. J'en trouve la mention dans un mémoire (1) que M. Letessier, curé de la paroisse, prépara pour un procès qu'il avait engagé contre le seigneur de la Jupellière au sujet de l'usage de la grange de la cour (1759). « .... *En pays vignoble*
» *comme était autrefois Maisoncelles*, dit-il, quand la
» grange et le pressoir sont distans de la demeure de
» quelqu'un des décimateurs, il y a cheminées, et une
» espèce de maison afin que l'on puise préparer à
» manger aux ouvriers plus commodément et à moins
» de frais..... » Je n'ai point à me prononcer ici sur le bien fondé des réclamations du curé, ni sur l'issue du procès ; mais la parole de M. Letessier affirmant qu'autrefois Maisoncelles était un pays vignoble, est parfaitement recevable.... De plus, dans une déclaration faite par M. Hilaire-François Le Verrier, curé de Maisoncelles, à titre de sujet censitaire et immédiat de la Châtellenie de la Jupellière, et en date du 10 septembre 1779 (2), je lis : « le sieur curé de la pa-
» roisse de Maisoncelles deffendeur a comparu en
» personne..... et dit qu'au surplus des autres dixmes
» de bled de quelques espèces qu'elles soient sans ex-
» cepter ni reserver par le dit sieur curé, et aussi *de*

---

(1) Archives du presbytère.
(2) Id.

» *tous les vins qui croissent en la ditte paroisse,* se-
» ront traittés et amassés en la grange et pressoir de
» la dite cour de Maisoncelles..... etc..... » Il y avait
donc encore des vignes en 1779. Mais leur rapport ou
leur qualité était assez minime ; car dans une note
manuscrite laissée par M. Cormier, curé de la paroisse,
on lit : « le sept novembre 1781 j'ai acheté à Saint-De-
nis-d'Anjou huit busses de vin blanc à raison d'un
louis la busse, il m'en a coûté de charoirs trente livres douze sols jusques au chalonge et depuis là jusques à Maisoncelles vingt livres. » (Arch. du presbytère). Depuis lors, les vignes ont entièrement disparu ; et dans tous les champs l'on ne voit maintenant
que des pommiers.

Nos quatre belles routes sont récentes. Antérieurement, il n'y avait, comme partout ailleurs, que des
chemins plus ou moins larges, insuffisamment entre-
tenus, parfois même coupés de fondrières, tels qu'apparaissent encore certains passages au service particulier des fermes. Cet état de choses ne provenait
pas de l'incurie des gouvernements ; mais d'une
liberté, peut-être excessive, laissée là dessus aux
paroisses : abandonnées à leur initiative, ayant peu
de revenus communaux, elles se bornaient au strict
nécessaire, dans la crainte d'augmenter leurs charges publiques. Il n'y avait qu'une forte centralisation,
très avantageuse en ce point, qui put trouver des
ressources générales, et les répartir çà et là, en com-
battant l'insouciance privée.

Sillonné en tous sens par de nombreuses haies,
d'où surgissent émousses et chênes, Maisoncelles

renferme en outre une petite partie du grand bois de Bergault, la Brosse du Mesnil, le taillis de la Cour, le bois des Bigottières, et le bois des Hayes proche la Luvinière, appelé par fois aussi le bois des Bignonnets.

Autrefois il y avait un étang, au bas de la ferme de la Coudraie, alimenté par le ruisseau qui sort encore du taillis de la Cour; et sur l'un des côtés de cet étang, abordable par l'ancien chemin du Busson, marchait un petit moulin. L'étang a été desséché pour former une assez grande prairie; et du moulin il ne reste plus, à ras de terre, que deux pans des murs entre lesquels plongeait la roue motrice. Un autre moulin à eau existait près de Souloup, sur le ruisseau qui de ce côté forme la limite de la paroisse : il y a quelques années, on voyait encore des substructions de ce moulin.

Quant aux étangs, compris actuellement dans le territoire de Maisoncelles, il y a outre la moitié de l'étang du Grand-Coudray, déjà mentionné, l'étang de la Galicherie, et l'étang des Bigottières.

Les habitations, marquées d'un caractère architectural, sont rares. Le château de la Jupellière, reconstruit par parties, est dans le style Louis XIV. Aux Bigottières, en place du lourd manoir de la féodalité, se dresse une longue maison bourgeoise, sans caractère, qui doit remonter au siècle dernier. Le château neuf de la Lizière se compose d'une large et haute maison carrée, à fenêtres et portes ogivales au rez-de-chaussée. Chacun des quatre angles est bastionné d'une tour ronde, qui plonge jusqu'aux fondations, et ne dépasse guère en hauteur le niveau du corps principal de l'édifice. Dans le reste de la campagne, si plusieurs fermes ont été reconstruites, la plupart sont restées les mêmes qu'autrefois, petites, basses et peu éclairées ; tout au plus a-t-on renouvelé la toiture pour y mettre des ardoises : et encore, je me persuade que ce genre de couverture est ancien à Maisoncelles ; car, non loin de là, à la Chesnay et au Chatellier d'Entrammes, il y avait des carrières d'ardoises en pleine activité dès le xve et le xvie siècles (1). En outre, dans un compte de gestion rendu par Etienne Guy, maréchal, à Pierre David et à Jeanne Guy, sa femme, après décès des père et mère communs, je lis au folio 13 (2) : « ..... Le rendant a déboursé en 1742, pour l'exploitation des lieux de la Motte et de la Soucherie, les sommes cy-après :

« ..... *Pour deux miliers de clous à ardoises*, deux livres, cy. . . . . 2 l. 0 d. 0 sol. »

Certes, si en 1742 les bâtiments de la Motte et de la Soucherie portaient des ardoises, ce ne pouvait être par exception, d'autres maisons devaient jouir du même avantage. Une seule de ces vieilles métairies présente quelque intérêt archéologique, c'est la Blanchetière, dont le pignon et la toiture aigus dominent le paysage environnant. Du dehors on monte à la salle par un escalier tournant en pierres, aujourd'hui disjointes ; l'intérieur, vaste et haut d'étage, est éclairé par une large fenêtre que partagent deux

---

(1) *Histoire d'Entrammes*, par M. de la Beauluère, p. 51.
(2) Archives du presbytère.

meneaux en forme de croix; la poutre et les soliveaux sont agrémentés, aux angles, d'une sorte de boudin.

Dans le bourg, dont la physionomie s'est heureusement modifiée, on peut cependant encore remarquer la Grand'Maison qui se distingue par une tour ronde servant de cage à l'escalier; dégagée et entretenue, elle n'eût pas manqué de caractère.

Population. — Le chiffre de la population n'a jamais de beaucoup dépassé 500. La première preuve de ce fait se trouve dans le total des habitations qui, comme je l'ai dit précédemment, a peu varié; si le bourg s'est accru, cela peut compenser amplement la diminution de la campagne, mais ne fait pas encore un grand écart. La seconde preuve, très positive, se tire du mouvement de la population que j'ai pris à trois siècles différents, et dont voici le tableau:

	BAPTÊMES	MARIAGES	SÉPULTURES
En 1641	20	6	9
1642	19	6	4
1643	25	6	4
1644	32	5	5
1645	17	5	4
En 1741	23	7	17
1742	18	4	21
1743	20	2	28
1744	16	3	11
1745	21	1	12

	BAPTÊMES	MARIAGES	SÉPULTURES
En 1841	16	5	9
1842	14	5	13
1843	16	1	4
1844	16	6	16
1845	11	6	12

Patronage. — Pendant longtemps j'avais pensé que saint Pierre et saint Paul, dont la fête n'est marquée par aucune solennité locale, pas même par une *assemblée*, étaient seulement titulaires de l'église paroissiale, et que sainte Emérentienne, qui reste toujours l'objet d'un culte spécial, était la patronne de la paroisse. L'étude des documents anciens m'a forcé de renoncer à cette opinion ; et la vérité exacte, démontrée, c'est que saint Pierre est patron de Maisoncelles : le fait est officiellement attesté par les *Insinuations*, dès 1582. Mais saint Pierre seul ; il n'est jamais question de saint Paul.

Quant à sainte Emérentienne, malgré l'éclat que reçoit ici sa fête, et dont j'ai parlé ailleurs, elle garde la modeste place liturgique que le calendrier romain lui laisse au 23 janvier, derrière d'autres saints mieux classés.

III

CURÉS. — BIENS DE LA CURE. — VICAIRES. — DOTATIONS.

C'est surtout à l'aide des Registres de Baptêmes, Mariages et Sépultures que, dans chaque paroisse, peut se reconstituer la succession des prêtres titulaires. Or, si dans quelques églises bien rares, on a commencé dès François Ier à tenir ces registres, leur usage ne devint commun qu'à partir de la fin du Concile de Trente qui, dans sa session 24e (11 nov. 1563), en avait prescrit l'obligation. En 1579, l'autorité (1) royale en France ajouta sa sanction à cette loi ecclésiastique. Jusque là donc c'est un silence à peu près complet qui plane sur la vie journalière des populations chrétiennes. Tout au plus quelques documents isolés pourront-ils de temps en temps faire surnager quelques faits ou quelques noms. Ainsi, suivant ce que j'ai raconté précédemment, on sait qu'en 1432 il y avait un curé ici ; et très probablement ce devait être un moine, membre à quelque titre de l'abbaye de Marmoutiers, en un mot un curé prieur. Mais qui ? — Ainsi encore, un siècle plus tard, le 7 juillet 1519, d'après un extrait de pièces (archives du presbytère),

---

(1) Édit. de Blois inséré dans le *Rituel du Mans*, de 1775, p. 149.

où il est fait mention d'une *coppie* de la transaction passée entre le chapelain de Maisoncelles et le curé de la paroisse, relativement à un partage de dixmes, on sait que le chapelain portait le nom de Pierre Chesnay, et le curé celui de Ambroise Amy. Rien de plus.

Cet inconnu qui généralement cesse vers 1580 ou 1590, se prolongerait encore pour Maisoncelles pendant quarante ans, — car les premiers registres ont disparu, et la collection subsistante (1) ne commence qu'à 1621, — si M. l'abbé Angot (2), en compulsant les archives de la Sarthe, n'avait fait, dans les énormes in folio des *Insinuations*, de précieuses découvertes, qu'il m'a généreusement communiquées; grâce à ces notes, la série des curés va se dérouler sans interruption depuis la fin du xvie siècle. Mais les lacunes, antérieures à cette époque, n'existent ni pour la Papauté, ni pour l'Evêché du Mans, ni pour la Royauté de France ; et comme une paroisse, si petite qu'elle soit, n'est pas un caillou, isolé, abandonné sur le sol, il importe au moins de regarder passer à côté et au-dessus de nous, les représentants des trois grandes autorités auxquelles nous nous rattachons.

En 1432, premier point lumineux de notre histoire, le siège pontifical de Rome était occupé par Eugène IV, de 1431 à 1446 (210e pape) ; — après lui vinrent : Nicolas V, de 1447 à 1455 ; — Calixte III, de 1455 à 1458 ; — Pie II, de 1458 à 1463 ; — Paul III, de

(1) Archives de la mairie de Maisoncelles.
(2) Auteur d'une Notice sur la paroisse de Meslay, et de l'*Histoire du Catéchisme dans le diocèse du Mans*.

1464 à 1470 ; — Sixte IV, de 1471 à 1484 ; — Innocent VIII, de 1484 à 1491 ; — Alexandre VI, de 1492 à 1503 ; — Pie III, 1503, pendant 27 jours ; — Jules II, de 1503 à 1512 ; — Léon X, de 1513 à 1521.

L'évêque du Mans était Adam Chatelain (59e évêque du Mans), de 1398 à 1439 ; — après lui, c'est : Jean d'Hierrais, de 1439 à 1449 ; — Martin Berruyer, de 1449 à 1466 ; — Thibault de Luxembourg, d'abord marié, puis veuf, gouverna le diocèse de 1466 à 1477 ; — Philippe de Luxembourg, fils du précédent, cardinal, de 1477 à 1506 ; — François de Luxembourg, neveu du précédent, de 1506 à 1509 ; — après la mort de ce jeune prélat, l'oncle reprit, par concession du pape, le gouvernement de l'Eglise du Mans, jusqu'en 1519.

Sur le trône de France régnait : Charles VII, de 1422 à 1461 (c'est à cette époque que parut Jeanne d'Arc) ; — puis succédèrent : Louis XI, de 1461 à 1483 ; — Charles VIII, de 1483 à 1498. La royauté passe des Valois aux d'Orléans : Louis XII, de 1498 à 1515.

En 1519, le curé de Maisoncelles est Ambroise Amy, puis aucun nom pendant soixante ans. Durant cette même période, parurent sur le trône pontifical : Adrien VI, de 1522 à 1523 ; — Clément VII, de 1523 à 1533 ; — Paul III, de 1534 à 1549 ; — Jules III, de 1550 à 1555 ; — Marcel II, 1555, pendant 21 jours ; — Paul IV, de 1555 à 1559 ; — Pie IV, de 1559 à 1564 (le concile de Trente a eu lieu de décembre 1545 à décembre 1563) ; — saint Pie V, de 1566 à 1572 ; — Grégoire XIII, de 1572 à 1584.

Sur le siège épiscopal du Mans : Louis de Bourbon, cardinal, de 1519 à 1535. Il était en même temps archevêque de Sens, où il résidait. Il possédait six évêchés et neuf abbayes ; — René du Bellai de 1535 à 1546 ; — Jean du Bellai, frère du précédent, de 1546 à 1560, ambassadeur de François Ier, doyen du Sacré-Collége ; — Charles d'Angennes, cardinal de Rambouillet, de 1557 à 1587 ; il se distingua au Concile de Trente.

Sur le trône de France : la royauté retourne aux Valois. François Ier, de 1515 à 1547 ; — Henri II, de 1547 à 1559 ; — François II, pendant 17 mois (il avait 16 ans), 1560 ; — Charles IX, de 1560 à 1574 ; — Henri III, de 1574 à 1589.

En 1581, le curé de Maisoncelles était Me Guy du Plessis, chanoine de Saint-Tugal à Laval. Au commencement de l'année suivante, possédant par ailleurs de suffisants moyens de subsistance, il résigna sa cure, sans réserve de pension, à Me P. Loué, fils des défunts René Loué et Jeanne Buguet, de Forcé ; et le 18 février 1582, Me Loué prit légalement possession de l'église Saint-Pierre de Maisoncelles, en présence de Olivier Marion, J. Nepveu, prêtres, et C. Corbier, procureur de la Fabrique.

Un détail est ici à noter, c'est le patronage de saint Pierre qui est déjà authentiquement reconnu à Maisoncelles.

M. Loué resta dix ans à la tête de la paroisse, il y mourut en 1592.

Sur le trône pontifical passèrent : Sixte V, de 1585 à 1590 ; — Urbain VII, qui fut pape pendant 13 jours ;

— Grégoire XIV, de 1590 à 1591 ; — Innocent IX, 1591, qui fut pape pendant 2 mois ; — Clément VIII, de 1592 à 1605.

L'évêque du Mans était alors Claude d'Angennes, frère du précédent évêque, de 1587 à 1601.

En France, la royauté, après la mort de Henri III, passe aux Bourbons, rois de Navarre, et le roi est Henri IV, de 1589 à 1610.

En 1592, le vicaire général de l'Archevêque de Tours, se basant sur le droit dévolu à Sa Grandeur, *jure devoluto* (mais pourquoi?), donna des lettres de provision pour la cure de Maisoncelles à M⁰ Pierre Audouin, prêtre, de la Trinité de Laval ; et le 19 mai de la même année, ce dernier vint prendre possession de l'église dont il était nommé titulaire..... De rechef, est-il dit dans les *Insinuations*, il se présente au grand et principal autel pour se préparer à célébrer la grande messe, ce qu'il n'a pu faire, parce que M. Olivier Marion, prêtre audit lieu, a osté le calice et autres ornements requis. Ce qui a semblé refus..... disant ledit Marion, qu'il était chargé de Mgr de Rambouillet et de M⁰ Beaujart de faire la charge et acquit du curé..... Personne de Maisoncelles ne servit de témoin dans cette pénible contestation.

Qui avait raison ? Evidemment ce n'était pas ce Monseigneur de Rambouillet, un d'Angennes, devenu par alliance avec les d'Houllières, maître de la Jupellière, et par là même, seigneur de la paroisse ; lié de parenté très probablement avec les d'Angennes, évêques du Mans, il pouvait sans forfanterie se croire en possession d'une haute influence ; mais cela ne lui donnait pas cependant le droit de confier, même par intérim, le gouvernement d'une paroisse à tel prêtre que bon lui semblait. Quant à M. Marion, chapelain de la Jupellière, on peut le présumer, il était encore plus dans son tort ; mieux que tout autre, il devait savoir de quelle autorité émane le ministère curial ; en arguant de la volonté du seigneur temporel, il compromettait sa cause ; puis, supposé que la nomination de M. Audouin par l'archevêché de Tours fut invalide, c'était mal entamer le procès que d'user d'une violence aussi scandaleuse.

Le résultat final fût, ce me semble, que M. Olivier Marion resta maître de la place, qu'il garda vingt-trois ans, puisque au mois de septembre 1615, il parut à la bénédiction de la chapelle des Arcis (1) comme curé de Maisoncelles. En avait-il obtenu régulièrement le titre depuis sa fameuse lutte contre M. Audouin ? Ce qui est vrai, c'est que les *Insinuations* ne mentionnent aucune pièce officielle en sa faveur.

Pendant ce temps, avaient paru : sur le trône pontifical, Léon XI, qui fut pape pendant 27 jours, en 1605 ; — puis Paul V, de 1605 à 1620.

Sur le trône épiscopal du Mans était Charles de Beaumanoir, de 1601 à 1637. Il avait 17 ans quand il fut nommé évêque par Henri IV. C'est sous son épiscopat que furent établies la plupart des communautés du diocèse.

(1) *Histoire de Meslay*, par M. l'abbé Angot.

Sur le trône de France, Louis XIII, en 1610, avait succédé à Henri IV, et il règnera jusqu'en 1643.

Peu après le passage de l'évêque du Mans, Mgr de Beaumanoir, aux Arcis, la situation changea à Maisoncelles. « Sous le prétexte que Olivier Marion détenait injustement la cure de Maisoncelles » (1) (voilà la note vraie sur le compte de ce prêtre), Mᵉ Pierre Rouillard, né à Maisoncelles, consacré en 1612 par l'évêque du Mans, prêtre habitué à Saint-Eustache de Paris, tout en étant pourvu de l'aumônerie d'Arquené, sollicita, pour régir sa paroisse natale, des lettres de provisions qui lui furent accordées par qui de droit ; et le 16 avril 1616, le nouveau titulaire prit possession de son église par un fondé de pouvoirs, en présence de J. Nepveu, prêtre, et de Julien Barrier, procureur de la Fabrique. L'acte fut publié sans opposition, le dimanche 8 mai, par ledit J. Nepveu.

L'année suivante, un chanoine de Paris, du nom de F. Véron, ayant eu vent, paraît-il, de ce qui se passait à Maisoncelles, tenta de rétablir l'ordre dans le clergé paroissial, en se présentant, pièces voulues en main, pour être à son tour curé de la paroisse ; mais ce n'était plus l'heure, et sa prétention ne put aboutir ; ce jour-là, 2 juillet 1617, c'était encore Olivier Marion qui s'était chargé de la mission d'opposant.

Tout, depuis quatre ans, semblait marcher régulièrement. Mais hélas ! la nomination de M. Rouillard, de connivence avec Olivier Marion et à l'insu de l'évê-

---

(1) *Insinuations.* Extrait par M. Angot.

que, avait été entachée de simonie. Le crime découvert et juridiquement prouvé, la cure fut déclarée vacante, et bientôt après donnée par Mgr de Beaumanoir, à M⁰ Mathurin Roullin, originaire de Chailland, prêtre et maître ès-arts.

Au mois de septembre 1620, un dimanche après-midi, M⁰ Roullin, accompagné d'un notaire apostolique, vint pour prendre possession de l'église «..... re- » vêtu d'une soutane, surpeliz et bonnet carré, dit le » procès-verbal inséré aux *Insinuations,* est allé aux » portes de l'église, lesquelles il a trouvé fermées ; ce » que voyant, il s'est agenouillé au-devant et proche la » grande porte où il a fait sa prière, chanté l'une des » oraisons de la Vierge Marie, celle de saint Pierre, » puis a baisé icelle porte en signe de possession. » Après, nous avons sommé M. J. Nepveu, prêtre ha- » bitué en ladite église, de nous ouvrir icelle ; ce qu'il » a refusé et dit qu'il n'avait les clefs, et que c'estait » un nommé Pierre Rouillard, prêtre sacriste, qui les » avait et qui lors n'était audit bourg..... » Ce fut le dernier effort de rébellion des deux coupables qui disparurent bientôt.

Le dimanche 18 octobre, après la messe dite encore par P. Rouillard comme curé, l'acte de prise de possession par M. Roullin, fut publié à la paroisse ; et depuis ce jour, M⁰ Roullin resta tranquille possesseur de son titre comme de sa charge.

Son séjour à Maisoncelles se prolongea durant 29 ans, jusqu'en décembre 1640, époque à laquelle il devint curé de Saint-Germain-le-Fouilloux.

Il vit tout le Pontificat de Grégoire XV de 1621 à

1623 ; et une partie de celui d'Urbain VIII de 1623 à 1644.

L'Evêque du Mans, Charles de Beaumanoir étant mort en 1637, ce fut Emeric de la Ferté qui lui succéda de 1637 à 1648.

Le roi de France était Louis XIII.

Le 1er janvier 1641 d'après les registres de la mairie apparaît M. Pierre Le Mesle. — Au mois de septembre 1649 il fut parrain d'un fils du seigneur de la Jupellière. Il mourut à Maisoncelles, et fut enterré dans l'église le 5 mars 1660. Un an auparavant, il avait résigné sa cure en faveur de M. Daniel Martin, prêtre habitué de la Trinité de Laval.

Papes : Innocent X, de 1644 à 1654 ; — puis Alexandre VII, de 1655 à 1667.

Evêque du Mans, après Mgr de la Ferté, Philbert de Beaumanoir, de 1649 à 1671. Il tint un synode en 1654.

Le roi de France était Louis XIV, qui régna de 1643 à 1714.

Me Daniel Martin, pourvu de la cure de Maisoncelles comme il vient d'être dit, en prit possession le dimanche 16 avril 1659. « Par devant Pierre Poulain, notaire à Laval, en présence de Me Martin Verron, prêtre sacriste de ladite église, Me Pierre Le Mesle, clerc tonsuré, noble Charles Le Divin, sieur de la Bersière, Me Jean Dorcemaine, notaire et sergeant, Mathurin Le Gendre, marchand, Bon Labouré, René Guy et Urbain Eturmy, tailleur d'habits, demeurant audit Maisoncelles (1).

Ce M. Martin était d'honorable famille ; son frère était conseiller du roi. Le curé réussit à faire épouser sa nièce Françoise Martin, au seigneur de la Jupellière, messire Louis d'Houllières ; et le mariage eut lieu le 18 novembre 1675.

Il mourut le 29 juin 1694, et le lendemain fut enterré dans le chœur de l'église de Maisoncelles par le curé de Bazougers, doyen rural de Sablé.

Il avait été curé pendant trente-cinq ans. Après avoir assisté à la fin du pontificat d'Alexandre VII, il vit passer sur le siège de saint Pierre : Clément IX, de 1667 à 1669 ; — Clément X, de 1670 à 1676 ; — Innocent XI, de 1676 à 1688 ; — Alexandre VIII, de 1689 à 1690, et en 1691 arriver Innocent XII, qui gouverna l'Eglise jusqu'en 1700.

Sur le siège épiscopal du Mans se trouvait Philbert de Beaumanoir, qui y resta vingt-deux ans. Son successeur, Louis de la Vergne Montenard de Tressan, eût aussi un long épiscopat, quarante et un ans, depuis 1671 jusqu'à 1712. Ce zélé prélat tint plusieurs synodes pour le règlement du culte divin, l'administration des sacrements et la discipline ecclésiastique.

Le roi de France était toujours Louis XIV.

Dès le mois de juillet 1694, Me Jean Boulay, prêtre, demeurant au Mans, fut nommé curé de Maisoncelles.

---

(1) Note fournie par M. Paul Brindeau, 2e archiviste au Mans. (29e registre des *Insinuations*, p. 364).

Après un ministère de quarante-cinq ans, il résigna sa cure en 1739, à Jacques Letessier, prêtre vicaire d'Entrammes, sous réserve d'une pension de 400 livres. Resté à Maisoncelles, il y mourut en mai 1740, et le lendemain fut enterré dans l'église par Guillaume Lepesant, curé de Villiers.

M. de Maude, dans son armorial de l'ancien diocèse du Mans, signale à la page 424, un Boulay Jean, curé de Maisoncelles, et honoré d'un écusson qu'on blasonne ainsi : *de sable à 8 boules d'or posées en orles.* Je ne demande pas mieux que de voir mon vénéré prédécesseur membre de la noblesse ; mais son armoirie m'a tout l'air d'être une de ces armoiries parlantes qui étaient assez en usage au XVIIe siècle. Cette manie de vouloir se pavaner de certaines marques nobiliaires devint telle que Louis XIV fut obligé d'y mettre ordre ; et en 1670 il fit reviser tous les titres de noblesse.

Papes : Clément XI, de 1700 à 1720 ; — Innocent XIII, de 1721 à 1723 ; — Benoit XIII, de 1724 à 1729 ; — Clément XII, de 1730 à 1739.

Evêques du Mans : Pierre Rogier du Crevy, de 1712 à 1723 ; — Charles de Froullay de 1723 à 1767. Ce prélat, pendant son épiscopat de quarante-quatre ans, se distingua par une très grande charité envers les pauvres.

Fin du règne de Louis XIV en 1714 ; — puis règne de Louis XV, de 1715 à 1774.

Le 29 juin 1739, Mᵉ Jacques François Letessier prit possession de l'église ; et la publication fut faite par Mᵉ Brillet, prêtre sacriste de Maisoncelles.

Au bout de treize ans de ministère, le curé songea, en se réservant une pension, à résigner sa charge en faveur de Charles Salmon, prêtre vicaire de Saint-Germain-le-Fouilloux et sollicita du roi l'autorisation de mettre son désir à exécution. La concession datée de Versailles, décembre 1752, porte que le « Roi a voulu
» favorablement traiter Jacques Letessier, curé de
» Maisoncelles, en lui permettant de se réserver une
» pension quand il résignera sa cure, quoiqu'il ne l'ait
» pas desservie pendant le temps voulu par la décla-
» ration de 1671. »

La réserve était de 500 livres.

D'après les *Insinuations,* M. Charles Salmon prit possession le 12 mars 1753 ; et en fait, sur les registres de la mairie, de juin 1753 à juin 1754, il prend le titre de curé, a toute la direction de la paroisse, et reçoit pour vicaire un prêtre du nom de F. Géhard.

Mais cet arrangement n'obtint-il pas tout son effet ; ou fut-il révoqué ? Toujours est-il qu'après cette disparition d'un an, Mᵉ Letessier, d'après les registres de la mairie, reparaît à la tête de la paroisse pour y rester encore neuf ans.

Le seul fait de sa gestion pastorale qui soit authentiquement connu, c'est un long procès qu'il eût à soutenir contre le seigneur de la Jupellière. Cette affaire reviendra plus tard avec les détails voulus.

En 1763, avec autorisations requises, Mᵉ Jacques-

François Letessier permuta avec M⁰ Martin Letessier, curé de Parné, son cousin-germain.

Le nouveau titulaire prit possession le 7 septembre 1763, pendant que le même jour M⁰ François Letessier, qui pourtant avait réussi à sortir de Maisoncelles, s'installait à Parné.

Au bout de trois ans, en 1766, M⁰ Martin Letessier, — bien sûr il était écrit quelque part que les deux cousins ne prendraient pas racine ici, — permuta, à son tour, avec M⁰ Hilaire Le Verrier, curé depuis huit ans, de Saint-Denis d'Orques.

Pendant cet espace de vingt-sept ans, furent papes : Benoit XIV, de 1740 à 1757 ; — Clément XIII, de 1758 à 1768.

Evêque : le même Mgr de Froullay.

Roi de France : Louis XV.

Le 15 août 1766. M. Hilaire Le Verrier prit possession de la cure, avant la messe ; et la publication fut faite à l'issue de l'office. Il resta quatorze ans à Maisoncelles. Le registre des visites pastorales (archives de l'évêché du Mans) renferme sur ce prêtre une note peu favorable ; il y est dit : « Hilaire Leverrier, âgé de 44 ans, curé depuis douze ans. — Mauvais curé. — A résigné en 1780 à Pierre Cormier, âgé de 52 ans, très bon prêtre à tous égards. »

Rien ne révèle en quoi la conduite de M. Le Verrier a tant laissé à reprendre ; mais je penche à croire que la flétrissure qui lui a été infligée, portait sur son genre d'administration, devenue peut-être impossible, par suite de son caractère batailleur. Les faits qui vont bientôt suivre, ouvrent là-dessus un jour assez clair.

En attendant on voit qu'il résigna sa cure en faveur de Mᵉ Cormier en 1780. Parmi les huit curés de Maisoncelles qui, en remontant de cette date à 1582, remplissent un espace de près de deux cents ans, il est le cinquième à employer cette voie de résignation pour sortir du ministère actif. Procédé parfaitement canonique, mais prenant, en certains cas, le caractère de cause majeure : en effet quand la résignation était faite en faveur d'une personne déterminée, *in favorem certæ personæ*, ou sous réserve d'une pension, — ce qui pouvait grever lourdement le budget du successeur — *aut sub reservatione pensionis* (1), il fallait l'autorisation pontificale *auctoritas ipsius Pontificis necessaria est*. Une fois de plus c'était le cas, puisque M. Le Verrier se retirait en exigeant une pension annuelle de 800 livres. Les démarches nécessaires furent faites, et les pièces obtenues. Le dossier, assez intéressant à parcourir, est aux archives du presbytère.

Papes : Clément XIV, de 1769 à 1774; — Pie VI, de 1775 à 1800.

Evêque : Louis de Grimaldi, de 1767 à 1779; — Gaspard de Jouffroy-Gonssans, de 1779 à 1799.

Roi de France : Louis XVI, de 1774 à 1793.

Le premier acte signé par M. Cormier est en date

(1) Soglia, p. 192.

du 30 mai 1780; mais dès le 22 avril précédent, le nouveau curé jouissait de son titre et de ses droits. Je transcris intégralement l'acte de sa prise de possession ; il y a là des détails curieux à noter.

« Le 22 avril 1780, avant midy, par devant nous Jean-Baptiste-Charles Josset, notaire roial apostolique du diocèse du Mans reçu es siège présidial et senechaussée du Mayne et au siège royal de Laval, demeurant au dit Laval paroisse de Saint-Vénérand.

» Etant de présent transporté au bourg et paroisse de Maisoncelles audit diocèse du Mans,

» Est comparu au dit lieu en personne maître Pierre Cormier, prestre du diocèse du Mans, ancien vicaire de la paroisse de Saint-Michel de Chavaignes au mesme diocèse y demeurant, pourvû, par notre saint père le Pape Pie six à présent scéant, de la cure et église de Maisoncelles, suivant les provisions qui lui ont été accordées par sa Sainteté données à saint Pierre de Rome la veille des nones de janvier l'an cinquième de son pontificat, dûment signées et certifiées véritables par les sieurs Rotrou et Marchand, banquiers expéditionnaires de la Cour de Rome, contrôlées à Paris le treize février dernier par le sieur Marchand et visées au Parlement de Paris suivant l'arrêt du quinze février deroier, le tout duement en forme, sur la résignation qui a été faite de la ditte cure et paroisse de Maisoncelles en faveur dudit sieur Cormier par maître Hilaire-François Le Verrier, dernier curé et paisible possesseur d'icelle, lequel dit maître Pierre Cormier en vertu tant des dittes lettres de provisions que des lettres de visa sur icelles obtenues de Monseigneur l'Illustrissime et Reverendissime Evesque du Mans du 18 avril présent mois signées Huet, vicaire général, contresignées Petit et scellées du sceau des armes de Sa Grandeur.

» Nous a requis de nous transporter avec luy et les témoins ci-après nommés en l'église de la dite paroisse de Maisoncelles aux fins de le mettre en possession réelle corporelle et actuelle de la ditte cure et de tous ses droits, fruits, revenus et émoluments circonstances et dépendances;

» A quoi nous avons à l'instant satisfait; et y étant arrivés, le dit maître Pierre Cormier, revêtu de soutanne, surpely et l'étole au col est entré librement dans la ditte église par la grande et principale porte d'icelle, a pris de l'eau bénite, fait le signe de la croix et l'aspersion de cette eau sur les assistants; s'est prosterné de genoux au-devant du crucifix où il a fait ses prières à Dieu; est allé au bas du grand autel où il a également fait ses prières à Dieu; a baisé ledit autel; lû dans un missel, ouvert le tabernacle, l'a visité, a tiré le Saint-Sacrement, chanté le Tantum ergo, a donné la bénédiction au peuple; ensuite a remis le Saint-Sacrement dans le tabernacle; a touché le pulpître, s'est mis dans la stalle du chœur où se mettent ordinairement les sieurs curés, est monté dans la Chaire où s'annonce le saint Evangile, a visité les fonds baptismaux, a sonné et fait sonner les cloches de laditte église, et a fait toutes les cérémonies en tel cas requises et accoutumées.

» S'est aussi le dit sieur Cormier transporté avec nous et les dits témoins au presbitère de laditte parroisse de Maisoncelles, où il est entré, lequel il a visité, est allé dans le jardin, y a cassé une branche d'arbre, et a aussy fait et observé toutes les formalités en tel cas requises pour marque de vraye réelle actuelle et corporele prise de possession de la ditte cure de Maisoncelles ;

» Dans laquelle possession nous notaire susdit en conséquence des pièces cy-dessus enoncées, et de la commission à nous adressée par Monsieur Follope, archidiacre de Sablé qui sera insinuée avec les susdittes pièces et ces présentes, avons mis et installé et par ces dittes présentes mettons et installons le dit sieur Cormier pour par lui jouir de la ditte cure de Maisoncelles au lieu et place du dit sieur Leverrier dernier curé et paisible possesseur d'icelle, tout ainsi qu'il en a joui ou dû jouir, et les autres curés avant lui ; et ensuite sommes retournés avec les dits témoins à la porte de la ditte église où étant arrivés, avons à haute et intelligible voix donné lecture des présentes.

» Et dans cet instant est comparu maître Hilaire-François Leverrier, prestre de ladite paroisse de Maisoncelles lequel nous a déclaré être opposant ; et comme d'effet il oppose par ces présentes à la prise de possession de la ditte cure de Maisoncelles cy-dessus faite par le sieur Cormier pour les raisons et moyens qu'il deduira en temps et lieu et a signé. La minute signée Leverrier curé de Maisoncelles. De laquelle opposition le dit sieur Cormier a protesté de nullité, et qu'elle ne pourrait nuire ny préjudicier à ses droit, et nous a requis le présent acte que nous lui avons octroyé pour servir et valloir ce que de raison.

» Dont et de tout ce que dessus l'avons jugé, ensemble le dit sieur Leverrier de son opposition, averty de la publication, controle, insinuation et enregistrement des presentes et des pièces y énoncées, dans le temps prescrit par les ordonnances, édits et déclarations de sa majesté, à peine de nullité.

» Fait et arrêté au devant de la porte de l'église de la ditte paroisse de Maisoncelles lesdits jour et an que dessus en présence de maitre François Huchedé prêtre, du sieur Jean Brillet fils, marchand, Pierre Beauvais, marchand fermier, Etienne Guy, maréchal et Jean Blu, cordonnier, tous demeurants au bourg et paroisse de Maisoncelles, témoins à ce requis et appelés qui ont signé avec le dit sieur Cormier et nous notaire.

» La minute des presentes est signée P. Cormier curé, F. Huchedé, J. Brillet, P. Beauvais, E. Guy, Jean Blu et Josset; et controlée à Laval, ledit jour 22 avril 1780 par le sieur Champront qui a reçu 8 livres 8 sols.

» Pour expédition : JOSSET. »

Tout à l'heure il a été fait mention d'un visa donné par l'Evêque du Mans; cette pièce épiscopale, manuscrite, rédigée en latin, renferme quelque chose de plus ; en voici les passages les plus importants :

« Franciscus Gaspardus de Jouffroy Gonssans Dei gratiâ et apostolicâ ordinatione Cenomanensis episcopus... etc.... postquàm nobis constitit dictam signaturam esse verè apostolicam, debite que in romanâ curiâ fuisse expeditam; ac ubi Eumdem magistrum Petrum Cormier ad hujusmodi curam obtinendam et regendam capacem et idoneum comperimus, nos.... dictam curam sic vacantem eidem magistro Petro Cormier contulimur et conferimus, et de eâdem illi providimus et providemur per præsentes.....

» ..... Eâ tamen lege quod dictus magister Petrus Cormier, *post adeptam possessionem dictæ curæ, tempore a nobis designando, in seminarium nostrum sese recipiet, ibi per tres menses integros justa statuta nostra synodalia commoraturus;* cui clausulæ nisi satisfecerit in tempore quod illi designaverimus, suspensus sit ipso facto ab omni functione rectoriali.

» Datum cenomani sub signo nostri generalis vicarii, sigilloque nostro, necnon chirographo secretarii nostri die XIX mensis aprilis anno Domini M DCC LXX. (1780), etc.....

» HUET, *vic. g.*

» Locus sigilli. De Mandato,
†   » PETIT.

» Insinuatum et confirmatum (1) juxta edicta regia Cenomani die 27ª aprilis anno 1780, 2. 2. 4.

» GUILLIER. »

(1) Toutes ces pièces coûtèrent à M. Cormier 140 livres 15 sols. En voici le reçu (archives du presbytère) :

« J'ay reçu de M. Cormier, curé de Maisoncelles par les mains de madame veuve Breton cent quarante livres quinze sols pour les frais de résignation de la cure de Maisoncelles, provisions, signatures de pension, arrêt d'exequatur, insinuation des visa, provisions, mandantes, arrêt et prise de possession, honoraires, ports

Ainsi M. Cormier, si bon prêtre qu'il fût, dut, plus tard, à une époque fixée par l'évêque du Mans, et en vertu des règlements ecclésiastiques du temps, aller faire un séjour de trois mois au séminaire, pour étude ou retraite. Ce détail de l'ancienne discipline valait bien la peine d'être tiré de l'oubli.

Quant à M. Le Verrier, son étrange comédie d'opposition le caractérise absolument ; il savait bien que sa réclamation était, au fond, sans valeur canonique ; mais ce qu'il cherchait, c'était de troubler la fête d'une paroisse dont il n'avait pu gagner probablement la confiance, et il y a réussi pour un jour ; c'était de susciter des ennuis à un successeur favorablement accueilli ; et son procédé ne manqua pas son effet. Songez que, retiré au Mans, dans la paroisse de la Couture, il avait laissé tous ses meubles au presbytère de Maisoncelles, de sorte que M. Cormier ne pouvait s'y installer commodément, à peine même l'habiter. De guerre lasse, le tranquille curé fit enfin citer son tenace contradicteur devant le juge de Laval pour le vendredi 21 juillet 1780, pour voir dire et juger que la pleine maintenue de la cure serait adjugée au suppliant ; et en outre pour vider la maison presbytérale dans les trois jours qui suivraient la sentence, sans quoi lui-même ferait enlever et déposer en tel lieu qu'il jugerait à propos, les meubles du récalcitrant. Bien entendu, ce dernier ne se présenta

---

de lettre — Cent quarante livres quinze sols dont quitte à cet égard.

» Au Mans, le 10 janvier 1781.

» PETIT. »

pas à l'audience du 21 juillet, et gain de cause resta à M. Cormier. La paix désormais, croyons-le, fut complète à Maisoncelles.

Jusqu'à présent, les curés de la paroisse n'avaient pas laissé une seule note sur les divers évènements du pays. M. Cormier, le premier, commence à signaler certains faits, mais peu nombreux. Ainsi à la fin des registres de 1785 il mentionne qu'en cette année il y a eu « disette de foin et de paille ; beaucoup de » bestiaux ont péri, et on a été obligé d'en tuer un » grand nombre (sic).

» En 1786, la verrette a fait de grands ravages dans » la paroisse.

» En 1788, le froid a commencé le jour sainte » Catherine et s'est fait sentir très vivement jusqu'au » 2 janvier 1789.

» En 1789, au mois d'avril, réunion des Etats géné- » raux à Versailles ; puis leur transfert à Paris. »

Rien de plus.

Biens de la cure de Maisoncelles. — Ces biens dont jouissaient les anciens curés de Maisoncelles, étaient de différentes natures.

I. Il y avait d'abord des biens immeubles, composant proprement ce qu'on appelait le temporel de la cure. Trois documents donnent de complets détails sur cette première catégorie de propriété : c'est une déclaration faite par M. Roullin, curé de Maisoncelles, le 21 avril 1640, aux gens du Roi, pour les amortissements dûs à Sa Majesté par les ecclésiastiques et tous gens de main morte ; puis une déclaration de M° Hilaire Le Verrier, défendeur, répondant au procureur de la Châtellenie de Maisoncelles demandeur, en date du 10 septembre 1779, enfin le mémoire et détail de tous les biens mobiliers et immobiliers de la cure, rédigé par M. Cormier, curé, et présenté aux officiers de la municipalité de Maisoncelles pour être lu, publié et affiché à la principale porte de l'église, le 6 février 1790. Rapprochées l'une de l'autre, ces trois pièces fournissent l'état suivant (1) :

1° La maison presbytérale composée, en bas, d'une salle avec bouges (vieux mot pour désigner la cuisine et la laverie) et celliers au bout ; en haut, de plusieurs chambres et greniers; une cour, une grange avec étable et caveau sous le même toit, fournil au côté du jardin, pressoir et toits à porcs, dans la cour.

(Une partie de ces servitudes, dont il n'est pas question en 1640, a dû être bâtie ou agrandie par M. Cormier en 1787. Pendant longtemps j'ai vu moi-même au faîte de la toiture de la grange actuelle une ardoise marquant cette date en chiffres à jour).

2° Un jardin muraillé, et deux petits *cloteaux* bordant la cour, ou jardins potagers ; joignant d'un côté le chemin tendant de Maisoncelles à Bazougers, d'autre côté le chemin tendant de Maisoncelles à Entrammes.

(C'est le jardin actuel qui est devant le presbytère et la petite prairie qui est derrière. Tout cet emplacement, estimé autrefois à un demi journal de terre ou

---

(1) A chaque article, j'ajouterai quelques détails complémentaires soit sur l'origine du bien, soit sur sa situation topographique, soit sur sa contenance, à l'aide principalement de la copie de 1779, plus explicite que les autres en certains points.

environ, doit remonter à l'origine même de la paroisse).

3° Un grand pré de 7 hommées environ, appelé le Pré-Breton, touchant d'un bout aux terres de la Quettrie, d'autre bout aux jardins de la cure, et aboutant en partie aux jardins du lieu de la Rue, en fonds bien médiocre, dit M. Cormier.

(Une portion de ce pré, trois hommées environ, faisait partie, dès l'origine, des biens de la cure. Vers 1620, le sieur Lemoyne ajouta généreusement un pré voisin, nommé la Plesse, et contenant 79 cordes. — Ces deux portions réunies ensemble formèrent la prairie dont il s'agit. C'est aujourd'hui le pré de la Haute-Flecherie sur lequel la grange du presbytère possède encore une ouverture, — avec une partie au moins peut-être du pré de la Bourgeoiserie. — Voici en quels termes le donateur rappela plus tard dans son testament cette importante donation :

» In nomine Domini. Le 26ᵉ jour de Juillet l'an mil six cent trente huit, jay Jean Lemoyne sieur de la Grande-Maison en Maisoncelle a presant demeurant en ma maison de la Haute-Bourgeoisie du dit Maisoncelle, non malade de maladie corporelle et sain d'esprit jugement et entandement..... ay fait dit et ordonné mon testament et ordonnance de dernière volonté en la forme qui en suit.....

» Premièrement (le testateur règle tout ce qui concerne son inhumation et détermine les prières d'obit et de services religieux, puis il continue) :

» Item et pour ce que jay cy devant legué être dit à perpétué en l'église du dit Maisoncelle au jour sainte Emérance une chanterie, et que je vois que la plupart des legs sont delaissés, et que l'on n'en fait pas grande mantion, et aussi une vigile, et même laissé une messe aussi à perpétuité tous les lundis ou vendredis de chaque semaine de chaque année au curé de Maisoncelles et à ses successeurs curés de la ditte paroisse, et pour cet effet laissé une longère de terre de présant annexée au pré de la cure du dit Maisoncelle nommée la Plesse, joignant le chemin du dit Maisoncelle au bour d'Arquené, la ditte longère de terre contenant, y compris la haye et fossé étant proche le dit chemin, soixante et dix neuf cordes de pré, suivant le cordelage qui en a été fait lors du dit don par Guillaume Boutier maître cordeleur et arpenteur ; auquel jour de sainte Emérance je veux être donné et fourni à jamais en la dite église de Maisoncelle pour seize sols de pain béni, savoir à la première messe du dit jour pour six sols, et pour dix sols à la grande messe, et outre tenu délivrer au procureur de la dite paroisse en exercice cinq sols qui délivrera une douzaine de chandelles pour donner à ceux qui me feront l'honneur d'aller à l'oblation lors des prières que je désire être faites pour le remède de mon âme et de défunt Jean Lemoyne et Françoise Arcemalle mes père et mère, Mathurin Lemoyne et Barbe Labbé mes ayeulx paternels, Jean Arcemalle et Louise Hairault mes ayeux maternels, Jeanne Bouju et Jeanne Le Bigot mes defunctes fammes.

» Je charge mes exécuteurs et autres mes enfans où ledit service ne se fera tous les ans que l'on poursuive ledit curé pour se faire ou qu'il rande ledit nombre de cordes de pré et les soixante sols de rante que je lui ay donné sur des maisons situées en la grande rue de ladite ville de Laval et qui appartenaient à Etienne Robelot et Benoist Clémant ; auquel cas mesdits enfans seront et demeureront tenus faire faire le dit service et prières en l'église de Parrené à perpetuité.

» ..... Item je veux qu'en la dite église de Maisoncelle mes héritiers ou l'un deux demeure chargé de fournir chacuns ans et à perpétuité la valeur d'un boisseau de froment rouge mesure de Laval de pain beni la nuit et le jour de Noël pour être distribué aux habitants du dit Maisoncelles..... au payement duquel legs j'affecte et hipotéque mon dit lieu de la Grande-Maison). »

4° Un pré, appelé quelquefois une planche, dans les grands jardins de la Rue, de trois journées d'homme bêcheur, et touchant le douet du jardin de la cure.

(Cette planche avait été acquise par M. Martin, curé de la paroisse ; à sa mort elle passa en héritage à sa nièce Mme Martin, veuve d'Houillères qui la légua, par son testament du 24 mai 1711, à la charge d'un *subvenite* tous les dimanches).

5° Un autre petit jardin, nommé la Pilarderie, d'une journée d'homme bêcheur, touchant les aitrages et terres de la Rue, et le chemin qui tend de Maisoncelles à Entrammes.

(Une moitié de ce jardin indivis était au curé, l'autre à la Boiste de la paroisse, c'est-à-dire à la fabrique. Pour ce le curé était tenu d'un bian par an, de moitié avec la fabrique. Cette portion de pré et la précédente sont aujourd'hui enclavées dans la prairie de la Rue).

6° Deux petites portions de pré, proche le bourg, situées dans le pré Brunet, et divisées par des raises, contenant deux hommées environ ; — de peu de valeur, dit M. Cormier.

(Elles avaient été données vers 1620 par legs testamentaire de Jean Brunet, à la charge de célébrer une messe chaque année « le lendemain de la feste aux morts. » En 1652, un curé de Maisoncelles tenta d'échanger les portions du pré Brunet avec d'autres pièces de terre qui appartenaient au sieur de Juigny ; mais l'opération n'aboutit pas, puisque les prés se retrouvent mentionnés dans le mémoire de M. Cormier en 1790).

7° Un jardin clos à part dans lequel il y a un puits, contenant une hommée et demie environ, aboutant d'un bout le chemin tendant du dit Maisoncelles à Villiers, d'autre bout les jardins et cour appartenant aux héritiers Blanchouin.

(Ce jardin avait été donné par testament en 1651 par un sieur Legrand, demeurant à Maisoncelles, avec charges de deux services de chanterie solennelle par an ; l'un, le jour de l'invention des reliques de Saint-Etienne ; l'autre, le lendemain du jour de Saint-Pierre et de Saint-Paul. Cette parcelle de terrain est restée attachée à la cure jusqu'à ces derniers temps. En 1870. elle fut vendue pour une somme de 950 fr. Le capital a été placé en rentes sur l'Etat au nom du desservant de Maisoncelles : et le service religieux se fait exactement à l'intention du fondateur).

8° Une noë de pré, située proche le lieu du Saule, dit M. Roullin ; contenant demi hommée d'homme faucheur, ajoute M. Le Verrier, joignant d'un côté le chemin tendant de Maisoncelles à la Quettrie, et d'autre bout au jardin du Saule.

(Très ancienne propriété de la cure, sans charge. — Peu après 1790, ce petit pré porta le nom de Turie, parce que des hommes ivres tuèrent là un prêtre, le jour de sainte Emérence ; c'est sous ce nom récent qu'il fut vendu par la Nation).

9° Un closeau de terre, nommé le Quartier, ou champ de la Vigne, contenant deux boisselées environ, joignant d'un côté le chemin de Maisoncelles à Entrammes, et d'autre côté les terres de la Cour.

(Donateur inconnu — sans charge — bien datant de l'origine de la cure).

10° Un taillis de trois journaux environ, situé derrière les grands boys appartenant à mon dit seigneur de Rambouillet, est-il dit dans la déclaration de 1640, dont les souches sont vieilles et de peu de rapport, ajouta M. Cormier.

(Faisait partie du plus ancien domaine de la cure).

11° Le lieu et bordage du Buisson ou Busson consistant en une maison manable, chambre servant de cellier, une petite grange, toits à porcs, loge couverte de paille, jardins, six journaux de terre labourable, et deux hommées de pré.

(Faisait partie aussi du plus ancien domaine de la cure.)

12° Une petite noë, située près le lieu de la Battrye, contenant demi hommée ou environ, et six cordes de pré situés aux grands prés de la Chauffaudière, dit la déclaration de 1640.

(M. Le Verrier n'en parle pas ; M. Cormier, au n° 5, signale seulement, et sans détails, deux portions de pré, fort éloignées, d'une hommée en total, sans charges religieuses connues).

13° Un champ nommé le champ de la Celerye dit la déclaration de 1640 ; une pièce de terre contenant trois journaux ou environ, dit la déclaration de 1779 ; à présent en deux pièces joignant d'un côté les terres de la Croixille, d'autre côté le chemin tendant de Maisoncelles à Villiers, d'un bout le pré de la Sellerie et d'autre bout une petite rue tendante du dit bourg de Maisoncelles au lieu de la Croixille.

(Faisait partie du plus ancien domaine de la cure).

14° Une lande, nommée la lande saint Pierre, contenant six journaux de terre, dit la déclaration de 1640, neuf journaux, dit la déclaration de 1779, sept journaux dit M. Cormier, joignant d'un côté les landes communes, d'un bout les terres de la Motte, et d'autre bout les landes de la Guescherie.

Terrains fort aquatiques, ajoute M. Cormier, et éloignés de la cure, — il y a bien en effet un kilomètre, — en outre mauvais chemin pour y aborder. M. Roullin, en 1640, avouait que ces landes étaient non labourables, « beaucoup elloignées du presbitaire qui ne lui servent de rien, seullement à ceux qui sont proches d'ycelles). »

(Sur le cadastre de 1830, ces pièces portent encore le nom de pièces de la cure).

15° Le droit de première herbe de deux hommées

de pré ou environ à prendre dans le pré de la Mare-Chartier; cette portion, divisée par des bornes, joignait d'un côté la lande de Saint-Pierre, d'un autre côté le pré de la Rouillère dont elle faisait partie, et aboutissait au chemin tendant de la Rouillère aux Landes communes.

(M. Cormier qui a, plus d'une fois déjà, désavantageusement qualifié la nature des biens dont il jouissait, répète encore : le dit pré situé dans un mauvais terrain. C'était évidemment une concession faite par le seigneur de la Jupellière, possesseur de la Rouillère ; elle obligeait le curé à dire deux messes la semaine sainte pour les âmes des défunts seigneurs. Antique donation puisqu'elle est mentionné en 1640).

16° Une grande planche de jardin, située dans les grands jardins de Blanchouin, et aboutant au pré de la Sellerie ; — avec une autre portion de jardin, de quatre cordes, divisée par raises, et située dans ces mêmes jardins.

(N°ˢ 7 et 8 de la déclaration de 1779. — Mais il n'en est question ni en 1640, ni en 1790. Donateur inconnu. — Sans charges.

Au total, — et c'est l'énoncé en toutes lettres de la déclaration de 1779 — le temporel de la cure comprenait vingt deux journaux de terre ou environ.

II. La seconde catégorie des biens de la cure consistait en rentes savoir :

1° Six boisseaux et un quart de blé, mesure de Laval, portant sur le lieu de la Lizière, paroisse de Villiers-Charlemagne. — Sans charges religieuses.

(Une reconnaissance de cette rente fût donnée au

curé en 1648, par M⁰ Queruau, seigneur de la Lizière, avocat à Laval, et par le fermier de la Lizière. Une autre reconnaissance, en 1752, fut donnée par messire Claude Foucault, seigneur des Bigottières, et alors possesseur de la Lizière. Dans l'acte d'acquisition de la Lizière par Foucault, en 1725, on signalait déjà la charge qui portait sur la Lizière).

2° Un boisseau de froment rouge, mesure d'Entrammes, dû par la Boulayère. — Sans charges religieuses.

(La reconnaissance de cette rente fut donnée comme la précédente, en 1752, par ledit Foucault, seigneur des Bigottières).

3° Trois boisseaux et demi de froment rouge, dûs par la Battrie. — Sans charges religieuses.

(La Battrie appartenait aux moines du Port-Reingeard, et était estimée à un revenu annuel de 90 livres. Il n'y a ni titre ni reconnaissance de cette rente. Seulement, dans les archives du presbytère, se trouve une copie du bail passé le 24 septembre 1770 entre le Prieur de la communauté et le colon ; et à un endroit, il est dit : « Que les preneurs, chacuns ans, acquitteront les cens et rentes en argent dues sur le lieu au seigneur de fief ; et *quant à celles en grains, elles seront prises à l'aoust de chacune année sur le monceau commun et acquittées par les preneurs* qui en fourniront acquit au bailleur. » Nulle autre désignation. En 1790, les trois boisseaux et demi étaient tombés à deux, mesure d'Entrammes. M. Cormier, à ce sujet, écrit dans son *Mémoire :* « Les religieux du Port-Reingeard ont devers eux le titre de cette rente, et ils n'ont pas voulu me donner une nouvelle reconnaissance). »

4° Deux boisseaux de blé, ou seigle, mesure de Bazougers, pesant 42 livres le boisseau, dûs par la Parentière. — Sans charges religieuses.

(Au début, elle portait donc sur la Parentière, et elle était reconnue par le propriétaire, nommé Leboucher, de Chemeré-le-Roi. Vers 1645, il passa sa créance et ses charges à Meignan, qui en fut le débiteur jusqu'en 1702. Mais à cette époque, la Parentière fut partagée entre les héritiers de défunt Meignan et par erreur de partage, la rente fut portée sur Champ-Dauphin. En 1786, les héritiers de Françoise Meignan, veuve de Guillaume Brillet, se rendirent solidaires du paiement de la rente. A la Révolution, la Nation se porta comme représentant la cure et la fabrique, et réclama aux possesseurs de Champ-Dauphin la somme dûe pour rentes, c'est-à-dire 102 fr. 78; (15 nivôse an X de la République), et le sieur Blu, cordonnier, à Villiers, fut obligé, à titre de propriétaire de Champ-Dauphin, de verser les 102 fr. 78.)

5° Une rente de 60 sols par an, à la charge de douze messes par an, portant sur des maisons sises à Laval.

(Fondation faite par le sieur Lemoyne du temps de M. Roullin curé, et rappelée ci-dessus dans le testament de Lemoyne. La charge de douze messes est expressément déclarée par M. Roullin en 1640).

6° Une rente de 10 sols, laissée par ledit défunt Brunet à la charge de célébrer « une messe chacuns ans la vigille de la Saint-Jean-Baptiste », et portant **sur les prés Brunet.**

(Déclaration expresse de M. Roullin en 1640).

7° Une rente de 38 sols, portant sur des biens situés au village de la Tremblais, en Parné; « à la charge de services, au jour saint Jean-Baptiste, à proportion de la somme de 38 sols ».

(Fondation faite en 1652 par Jean Meignan, métayer au Chesnay. Je ne peux résister au plaisir de citer au moins partiellement son testament :

« In nomine Dominy. — Amen.

» Du vingt-huitiesme jour du mois de May l'an mil six cans quatre-vingt-douze avand midy, nous René Fournier n^{otre} de la baronnie d'Entrames et y dem^t. au bourg dudict Entrames, sommes transportés au lieu et mestairie du Chesnay, paroisse de Maisoncelle demeure de Jean Meignien, mestayer et y dem^t. ou estant, avons trouvé led^t Jean Meignien destenu au lit malade de maladies corporelle longtemps y a, et néanlmoings saing d'esprit et d'entendemant ainsi que l'avons recognu à ses faits et dits. — Recognaissant qu'il n'est rien de plus sertain que la mort et l'heure d'icelle incertainne, ne voulant mourir intestat ains disposer des biens temporels qu'il a plu à Dieu de luy donner, a premièrement recommandé son asme à Dieu, à la bien heureuse Vierge Marie, à Marie Magdellainne, à Madamme Ste Anne, Monsieur St Michel, St Pierre et St Paul, St Jean Baptiste, son bon parain et pattron, au bon Monsieur St Francois, à Madamme Ste Mérentianne, patronne dud^t Maisoncelle et à toute la court céleste du paradiis. Item, veult et ordonne en premier lieu que lorsquil aura plu à Dieu séparer son corps davecq son asme, que sond' corps soit solennellen' ensepulturé dans le simetière dud' Maisoncelle..... (avec trois grandes messes solennelles, vigiles et leçons, et son des cloches. — A la huitaine trois autres grandes messes avec vigiles et leçons. — De plus trois trentains de messes chantées à Maisoncelles. — Six messes basses à l'autel privilégié de Laval ou S' François de Laval, et six à Notre Dame d'Avenières).....

» Oustre donne et lègue led' testateur *à toujours et à jamais une rente de trante et huit sols à luy appartenant sur sertains héritages sittués au village et environs de la Tremblais paroisse de Parené pour faire du servisse par chacuns ens dans leglize dudict Maisoncelles aux jours et festes de Monsieur S' Jean Baptiste, son bon parain, à proportion de lad'ᵉ somme de trante et huit sols*..... de plus..... etc..... (Six messes basses à l'église de S' François; six à S' Dominique, six à la Trinité, et six aux quapussins de Laval, pour lui, ses parents et ses amis trépassés).....

» ... Fait et passé aud' lieu du Chesnay, présents Julienne Fairand, famme dudit Meignein, Pierre Verger, laboureur, dem' au lieu de la Chaufaudière paroisse de Maisoncelle, Michel Rocher, François Bruneau, cordonnier et Protesse Hubert, roittier dem' aud' Entrames tesmoings à ce requis et appelés avecq nous notere susdit et soubsigné, etc.) »..... (M. Cormier parle d'une rente de 40 sols dus par les propriétaires de la Petite-Sinandière; ne serait-ce point la même ?)

8° Une rente de 6 livres, portant sur la terre de la Jupellière et due par les seigneurs de la Jupellière.

Je ne sais pourquoi M. Cormier l'élève à 9 livres. — Cette rente, mentionnée dans le testament de dame Françoise Martin, veuve de messire Louis d'Houllières, en date du 27 novembre 1711, avait été fondée, par contrat de notaire, vers 1688, par le sieur de la Jupellière, chanoine à Saint-Michel, pour l'honoraire de deux services à dire chaque année dans l'église de Maisoncelles, l'un le lendemain de la fête de Quasimodo, l'autre le lendemain de la fête des Morts).

III. La troisième catégorie des biens de la cure consistait dans la dîme de la paroisse.

1° En vertu d'une transaction, passée le 7 juillet 1519 entre le curé et le chapelain de Maisoncelles, et faisant loi en cette matière dans tous les débats survenus depuis lors, « toutes les dixmes de la pa- » roisse de Maisoncelles, à l'exception de celles de » trois cantons désignés dans la transaction, les » anciennes et les novales venues et à venir, échues » et qui pourraient échoir, de tous bleds tant en » jardins qu'autres lieux, de quelque espèce qu'ils » soient sans en rien excepter.... seront départies » pour moitié entre le curé et le chapelain » (1). Ainsi le curé avait la moitié de la dîme pour les gros et menus grains, c'est-à-dire froment, seigle, avoine, sarrasin, vignes, etc.

Cependant, relativement aux vins, la déclaration de 1779 dit que le chapelain avait droit aux deux

---

(1) Réponse du Conseil. — Délibéré à Paris le 28 août 1759. (Archives du presbytère).

tiers. Mais M. Le Verrier fit arrêt à cette déclaration. En fait, M. Cormier ne parle pas de ce nouveau partage.

2° Le curé prenait seul les dîmes « tant anciennes que novales » du lieu de Soulou, composé de quatre-vingts journaux de terre ; du lieu du Petit-Coudray, composé de vingt-huit journaux, et du lieu de la Villaine, composé de soixante journaux ; c'étaient les trois cantons exceptés. M. Cormier ajoutait : « Ce qui fait par an environ quarante-six journaux sur lesquels il perçoit la dîme ». — Les terres, en effet, étaient loin d'être intégralement ensemencées.

3° Enfin le curé percevait encore la dîme des verdages, cochons, agneaux et laine.

Le procureur de la Châtellenie de Maisoncelles, dans la déclaration de 1779, réclama pour son seigneur la moitié des pailles, cochons et bougrains ; mais M. Le Verrier fit arrêt encore une fois à cette prétention ; et à son tour M. Cormier ne mentionne pas ce partage.

Les dîmes que le curé percevait seul étaient amenées dans la grange de la cure. Quant à celles qu'il devait partager avec le chapelain de la Jupellière, elles étaient amassées et battues dans la grange de la ferme de la Cour. Pour fournir cette grange et la tenir en bon état au service des batteurs, le seigneur prélevait quarante boisseaux d'avoine sur le monceau qui devait être partagé entre les deux décimateurs. A une certaine époque, la grange, paraît-il, se trouva dans un délabrement dont le curé, M. Letessier, eut à se plaindre ; et les réparations ne se faisant pas, il refusa de payer les vingt boisseaux qui étaient à sa charge : de là un long procès qui commença en 1748, et ne se termina qu'en 1751. Le seigneur fut condamné à réparer la grange et, de plus, paya tous les frais du procès.

A quel taux dîmait le curé, c'est-à-dire était-ce au 15ᵉ au 20ᵉ ou moins encore? Je l'ignore, aucun document ne m'a fourni à cet égard le plus petit éclaircissement. Ce qui est certain, c'est que ce taux variait de pays à pays, et que presque nulle part il n'était au 10ᵉ. Que ce prélèvement fût lourd pour les paroissiens, vu surtout l'état de l'agriculture à cette époque, je n'en disconviens pas; et pourtant, soit en lui-même, soit par son mode d'institution, il était parfaitement légitime. Le droit de dîme, en outre, ne tombait pas dès le premier matin sur les terres défrichées pour la première fois : avant qu'elles fussent grevées, il fallait, depuis au moins la déclation royale de 1766, qu'il s'écoulât un délai assez long. En voici la preuve : Au mois de novembre 1774, il y eut à Maisoncelles « déclaration de novale », c'est-à-dire d'une terre qui allait être mise en culture, et conséquemment assujettie à toutes les charges ordinaires. C'était une lande dépendant du Petit-Coudray. Le colon, pour profiter des privilèges accordés par la déclaration du Roi en date du 13 août 1766, en fit la déclaration au greffe du siège royal de Laval; et un dimanche du même mois, un huissier vint à Maisoncelles signifier publiquement cette déclaration « aux manans, habitans, curé et décima-
» teur, afin que tous eûssent à s'y conformer. Ce fait,

» dit l'huissier, à l'issue des vespré de laditte pa-
» roisse de Maisoncelles, le monde sortant de ladite
» église en grand nombre, en parlant au sieur Etienne
» Meignan, leur procureur syndic et en présence du
» sieur Mathurin Simon, marchand, et d'Etienne Guy,
» maréchal, deux d'iceux habitants de ladite paroisse
» qui ont refusé de signer quoique sommés, après
» avoir donné lecture auxdits habitants. Laissé ces
» présentes par attache avec clou contre ladite porte
» par moy susdit et soussigné : Pineau ». Et au dos
de la copie de cette pièce, je lis : « Déclaration du
défrichement d'une lande du Petit-Coudrai, fait en
1774. En 1789, ladite lande devra dîmes et taille ».
Ce doit être, d'après la forme de l'écriture, une note
de M. Cormier. Ainsi une exonération de toutes charges, pendant une période de quinze ans, était accordée au profit du colon.

En tout état de choses, néanmoins, c'était là, dans
la perception de ces dîmes, que le clergé trouvait la
principale source de ses revenus; aussi M. Cormier
terminait-il le détail de tous les biens de la cure par
ce loyal aveu : « lesquels objets cy dessus et de l'autre part j'estime valoir deux mille quatre cent livres. »
Le Paige avait dit : — mais comment comptait-il ?
— « que la cure de Maisoncelles était estimée 700 livres ». Il y a loin de ce chiffre de l'historien à celui
du titulaire et possesseur. Ajoutez à cela le casuel
qui, suivant le calcul fait plus loin, pouvait arriver
à 120 livres ; et l'on conviendra que le seigneur
curé de la paroisse avait de quoi faire honorable-
ment figure dans le monde.

Charges de la Cure. — Cependant tout, dans ces revenus, n'était pas bénéfice net. Comme compensation à leurs avantages, les curés, tour à tour, trouvaient d'assez nombreuses charges, les unes régulières et perpétuelles, les autres accidentelles au moins dans leur quotité. M. Cormier en avait même de personnelles. Voici l'énumération qu'il a laissée des unes et des autres :

« 1° Huit cent livres de pansion par an faites à M. Leverrier résignant, actuellement à Paris.

» 2° Vingt boisseaux d'avoigne, mesure de Laval, dubs au seigneur de la Jupellière, aux conditions de fournir la grange pour la dixme.

» 3° Une messe basse tous les lundi ou vendredi de chaque semaine, lesquelles coûteraient plus ou moins cher de rétribution, si on les faisait aquitter par autrui, soit en cas d'absence ou maladie.

» 4° Une chanterie le 23 janvier, jour de s^{te} Emérantienne.

» 5° Une grande messe le premier dimanche de mars.

» 6° Deux messes basses la semaine sainte.

» 7° Une grande messe le lendemain de la Quasimodo.

» 8° Une messe basse le lendemain de s^t Jean-Baptiste.

» 9° Une grande messe avec vigiles le lendemain de s^t Pierre.

» 10° Une grande messe avec vigiles le 3 août.

» 11° Une grande messe le lendemain de la fête des Trépassés.

» 12° Tous les dimanches un *subvenite* après la procession, et un autre le jour des Morts à la croix buissée.

» 13° Les fêtes annuelles recommandation des bienfaiteurs de l'église et de la cure.

» 14° Les réparations et réfections des bâtiments de la cure, du clocher, du chœur de l'église, du bordage du Buisson.

» 15° Trois domestiques nécessaires ; environ quatre-vingt journées par an d'hommes de travail en plus.

» 16° Ny aïant dans la paroisssse, ny établissement ny bureau de charité, ny fonds assuré pour les pauvres, les aumônes que l'état et le devoir d'un curé exigent de lui, ne peuvent être fixées à une somme que suivant l'étendue et le pouvoir de sa charité, sans conter celles qu'on fait à la porte aux étrangers.

» 17° Enfin pour dernière charge annexée à mon bénéfice, je paye aux decimes cent quatre-vingt-dix livres ; et huit sols par an à l'église s^t Julien sans sçavoir pourquoi. »

Si longue que soit cette énumération, elle n'est pourtant pas complète encore ; car le curé, à titre de sujet censitaire de la Châtellenie de Maisoncelles, devait, en outre, chaque année à l'Angevine payer un cens de 2 sols 9 deniers ; et de plus, tous les ans, de moitié avec la fabrique, il était tenu d'un bian.

Au total c'était donc une défalcation qui réduisait notablement le résultat des recettes précédentes.

Administration des biens de la Cure. — Percevoir

les revenus établis, acquitter les charges correspondantes, c'était évidemment déjà faire acte d'administration ; mais ce n'était pas tout. La gestion du curé, même au point de vue restreint de son temporel, s'étendait à la conservation et à l'amélioration des divers biens, remis entre ses mains, en vue de destinations précises. En tout cela, il ne dépendait ni du seigneur de paroisse, ni du patron de son bénéfice, ni même de la fabrique de l'église, bien que les paroissiens fussent en certains cas, obligés de supporter les grosses réparations du presbytère. La preuve de ce dernier fait est fournie par les pièces suivantes, qui expliquent suffisamment de quoi il s'agissait dans le cas (1). J'ignore à quel personnage de Maisoncelles elles étaient adressées :

« Du Mans, le 7 mars 1770.

» Ce que vous me demandez, M., pour la part de Maisoncelles me paraît fort difficile à obtenir par la raison même que vous mallégué, parceque le curé n'étant pas bien avec ses habitans ne consentira point à ce qu'on fasse abattre le bois qui est sur son temporell, ce qui est cependant d'une nécessité absolue. S'il y en avait sur la fabrique on pourrait encore leur en faire avoir la permission sans avoir besoin du curé, mais dans l'autre partie je ne vois pas la chose possible, quoi qu'il en soit il n'en couste rien de présenter une requeste ; je vais vous en donner le modèle de l'autre côté.

» Si le curé y consentait vous létablirez dans la re-

(1) Archives du presbytère.

queste, s'il ne veut pas, vous nen parlerez que comme vous voudrez. Dans l'un et dans l'autre cas, il faudrait tâcher de trouver des crédis à Paris auprès de M. de Beaumont, ministre de cette partie ou auprès de M. de la Pierre, premier commis des Eaux et Forêts de France, rue des Bons-Enfants, pour tâcher d'obtenir cela. Il faut toujours écrire en envoyant la requeste. Il n'y a point de port à payer pour eux. Je scay bien que le curé en a disposé de quelques uns, et comme on lui a suscité une affaire à cette occasion, il n'en sera que plus difficile à faire revenir.

» Quend j'iray à Laval je seray très flatté d'aller avec vous à Clermont, et je ne manquerès d'aller vous voir et vous renouveler les sentimens les plus parfaits avec lesquels jay l'honneur d'estre

» Monsieur,
» Votre très humble et très obéissant serviteur.

» BLANCHARDON ».

Au verso de cette lettre se trouve le modèle annoncé de la pétition :

« Au Roy, et à nos Seigneurs de son conseil.

» Supplient humblement les curé et habitans, propriétaires, et manans de la parroisse de Maisoncelles près Laval au ressort de la maîtrise du Mans et à 14 lieues de lad. ville, représentent à Votre Majesté que suivant l'usage du pays de Laval les parroissiens sont obligés à contribuer pour certaines parties aux réfections des presbitères ; que dans celle qu'on est obligé de faire pour le presbitère du curé de Maisoncelles ils se trouvent obligés d'en payer pour neuf cents francs, ce qui fait une somme considérable pour la parroisse, surtout dans un tems aussy misérable quest celuy-cy, et que pour payer cette somme il faut faire un rejet sur les paroissiens qui sont déjà bien chargés d'impôts, qu'il se trouve sur le temporel de la dite cure..... arbres tout vieux et dépérissants dont on pourrait tirer six à sept cent livres ce qui leur donnerait un secours dans la situation où ils sont, si Votre Majesté daignait leur accorder ses bontés.

» Ce considéré Sire, il plaise à Votre Majesté, accorder aux supplians la permission de faire abbattre et disposer desdits..... chesnes ou..... aux fins cydessus ; et vû la modicité de l'obget les dispenser des formalités ordinaires. Ils continueront leurs vœux pour la prospérité et santé de Votre Majesté.

» Nª. — Cette requeste doit estre sur une feuille de papier honneste, et signée du plus grand nombre d'habitans qu'on pourra trouver, sans être dattée, et l'envoyer sous enveloppe..... On pourrait joindre copie du devis des réparations ce qui accelerait l'opération et ferait foy de tout. »

Je ne sais si le curé, qui était alors M. Le Verrier, a été mis en demeure de consentir à cet abattis de bois sur son temporel ; mais rien ne démontre mieux l'indépendance de sa situation, que ces précautions de haute portée prises en vue d'une résistance de sa part.

Administrateurs uniques, et libres de leur temporel, les curés n'en étaient pourtant pas maîtres absolus ; ils avaient toujours devant eux les lois canoniques qui prescrivaient la rédaction d'un inventaire des biens de chaque bénéfice, défendaient les aliénations en dehors des formalités requises, s'occupaient de la durée et des conditions des baux de louage, et imposaient aux titulaires, après le prélèvement de la part nécessaire à leur *honeste sustentation*, la rigoureuse obligation d'employer le reste des revenus en faveur d'œuvres pies ; les curés avaient toujours aussi près d'eux l'autorité épiscopale, à la surveillance de laquelle ils ne pouvaient se soustraire ; c'était vrai surtout pour le curé de Maisoncelles dont le temporel, disjoint de Marmoutiers depuis plusieurs siècles, ne pouvait plus former un territoire exempt.

Vicaires de Maisoncelles. — Quand on parcourt les anciens registres de baptêmes, mariages, et sépultures, on trouve beaucoup de prêtres appelés à baptiser et à faire d'autres cérémonies religieuses. Les uns signent vicaire de Maisoncelles, les autres prêtre sacriste, d'autres prêtre tout court. C'est que, outre le curé, il y avait un prêtre, chapelain de Saint-Jacques à la Jupellière ; un autre, chapelain de la Luvinière ; et un troisième, chapelain des Bigottières ; et chacun de ces bénéficiers, après son office de messes rempli, pouvait prêter son concours au curé de la paroisse. De plus, bien qu'il n'y eut pas de vicariat fondé, tel surtout qu'on l'entend aujourd'hui, un prêtre auxiliaire payé par le curé, longtemps choisi par lui, était souvent là, à son service ; j'en trouve la preuve dans la déclaration de 1640, déjà signalée. M. Roullin après avoir déposé que tous ces biens sont affermés pour une somme de 600 livres, ajoute : « Sur lequel prix de bail susdit de » six cents livres ledit s^r curé est obligé *d'avoir et* » *payer un vicaire pour l'assister* à faire le service » divin en ladite église, et administrer les saints sa- » crements aux habitans dudit Maisoncelles. »

Cette fonction de collaborateur sous la dépendance absolue du curé, était, non-seulement reconnue par le droit commun, mais très en usage autrefois, sous les noms variables de vicaire, de prêtre sacriste, de prêtre habitué : j'en ai trouvé des titulaires dans toutes les paroisses voisines ; et à Maisoncelles, ils ne cesseront guère d'être demandés, suivant les circonstances, par les curés de la paroisse. Prêtres sacristes ! Non pas que ces ministres sacrés fussent chargés des offices subalternes de nos sacristes actuels ; la preuve c'est qu'en 1770, 1771 et 1774 il est ici question dans plusieurs actes d'un Jean Guiard, sacriste, tailleur d'habits, qui ne sait pas signer ; une fois même il est qualifié expressément de sacriste de peine. Ces auxiliaires des curés revêtaient sans honte leur modeste dénomination, pour reconnaître qu'ils n'avaient pas charge d'âmes comme les pasteurs de la paroisse.

A Maisoncelles, leur situation se modifia profondément au commencement du xviiie siècle, par suite d'une fondation faite à leur profit, dès 1694, par le seigneur de la Jupellière. L'extrait suivant du testament (1) de Mme veuve Martin d'Houllières, en date

(1) Archives du presbytère.

de 1711, donne sur ce point les éclaircissements nécessaires.

Après diverses dispositions la testatrice rappelle que : « par acte du 21 may 1694, passé devant
» M⁰ Rousson notaire à Arquené, son mari et elle,
» alors seigneur de Boisbureau (1) etc., donnent et
» joignent à la sacristie une maison manable, issue
» et jardin en dépendant, nommé le Haut-Perrier pour
» par le sacriste jouir desd. maison issue et jar-
» din du Haut-Perrier conjointement avec lad. sacris-
» tie, à la charge que lesd. sacristes seront demeu-
» rans dans lad. paroisse de Maisoncelles qu'ils servi-
» ront à (*mot illisible*) lad. paroisse à administrer les
» sacrements tant au dehors qu'au dedans, et que
» lesdits sacristes ne pourront être nommés sans l'a-
» vis et consentement desdits sʳ et dame de Boisbu-
» reau, d'eux et de leurs successeurs seigneurs de la
» Jupellière, et à défaut de quoy ils pourront présen-
» ter lad⁰ maison et jardin du Haut-Perrier à tel prê-
» tre que bon leur semblera, aux charges et condi-
» tions susdittes auxquelles led. prêtre sera tenu et
» obligé ; à la charge aussi par le possesseur desd.
» maison et jardin d'en faire les réfections et répa-
» rations. »

Mme veuve Martin d'Houllières mourut en 1720. C'est trois ans seulement plus tard (1723) que ses legs furent acceptés par les habitants de Maisoncelles ; et le 24 février 1725, il fallut en outre une sentence rendue au siège de Laval pour ordonner l'exé-

---

(1) Boisbureau, terre située en La Cropte.

cution du testament. D'une part, en effet, le seigneur de la Jupellière, se hâtait peu de se dessaisir des biens donnés par sa mère ; et d'autre part, la fabrique hésitait à recevoir une fondation dont l'avantage était assez minime. Cela est si vrai, que pendant plusieurs années aucun prêtre ne consentit à habiter le Haut-Poirier dans les conditions posées par les donateurs ; et il fallut que la fabrique, louant à quelque journalier la maison léguée, se résignât à faire une rente de 18 livres au prêtre sacriste, pour indemnité de logement. Ainsi en 1781, M. Huchedé, vicaire, demeurait chez Monsieur le Curé ; et en novembre 1781, la fabrique versa 18 livres au curé pour son logement (1).

Le vicariat de Maisoncelles étant ainsi constitué, quels en ont été les titulaires ? Il ne serait pas facile de le dire avec exactitude, en ne consultant que les Registres de la Mairie, dans lesquels, comme je l'ai dit, apparaissent un assez grand nombre de prêtres qui, à divers titres, ont pris part au ministère paroissial. Dans cette succession confuse, il y a à distinguer les différents chapelains dont le rôle était tout spécial, et cette division d'emplois ne pouvait être reconnue avec succès qu'à l'aide des *insinuations*. Si ingrate que fût cette enquête, elle a été faite courageusement par mon confrère *jam laudatus* dirait-on en latin ; et, en rapprochant ses notes des renseignements fournis par les registres paroissiaux, j'établis ainsi la série des vicaires :

(1) Archives du presbytère.

De 1582 à 1620, c'est M. l'abbé J. Nepveu, nommé, à la prise de possession de M. Roullin, comme prêtre habitué.

Dans le même acte de 1620, M. Pierre Rouillard est aussi cité comme prêtre sacriste. Mais on sait déjà qu'en se faisant nommer antérieurement curé, il avait fait avec son complice Olivier Marion, un marché simoniaque ; et le pauvre homme, après s'être vendu, restait au second rang, malgré son titre officiel de curé. En janvier 1642, il reparait encore sur les registres comme prêtre sacriste. Peut-être M. Roullin le garda-t-il charitablement comme auxiliaire ?

Au mois d'avril 1646, c'est M. Martin Veron, prêtre habitué, qui reste en fonctions jusqu'à 1665, époque de sa mort. Il fut enterré dans le chœur de l'église.

D'octobre 1665 à avril 1671, c'est M. Meusnier, précédemment curé de Gesnes.

De 1671 à 1675, c'est M. Léonard Ragain. Il fut enterré dans l'église le 15 décembre 1675.

De 1675 à 1682, c'est M. Pierre Fussot.

Vers 1694, c'est M. François du Domaine.

En 1707, M. Foucault (André).

Le 1er mai 1714, M. Mareau.

Le 24 mars 1717, M. Hiron (Gabriel).

Le 17 juillet 1726, M. Jean Brillet, déjà chapelain titulaire de la chapelle de Motreul à Villiers. — Nous sommes à l'époque où les seigneurs de la Jupellière commencèrent à user de leur privilège de présenter à la sacristie et c'est sur ce M. Brillet, prêtre, que tomba leur premier choix. Voici la note que je trouve à ce sujet dans les archives du presbytère : « Du 15 may

1735 (c'est une erreur évidente de date), devant Gillard, assemblée des habitants où étaient M. Louis de Houllières de la Jupellière, et dame Renée Leclerc, Vve du sʳ Foucault de Marpalu (1), nomment pour sacriste le sʳ Jean Brillet prestre, auquel led. seigneur de la Jupellière présente la jouissance de dix-huit livres de rente à se faire payer sur une maison près les Haut-Poirrier donnée, aux charges des réfections et réparations, par les sʳ et dame de Boisbureau au prestre qui demeurera en lad. paroisse, suivant l'acte attesté de Rousson le 21 may 1694. Laquelle maison demeurera à lavenir à la fabrice dud. Maisoncelles nonobstant la baillée en rente que led. seigneur de la Jupellière en aurait faitte à François Bilheu, qui en a fait abandon depuis plusieurs années sans en avoir payé les rentes et mesme l'a laissée en totale ruine, et cependant lesd. habitans la mettront en état de réfections et réparations et l'entretiendront aussi à lavenir pour que ladite rente de 18 livres soit mieux payée et servie aud. sʳ Brillet et autres prêtres qui luy succèderont... » M. Brillet resta jusqu'en 1739.

Après un intervalle de quelque temps, apparaît, le 18 février 1741, M. Mathieu Tafforeau ; son service est très multiplié ; beaucoup d'actes portent sa signature.

En novembre 1751, le prêtre sacriste est M. J. Herrier.

Le 28 mars 1753, c'est M. F. Géhard.

Au mois d'octobre 1754, M. Et. Jarry.

(1) Marpalu, terre située en Saint-Denis-du-Maine.

Le 30 mars 1755, M. J. Guillois. Il n'est qu'un an ; puis pas un vicaire ne paraît.

Le 8 mai 1758, apparaît un M. Heuzé. Il écrit très mal ; il ne reste qu'un an.

Le 5 avril 1760, les actes sont signés par M. P.-J. Chapelet, qui ne reste qu'un an.

Du 12 septembre 1763 à 1770, c'est M. Hareau. Il signe nettement prêtre sacriste.

En 1770, apparaît quelquefois un M. Bommier, vicaire.

Au mois d'octobre 1776, un M. J. Péan signe vicaire.

Du 2 février 1777 au 1er décembre 1779, le vicaire est M. J.-F. Roussel.

C'est dans un acte de baptême, en octobre 1785, qu'apparaît pour la première fois un prêtre du nom de François Meignan. Il reparaît en 1789 et signe vicaire de Vallon. En 1791, il signe un certain nombre d'actes, et semble avoir désormais sa résidence habituelle à Maisoncelles, dans sa famille. Je me plais à signaler dès maintenant ce prêtre, parce que nous le retrouverons après la Révolution ; c'est lui qui sera curé de la paroisse à la suite du Concordat.

Le 16 février 1788, M. Huchedé, qui était toujours resté chapelain de la Jupellière, s'intitule en outre vicaire de Maisoncelles ; et, à partir de là, il prête un concours régulier à M. Cormier.

Dotations des vicaires. — Leur situation pécuniaire, sans être très avantageuse, était cependant suffisante. Outre leur logement dans les conditions connues, et leur part ordinaire de casuel ils recevaient, je l'ai dit, de la part des curés qui les demandaient, la portion congrue stipulée par le droit ; de plus ils pouvaient déjà posséder soit un bénéfice simple, soit une rente, soit un titre patrimonial. C'était, en effet, une loi canonique, fermement maintenue, qu'aucun clerc ne pouvait même être ordonné sous-diacre, sans être pourvu d'un titre clérical, c'est-à-dire sans être assuré d'une honnête subsistance. « Il » n'est pas de la bienséance, dit le concile de Trente » (sess. 21, chap. 2), que ceux qui sont engagés au » service divin, soient, à la honte de leur ordre, ré- » duits à la mendicité, ou contraints de gagner leur » vie à des emplois bas et indignes de leur état ». Dans le diocèse du Mans (1), pour être ordonné sur un titre de bénéfice, il fallait en être canoniquement pourvu, en jouir paisiblement, et que le revenu fût au moins de 50 livres. De plus, le titulaire ne pouvait le résigner qu'avec l'autorisation de l'évêque. Le titre patrimonial devait être établi sur un fonds de terre, ou de rente perpétuelle ou viagère, bien assuré et au moins de 50 livres de revenu annuel. L'acte était passé devant notaire ; la valeur des fonds assignés était certifiée par trois témoins, et le tout était publié par trois dimanche au prône de la messe paroissiale du lieu où étaient situés les fonds du titre. Telle était la rigueur de ces prescriptions, portées par l'Eglise, dans le but de sauvegarder la dignité sociale de ses ministres, que les clercs qui se faisaient promouvoir

---

(1) *Rituel*, 1re partie, p. 304.

aux ordres, sans titre légitime, encouraient l'excommunication *ipso facto* ; et une fois le titre créé, il leur était défendu, sous les peines de droit, soit de le remettre au donateur, soit de l'aliéner. Grâce à toutes ces dispositions canoniques, les prêtres sacristes ou vicaires de Maisoncelles ne pouvaient jamais manquer du nécessaire. En revanche, on dira que cela aboutissait à un cumul de bénéfices. J'en conviens ; mais en droit et de tout temps il y a eu des bénéfices compatibles ; et en maintes circonstances cette adjonction de divers titres a été un bienfait.

IV

EGLISE. — CIMETIÈRE. — BIENS DE LA FABRIQUE. — ADMINISTRATION DE LA FABRIQUE.

L'église paroissiale, dans sa partie occidentale — car elle est exactement orientée — remonte à l'origine même de la paroisse. En tout cas, si l'on admet seulement, comme je l'ai dit plus haut, que les anciens seigneurs de la Jupellière ont eu part à sa fondation, cela nous reporte toujours au moins vers le commencement du xve siècle.

Pour un édifice tel qu'une église, c'est assurément un avantage précieux que la possession de cette antiquité, même relative ; ce serait mieux encore si quelque caractère architectural pouvait en faire un monument. Malheureusement, il faut reconnaître que toute valeur, à ce point de vue, lui fait défaut; ni à l'époque de sa construction, ni plus tard dans les restaurations partielles qu'elle a subies, on ne s'est préoccupé d'art.

Sa partie inférieure, ai-je dit, est plus ancienne que le reste. A mon avis, ses proportions primitives étaient beaucoup plus restreintes qu'aujourd'hui, dans le sens de sa longueur : commençant au pignon qui sert de façade et auquel on n'a touché que pour agrandir la porte et ouvrir un œil-de-bœuf, elle finissait à l'endroit où se dresse la chaire actuelle.

C'est en 1804 seulement, qu'a été construit le haut de la nef, comme en témoigne le marché conclu le 25 germinal an XII (15 avril 1804) entre le maire L. Beauvais, les marguilliers de la fabrique et les commissaires de la commune nommés à cet effet : Meignan, desservant, F. Gruau, Bouvier et Jean Périer d'une part, et le citoyen Pierre Jouin, maçon-entrepreneur, demeurant commune de Châtelain, d'autre part (1). D'après ce sous-seing, dont je reproduis les dispositions essentielles, l'entrepreneur s'engageait à construire « un corps de bâtiment de 38 pieds de longueur, à la largeur, hauteur et épaisseur des murs anciens de la nef et qui sera lié avec lesdits anciens..... à construire une tour au nord dudit bâtiment, de 9 pieds carrés de dedans en dedans et de la hauteur de 30 pieds..... à construire au midi du corps de bâtiment susdit un petit bâtiment attenant de

---

(1) Archives du presbytère.

12 pieds carrés de dedans en dedans et de la hauteur de 8 pieds..... à démolir le pignon de la nef et les deux autels y attenant ;.... le tout pour la somme de 1124 fr. » De leur côté, le maire, les marguilliers et commissaires devaient fournir à place tous les matériaux nécessaires. Le travail devait être terminé au 27 thermidor suivant, c'est-à-dire le 15 août 1804.

Ces stipulations détaillées, ces mesures si exactement convenues prouvent assez clairement, qu'au lieu de relever des murs sur de vieilles fondations, il s'agissait d'exécuter un plan nouveau, et d'opérer un agrandissement réel. En fait, la construction nouvelle, au lieu de se lier avec l'ancienne, ne fait que s'y accoler, au moins du côté du nord : on voit là, intégralement conservé du haut en bas de la muraille, l'angle arrêtier qui terminait l'église primitive.

On a dit, il est vrai, et à l'heure qu'il est, on répète encore, que pendant la Révolution elle avait été brûlée par les Chouans afin d'empêcher les Républicains de s'y caserner. Ce fait me paraît hors de doute, tant la tradition est affirmative sur ce point ; d'ailleurs à ce témoignage oral, est venu plus tard se joindre un document écrit très explicite. M. le curé Meignan, dans un état de la fabrique envoyé à l'évêché du Mans en 1821, écrit : « On ne fait ni emprunts » ni réserves. L'église à moitié brûlée et dévas- » tée dans le dernier siècle a bien des besoins » qu'on satisfait à mesure qu'on a des fonds..... » (1)

(1) Archives du presbytère.

Mais, j'ose le soutenir, cette détérioration n'a pas eu la gravité que fait supposer cette note trop sommaire ; l'église n'a pas été coupée en deux par le feu ; l'incendie qui n'a pas même endommagé les fresques dont il sera bientôt question et qui avait laissé debout tout le pignon de l'église avec les deux autels y attenant, a surtout été un motif décisif entre les mains du vénérable curé pour reprendre un projet de restauration dont l'idée avait été déjà émise bien antérieurement, puisque dans le compte de 1783 (1), je trouve qu'au 26 décembre de cette même année on avait payé 24 livres pour le devis qu'avait fait M. la Rivierre pour le chœur et sacristie....; projet que lui-même pouvait connaître, et dont la réalisation, même plus développée, devait être nécessaire, attendu que les habitants, n'ayant plus désormais qu'une messe le dimanche, étaient dans l'impossibilité de se placer tous dans l'étroite enceinte d'autrefois.

A part donc une dévastation partielle, l'église, au commencement de l'année 1804, subsistait encore telle qu'elle était orignairement, n'ayant que les proportions d'une chapelle, avec une seule porte d'entrée au fond, et deux fenêtres de chaque côté, bien régulièrement posées les unes en face des autres. Dans cet état de choses, je m'explique la présence des deux cavités, de grandeur différente, qu'on voit encore dans les murs de la nef, à peu près au milieu de leur longueur actuelle ; c'est que là se trou-

(1) Archives du presbytère.

vaient les autels qui viennent d'être signalés ; et l'une de ces cavités, à droite, la plus petite et toujours ouverte, servait au dépôt des burettes d'eau et de vin ; l'autre, à gauche, plus large et plus haute, armée d'une porte, pouvait contenir quelques autres objets journellement nécessaires au culte. De même, je comprends que la liste des bancs, dressée le 13 février 1804 (1), un peu avant la construction du chœur actuel, énumère du côté de l'épître onze bancs seulement, chacun de sept places, sauf le premier, à côté de la porte, occupé par M. Leclerc, métayer à la Cour, qui n'en avait que six, et le onzième, occupé par Mme Foucault de la Bigottière, qui n'en avait que cinq ; puis du côté de l'Evangile, douze bancs, chacun de sept places encore, sauf le premier à côté de la porte, nommé le banc de la cure, qui n'en avait que trois. Le douzième appartenait à M. du Hardaz, à la Jupellière : au total, cent cinquante-quatre places. C'était un espace resserré sans doute, mais strictement suffisant pour la population, avec deux messes chaque dimanche. Enfin je me rends compte des exceptions en vertu desquelles trois bancs avaient moins de places que les autres. C'est que d'un côté de la porte devaient se trouver les fonts baptismaux ; de l'autre, le confessionnal ; et de l'extrémité du banc de Mme de Foucault partait l'escalier de la chaire, fixée très probablement entre les deux fenêtres méridionales, là précisément où cessent les peintures murales.

(1) Archives du presbytère.

— 91 —

Le clocher, dont les réparations, on le sait déjà, étaient à la charge du curé, devait s'élever près du chœur ou sur le pignon même du chœur. Nul document ne donne de détails sur sa structure ; à mon avis, ce devait être une simple flèche, de médiocre élévation, et couverte d'ardoises. On raconte encore aujourd'hui, d'après le récit des anciens, que le clocher, au démolissement du pignon, s'écroula tout d'un bloc, et faillit, dans sa chute, atteindre les maisons qu'occupe la famille Meignan.

Dans ce clocher se trouvaient d'abord une cloche, signalée avec sa ferraille (*sic*), mais sans la désignation de son poids, dans l'inventaire du mobilier que dressa la municipalité, le 19 pluviôse de l'an II de la République (7 février 1794) (1) ; puis une horloge, encore subsistante et portant sur ses armatures de fer, l'inscription qui suit, en lettres majuscules imprimées au poinçon : les Hamon à Longuefuie 1772. Lecler procureur.

Quant à la sacristie, je n'ai trouvé nulle part l'indication de son emplacement ; peut-être, comme on le voit encore dans quelques églises, ne se composait-elle que d'un petit espace laissé libre, derrière la maçonnerie des autels.

Je dis *des autels* car il y en avait certainement plusieurs. Le sous-seing de 1804, que j'ai déjà eu l'occasion d'analyser, en mentionne deux. De plus, dans le compte-rendu des dépenses de 1783, je trouve qu'au mois de juillet le procureur fabrical paya « au sieur

(1) Archives départementales.

Louïse, peintre, 60 livres pour *avoir débarbouillé les figures et ragréé les petits autels.* » Ces derniers mots autorisent à penser que le grand autel ne couvrait pas tout le pignon du chœur ; et que des deux côtés, pour compléter la décoration, on avait, même depuis longtemps, élevé des autels supplémentaires. En fait les archives du presbytère contiennent des détails intéressants sur l'érection de l'autel dédié à la sainte Vierge :

« Par acte du 21 may 1694, passé devant M° Rous-
» son, Louis de Houllières, s' de Boisbureau, et dame
» Françoise Martin, son épouse, donnent à la fabrique
» de Maisoncelles deux closeaux de terre nommés les
» closeaux de la Boüete, situés proche les maisons
» et jardin nommé le Haut-Perier et fait bâti l'autel de
» la Vierge, en faveur de quoy il leur a été acordé le
» droit du banc qui devant led. autel de la Vierge. »
Cet autel était situé du côté de l'Evangile.

Du côté de l'Epître devait se trouver un autel dédié à sainte Emerentienne ; car, le 25 mai 1698 « fut en-sepulturée *à côté de l'autel de Ste Emerantienne,* dame Françoise Crochard, mère de M. Boulay, curé de Maisoncelles » ; et le 18 septembre 1699, « fut ensepulturé *au dessous de l'autel de Ste Emerantienne,* René Chevalier, bourgeois (1). »

D'autres documents vont achever de donner l'idée de ce vieil intérieur de l'église : je veux parler du genre de voûtes dont elle pouvait être pourvue. C'est en 1811 seulement que la partie neuve fut revêtue du

---

(1) Archives de la Mairie de Maisoncelles.

lambris de bois qui subsiste encore actuellement. Mais le bas de la nef, qui, à lui seul, formait autrefois toute l'église, comment était-il voûté ?.... Dans le mémoire des dépenses de la fabrique de Maisoncelles pendant l'année 1824, je lis :

« Le 11 janvier, payé aux Blandet, menuisiers, cent quarante-sept livres douze sols façon de 37 toises de lambris à 3 livres 6 sols la toise, et 17 journées à défaire le plafond à 30 sols cy, suivant quittance 147 livres 12 sols. »

Or, cette substitution d'un lambris à un plafond n'indique-t-elle pas clairement qu'il y avait là encore à cette époque, un reste de l'ancien mode de voûte ? Et ne pourrait-on inférer, sans manquer à la vraisemblance, que ce plafond, au lieu de rentrer dans la catégorie de l'ogive ou du plein cintre, affectait cette forme aplatie dont un spécimen se voit encore au dedans des fenêtres, travail de réfection accompli à une époque inconnue, mais vraie déformation du plan primitif, si simple qu'il ait pu être ?

Le dernier trait dans cette reconstitution de l'église antique est fourni par les peintures murales, auxquelles déjà j'ai fait allusion, dont personne jusqu'ici ne soupçonnait l'existence, que ne mentionnent ni tradition, ni pièce écrite, et sur la trace desquelles j'ai été conduit par un pur hasard en 1884. A l'heure qu'il est, tout ce qui peut en rester a été mis au jour, et quelque soit leur état de détérioration, il est facile, au moins pour la plus grande partie, de s'en rendre compte avec assez de netteté.

Trois genres de décoration picturale se sont succédés ici à des époques peut-être assez rapprochées. Tout d'abord sur l'enduit primitif et fait de gros sable, étaient tracées des lignes rouges, simulant un grand appareil. Le caractère spécial de cette décoration consistait en ce que les lignes étaient partout doubles. Les fragments qu'en ont pu voir, comme moi, bien des témoins, n'apparaissent plus aujourd'hui ; mais j'ai gardé la mesure exacte de l'appareil ainsi dessiné : chaque surface avait une longueur de 56 centimètres, et une largeur de 18 centimètres. Autrefois donc on avait le bon goût, même dans les églises les plus modestes, de ne pas se contenter de ces flasques blancheurs, plâtre ou chaux, dont tant de gens ont encore de la peine à se déprendre !

Plus tard, sur tout cela on passa, non pas un simple badigeon, mais tout un enduit très fin ; et sur cet enduit furent peintes les fresques dont il s'agit surtout en ce moment. Du côté de l'Evangile, dans l'espace qui s'étend entre les deux fenêtres du bas, se dresse saint Christophe avec toute la caractéristique que de temps immémorial il porte dans l'iconographie religieuse : haute taille, bâton fleuri à la main, passage d'un torrent, support de l'enfant Jésus et voisinage d'un ermite. — Sur ce même côté, presque en face de la chaire, se dessine nettement en deux lignes jaunes et rouges, l'encadrement d'un tableau. A l'intérieur, mélange indescriptible de traces rouges, noires et jaunes ; et au-dessous, dans une sorte de petit cartouche, un nom en lettres gothiques où des amateurs experts lisent Françoys. Probablement était là une scène de la vie de saint François !.... —

Du côté de l'Epître, près de la petite porte qui ouvre sur la place, la fresque représente saint Crépin, à mi-corps, la tête nimbée, ayant à la main et devant lui les insignes de l'état de cordonnier dont il est le patron ; au-dessous, en lettres gothiques, *S. Crispin.* Cette peinture est bien conservée. Derrière, on aperçoit le nimbe d'un autre saint, avec une inscription dont le nombre de lettres, très endommagées, répond exactement au mot de Crispinien, ce doit être saint Crépinien, en effet, mais cette seconde figure est à peu près complètement disparue. — De ce même côté de l'église, et non loin de la chaire, apparaît le buste d'un évêque ; la mitre, qui atteint presque le haut du mur, est très en évidence ; la courbe de la crosse tournée en dehors, effleure la filière ; la chasuble est rouge, et des bandes blanches descendant des épaules, semblent composer un pallium. En face, a dû se trouver un autre personnage, car on en voit encore la coiffure rouge. Quel est cet évêque ? Quelle est cette scène ?....

Dans ces peintures, toutes à l'eau, il n'y a que trois couleurs, le jaune, le rouge et le noir. Pour le blanc, on a gardé le blanc même de l'enduit. Assez généralement les visiteurs font remonter ces fresques à la deuxième moitié du XVe siècle. On a aussi émis l'opinion qu'elles étaient l'œuvre d'un groupe de peintres italiens parcourant alors la France.

Enfin, le troisième genre de peinture consiste en une litre (1) seigneuriale qui part du bas de l'église

---

(1) *Listra,* vieux mot latin qui signifie bande.

et qui déroule vers le chœur son fond noir, à droite en entamant un peu le nimbe de saint Crépin et en voilant les pieds de l'évêque ; à gauche, en passant sans vergogne sur le corps de saint Christophe.

Cette tenture funèbre qui enveloppait toute l'église (et qui se répétait même au dehors, car on voit là encore l'enduit spécialement disposé pour la recevoir), est parsemée de deux écussons qui alternent avec régularité. L'un de ces écussons, de forme ordinaire et portant *de gueules à 2 fasces d'argent enrichies d'hermine, au chef 3 besants d'argent chargés d'une hermine chaque,* appartient sans conteste à l'ancien seigneur d'Arquenay et de Maisoncelles. Des deux côtés de la porte, ses armoiries sont reproduites au complet et avec tous leurs ornements accessoires, c'est-à-dire inclinées, surmontées d'un casque avec lambrequin et cimier, et soutenues de deux griffons affrontés. — L'autre écusson, en losange, *parti à dextre de l'écu des d'Arquenay, à senestre d'or au chef de gueules*, et désignant soit une demoiselle, soit une abbesse, appartient à un personnage encore indéterminé. Dans un endroit, cette armoirie en losange devient écartelée, et dans un des quartiers apparaît un lion d'azur armé et lampassé. A quelle famille tout cela se rapporte-t-il ? Il est difficile de le dire.

Toutes ces peintures, à demi-effacées, tronquées, superposées, jetées çà et là, produisent maintenant, il faut en convenir, un effet bizarre. Leur valeur artistique est très médiocre à mon avis ; leur intérêt est surtout archéologique ; et à ce point de vue elles méritent d'être, au moins pour quelque temps, rafraîchies et remises en leur intégrité par une restauration discrète.

Devenue ainsi quelque peu intéressante, notre église possède encore un autre titre au respect public : c'est qu'elle abrite un assez grand nombre de sépultures. Sans doute, comme le rappelait Mgr de Grimaldi, évêque du Mans, dans son *Rituel* de 1775 (1), « les anciens canons défendaient d'enterrer personne » dans les églises ; et il serait à désirer qu'un règle- » ment aussi sage fût encore exécuté. » Cependant l'usage contraire avait prévalu, et lui-même dut porter une loi diocésaine pour régler les inhumations intérieures, toujours ambitionnées par les fidèles. Il statua :

« 1° Qu'on n'enterrera dans le chœur de l'église » paroissiale que les patrons, les seigneurs haut- » justiciers, et les ecclésiastiques dans les ordres » sacrés ;

» 2° Qu'on n'enterrera dans la nef et autres en- » droits de l'église aucune personne, excepté ceux » qui ont le droit par titre ou par une possession im- » mémoriale, et les bienfaiteurs ;

» 3° Que pour les sépultures dans l'église, il sera » payé à la fabrique, avant l'ouverture de la fosse, la » somme qui est d'usage ; que la fosse sera profonde » de six pieds, et qu'elle sera recarrelée trois jours au » plus tard après les obsèques, aux frais des héritiers » du défunt. »

---

(1) *Rituel du diocèse du Mans*, 1re partie, p. 276.

Bien que ce document contienne avant tout un acte législatif fait en vue de l'avenir, il peut être en même temps considéré comme un résumé des conditions générales suivant lesquelles, au XVIIe et au XVIIIe siècles, s'opéraient les sépultures dans les églises. Or, tout en se pliant à l'exigence des règles usuelles, les personnages marquants de Maisoncelles n'ont jamais cessé de rechercher les honneurs d'une inhumation exceptionnelle, tant que ce privilège leur fut ouvert : la preuve en est dans la longue liste mortuaire qui suit, et que j'ai dressée à l'aide des indications éparses dans les registres de la Mairie. La révélation des noms de ces défunts, jusque-là oubliés ou inconnus, ravivera le souvenir des générations passées, et sera en même temps une richesse historique de plus au profit de l'église paroissiale.

Ainsi ont été enségulturés, suivant le mot d'autrefois, dans le chœur de l'église :

Le 1er septembre 1667, discret Me Martin Véron, prêtre sacriste et vicaire de la paroisse.

Le 30 juin 1694, Daniel Martin, curé de la paroisse.

Le 25 mai 1698, à côté de l'autel de sainte Emérentienne, dame François Crochard, mère de M. Boulay, curé de la paroisse.

Le 18 septembre 1699, au-dessous de l'autel de sainte Emérentienne, René Chevalier, bourgeois.

Le 28 septembre 1677, devant l'autel de la sainte Vierge, messire Daniel Martin, sieur de Valdebleray, mort à 24 ans à la Jupellière, en présence de Me René Charlot, sieur des Bigottières, de Me Charles d'Houllières, prêtre, seigneur de la Jupellière.

Ont été ensépulturés dans l'église, à diverses places, non déterminées :

Le 16 juin 1621, honorable Anne Le Royer.

Le 12 avril 1622, Mathurin Lemoyne, sieur de la Petite-Lande.

Le 28 juillet 1623, Mathurin Lemoyne, sieur de la Croixille. Le curé de Houssay fit l'office, accompagné du curé de Villiers.

Le 16 septembre 1626, messire Jean Nepveu, prêtre (sans autre désignation).

Le 22 avril 1628, noble Louis du Coudray.

Le 5 décembre 1638, Suzanne Gautier (sans désignation).

Le 3 octobre 1641, Jean Lemoyne, sieur de la Grand-Maison.

Le 15 avril 1642, Barbe Gautier (sans désignation).

Le 8 mars 1643, Elisabeth Morand, femme de M. du Fresne.

Le 22 avril 1644, noble Jean de la Planche (1).

Le 10 août 1644, Jouachim d'Houllières, sieur de la Fauris.

Le 3 septembre 1649, honorable dame Anne Maryon, veuve de Jacques Gaignard.

Le 13 avril 1650, damoiselle Renée Cousin, vivante dame du Paty, laquelle mourut à Laval.

Le 22 octobre 1651, honorable femme Perrine Patry, vivante dame de la Poistevinière.

Le 9 décembre 1652, Marie Angis, veuve de Louis Talvaltz.

(1) De la famille de Ruillé-Froidfonds.

Le 22 janvier 1660, Anne (7 ans), fille d'honorable Charles Le Divin, sieur de la Bersière (1), et de Marie Mondière son épouse.

Le 25 mars 1660, vénérable et discret Pierre Le Mesle, prêtre, curé de la paroisse, et sieur du Sellier.

Le 19 août 1662, noble Charles Le Divin, seigneur de la Bersière.

Le 19 novembre 1662, damoiselle Magdelaine d'Houllières, fille de défunt Monsieur de la Jupellière.

Le 27 mars 1664, Elisabeth d'Houllières, morte à la Noë-Rousse.

Le 15 décembre 1675, Léonard Ragain, prêtre-sacriste de la paroisse.

Le 25 janvier 1676, Marie Mondière, veuve de défunt Le Divin, sieur de la Bersière.

Le 25 décembre 1678, Françoise Talvatz (sans autre désignation).

Le 7 mars 1679, Marie Le Postier, en présence de David Martin, son fils.

Le 10 juin 1705, « Messire Louis de Houllières, escuier, seigneur de Boisbureau, de Maisoncelles, et du Bignon, époux de Madame Françoise Martin. La cérémonie fut faite par Me Gohier, prestre curé de Bazougers et doyen de Sablé (2). »

(1) En la Bazouge-de-Chemeré.

(2) Une pierre tumulaire, la seule qui ait été conservée dans l'église, et encastrée dans le mur du sanctuaire, au côté de l'Evangile, porte l'inscription suivante : « Cy gist le corps de deffunt Mire Louis de Houllières, écuier chevalier, seigneur de Maisoncelles, du Bignon, de Boisbureau et de la Jupellière, décédé le 9 juin 1705, aagé de 56 ans, regreté de tout le monde. Pries Dieu pour le repos de son âme ». — Puis viennent deux distiques latins,

Le 5 avril 1706, « maistre Jacques Gaignard, prestre chapelain titulaire en l'église dud' Maisoncelles. La cérémonie fut faite par M. J. Frin, curé du Bignon. »

Le 1er octobre 1706, « damoiselle Louise Boulay. La cérémonie fut faite par André Martin, prestre, chapelain en titre de la chapelle de la Luvinière. »

Le 9 avril 1719, Renée Langlois, femme d'Estienne Guy, maréchal.

Le 9 août 1722, Louis-Joseph de Houllières, fils de Louis de Houllières et de Antoinette Belleriant.

Le 15 décembre 1729, Marie Bigot, femme de Pierre Guy, marchand.

Le 18 janvier 1732, damoiselle Henriette d'Houllières.

Le 2 mai 1739 « honorable homme Pierre Gougeon. La cérémonie fut faite par M. de Cazalez, curé de Parné, en présence de M. le curé d'Antrasmes, et de M. Géhard. »

Le 28 mai 1740, Me Boulay, curé de Maisoncelles.

Le 5 décembre 1743, « Me René Lemoyne de Juigny, avocat au Parlement. La cérémonie fut présidée par M. Couanier-Deslandes, curé du Bignon, en présence de messire René Moranne de la Motte, écuyer, gendre du défunt ; de Charles Lemoyne, prêtre cha-

---

dont le dernier vers est incomplet à cause d'une brisure de la pierre :

> Insignis miles lodoicus moribus æquis.
> Nobilis atque potens de houlières jacet hic.
> Hoc primogenitus monumentum condere jussit
> Patris ad..... hic vivat et.....

noine à s¹ Thugal ; de Fr. Lemoyne de la Croixille, bourgeois, ses frères, et de Pierre Nicolas Lasnier, sieur de la Valette, négociant. »

Le 27 mai 1745, M⁰ Jacques Joüanne, prêtre de 72 ans (sans autre désignation).

Le 8 août 1751, Françoise Bouvier, femme d'Etienne Guy.

Le 4 décembre 1754, Messire Louis d'Houllières, chevalier, seigneur des paroisses de Maisoncelles et du Bignon.

Le 3 avril 1778, messire Louis d'Houllières.

Le 14 juillet 1779, M⁰ Jacques Gougeon, époux de damoiselle Marguerite Carré, sieur de la Bourgonnière, et notaire royal à Maisoncelles. »

C'est la dernière inhumation faite dans l'intérieur de l'église. Ainsi quarante-quatre morts, dont vingt-neuf appartiennent au xvii⁰ siècle, et quinze sont du xviii⁰, reposent encore là sous nos pieds.

Si intéressants qu'ils puissent être sous un rapport, ces détails n'empêchent pas l'église paroissiale de rester une humble, même une pauvre demeure de Dieu.

Hélas ! si le Christ Rédempteur s'est volontairement abaissé pour nous relever, nous ne devrions pas, nous, l'humilier en lui marchandant une maigre place dans nos bourgs ; donnons-lui plutôt de beaux monuments pour bien attester que toujours il est, lui aussi, très grand seigneur.

Quant au cimetière, il était de même date que l'église à laquelle il était adjacent ; on a déjà vu que les seigneurs de la Jupellière revendiquaient le titre de fondateur, non-seulement de l'édifice sacré, mais aussi du terrain béni qui lui servait de vestibule. Ne laissant devant les maisons centrales du bourg qu'un étroit passage, il avait l'inconvénient sans doute de gêner quelque peu la circulation, et encore jusqu'à ces derniers temps la circulation était ici peu active ; mais en revanche il créait autour de l'église une solitude, fort appréciable en bien des circonstances. C'était son seul mérite ; car nulle tombe de valeur ne le distinguait.

Mobilier de l'Eglise. — Deux pièces officielles nous le font connaître.

Le 14 octobre 1792, les officiers municipaux et le conseil général de la commune de Maisoncelles, réunis au lieu ordinaire des séances, sur les 3 heures après midi, à la diligence du procureur de la commune, dressèrent l'inventaire des meubles, effets et ustensiles en or et argent employés au service du culte. François Gruau, marchand, officier municipal, fut nommé pour procéder à l'opération. — Le document écrit, conservé aux archives du département, dans l'état des communes du district, sous la rubrique : Maisoncelles, n° 27, énumère : un soleil, (c'est-à-dire un ostensoir) ; deux ciboires dont un petit pour le Viatique et l'Extrême-Onction ; deux calices avec patènes, d'argent ; une custode ; trois vieilles chapes ; deux bannières ; seize chandeliers de potin ; puis la lingerie suffisante. La pièce est signée : F. Conard ; F. Gruau, off. m. ; P. Beauvais, maire ; L. Bruneau, agent républicain ; Jacques Viot ;

et pour copie conforme : J. Brillet, secrétaire.

L'autre pièce est un second inventaire, rédigé deux ans plus tard, 19 pluviôse an II, c'est-à-dire 8 février 1794, en exécution définitive de lois précédentes. Les idées nouvelles semblent avoir fait du chemin, chez plusieurs personnages de la paroisse, et le langage devient irrévérencieux :

« Etat des effets de la ci-devant église de la com-
» mune de Maisoncelles, rendue au district de Laval
» le 19 pluviôse l'an segond de la Republique :

» 2 calices ; 2 ciboires ; l'ostansoir ; la croix de
» procession ; 15 chandeliers ; 2 grands chandeliers
» à écuelle ; 1 petite croix de cuivre ; 1 ci-devant béni-
» tier ; 2 assiettes d'étain ; une échelette ; un ansan-
» soir ; 2 machine servant sidevant aux fonds ; 1 clo-
» che avec sa ferraille.....

» S'est de la part de vos concitoyens les officiers
» municipaux de Maisoncelles, cedit jour, mois, et au
» que si dessus.

» J. Brillet, maire. Gruau B. »

Ces deux pièces, on le voit, se complètent l'une l'autre, et des deux il ressort que l'église ne possédait ni ornements ni mobilier de grand prix.

Biens de la Fabrique. — Les ressources établies pour assurer journellement le service du culte, et absolument distinctes de celles réservées à l'usage particulier du curé, se composaient :

I. De biens immeubles. Ils se trouvent exposés au

complet dans l'extrait de la remembrance donné en 1779 au procureur de la fabrique François Ferrant, de la Boulayère, et déjà mentionné ; et je n'ai qu'à les consigner ici dans leur ordre d'inscription, en y ajoutant quelques notes sur leur origine ou leur destination spéciale.

1° C'est la maison nommée le Soulle (pour le Saule), composée d'une chambre en bas, et d'un grenier au dessus, avec une cour devant, et à côté un jardin de dix cordes. — De plus un closeau, nommé la Caroterie et situé derrière la grange du presbytère.

(Voici l'origine et la destination de ce bien. Dans son testament olographe, en date du 3 mars 1711, Mme Françoise Martin, veuve de messire Louis de Houllières, seigneur de Maisoncelles, écrit : « Item je donne la maison du Saule par bas et d'un grenier au dessus avec les jardins et closeau, joignant la d. maison, ainsi que Daniel Martin mon oncle les a aquis ; et donne en outre le closeau situé derrière la grange du presbytère, échangé à M. Charlot chanoine à Saint-Tugal avec les maisons du Bourg-Chevreau proche Saint-Tugal à moi appartenant, le tout exploité par Urbain Esturmy ; lesquelles choses susdites je donne *pour l'entretien de la lampe que je souhaite qui soit toujours allumée en l'église de Maisoncelles.*) »

2° Deux maisons au Haut-Poirier, avec les jardins et closeaux en dépendant, et contenant ensemble cinq boisselées environ.

(Deux de ces closeaux, on l'a déjà vu, avaient été donnés en 1694 par le seigneur de la Jupellière pour avoir un droit de banc devant l'autel de la sainte Vierge. Les deux maisons, on l'a vu à l'article de la dotation des vicaires, avaient été données pour loger un prêtre sacriste. Ces immeubles, et ceux du Saule, furent estimés à 840 livres. Là dessus les droits d'amortissement s'élevèrent au 6ᵉ — ce qui était énorme — c'est-à-dire à 140 livres que les habitants furent obligés de payer (contrainte du 25 août 1725) ; mais ils eurent recours contre le seigneur de la Jupellière qui fut condamné à les rembourser (arrêt de la Généralité du 16 Décembre 1729.) C'est dans cette affaire que le sieur Foucault de Marpalu et des Bigottières, secrétaire du Roi, prêta aux paroissiens un utile concours. Mais cette intervention n'eut pas le don de plaire au seigneur de la Jupellière qui, dans une lettre en date du 25 janvier 1727, et adressée à Mgr l'Intendant de la Généralité de Tours (1), s'en plaignit en ces termes : « François Roger pʳ syndic des habitans declare qu'il desavoue l'adᵗ qui a plaidé au nom des habitans, et toute la procedure qui a été faite en son nom ; que c'est le sʳ Foucault Marpalu qui croïant me faire de la peinne a fait faire cette procédure..... »

Le dossier de cette affaire est assez volumineux, mais je n'y ai pas trouvé grands détails sur l'histoire de la paroisse).

3° Un closeau de la Boeste, contenant un journal, joignant le jardin de Saint-Nicolas à Etienne Guy, d'autre côté et bout la terre des Soucheries, d'autre

---

(1) Archives du presbytère.

bout le chemin de Maisoncelles à la Quetrie. « Lequel closeau est composé du jardin de la Vigne, de celluy de Saint-Nicolas et du closeau de Vauguyon. »

(D'origine inconnue. Sans charges déterminées.)

4° Deux portions de pré dans le pré Brunet.

(Données, vers 1620, par Brunet, comme les portions de la cure. Sans charges connues.)

5° Une hommée au pré des Grands-Jardins, joignant la portion de la cure et aboutant le pré de la Cellerie.

(D'origine inconnue. Sans charge connue.)

6° Le jardin de la Pilarderie, « contenant une journée de bêcheur, entre le jardin de la cure et le cimetière de Maisoncelles, et aboutte le chemin de Maisoncelles au bois de Briguillery (c'est-à-dire Bergault aujourd'hui), puis la moitié d'un jardin au lieu de la Rue contenante une hommée, joignante l'autre moitié dépendante de la cure, d'autre côté le chemin de Maisoncelles à Entrame, et aboutte l'aire du lieu de Rue. »

(Ces terrains étaient indivis entre le curé et la fabrique. Comme on peut le vérifier, il n'y a pas accord parfait dans les déclarations de l'un et de l'autre. — « Pour raison de quoy, ajoute la remembrance, le procureur fabrical reconnaît devoir tous les ans au terme de Notre-Dame d'Angevinne un sol cinq deniers de cens, et un bian à faucher dans les prés de Monseigneur de céans suivant la déclaration de Pierre Fournier, procureur de laditte fabrique, du 22 juin 1748. »)

7° La moitié d'un champ nommé le champ du Gravier, contenant « demy-journal », près le pré Brunet.

(« Pour raison de quoy il a reconnu devoir à être tenu seullement a obéissance de fief suivant la déclaration cy-dessus et autres. ») (D'origine inconnue.)

II. La deuxième ressource de la fabrique se trouvait dans diverses rentes que des bienfaiteurs lui avaient assurées.

Ainsi : 1° six boisseaux et un quart de seigle étaient dus annuellement par la métairie de la Lizière, en Villiers-Charlemagne.

(Vieille rente sans charge connue. Mêmes titres que pour le curé.)

2° Deux boisseaux de seigle, dus par la Parentière.

(Sans charge religieuse. On a vu précédemment une rente semblable établie en faveur du curé.)

3° Une rente de 15 livres léguée à l'église paroissiale par « dame Renée Leclerc, veuve de messire Foucault, seigneur de Marpalu et des Bigottières. »

(Acte notarié du 26 octobre 1741. Cette rente devait servir à l'entretien de la lampe déjà établie par Mme Martin de la Jupellière. Les revenus de la maison du Saule et du champ de la Caroterie ne suffisaient pas. Mme Foucault, en échange de son don, demanda une recommandation perpétuelle aux quatre fêtes annuelles.)

Le total de ces revenus fixes était peu considérable; aussi le Registre des visites pastorales de 1778 (1) porte qu'à Maisoncelles la fabrique avait un revenu de 80 livres.

S'il n'y avait eu que cela pour faire face aux frais

(1) Archives de l'Evêché du Mans.

du culte, c'eût été dérisoire ; et jamais l'autorité diocésaine n'aurait toléré une pareille situation. A côté de ces immeubles et de ces rentes, devaient incontestablement se trouver des ressources éventuelles : la preuve matérielle m'en est fournie, non pas par quelque mémoire des recettes — malheureusement toute feuille de ce genre est perdue, — mais par une simple note exposant la balance des comptes 1781, 1782 et 1783. A la fin de leurs trois années de gestion, Jacques Viot, et ses frères, nommés procureurs de la fabrique, ont donné le détail des dépenses effectuées par eux ; et ce compte-rendu, heureusement conservé, mentionne que pour 1781, 1782 et 1783 les recettes totales se sont élevées à 1722 livres 5 sols 3 deniers, ce qui fait une moyenne par année, de 574 livres. Il y a loin de ce chiffre, fort convenable, à l'insignifiante somme de 80 livres. D'où venaient cet écart et cette fortune ? A mon avis, de trois autres sources qui, tout en étant sujettes à quelques variations, alimentaient toujours suffisamment la caisse de la fabrique.

III. La première devait se trouver dans la perception de certains droits de fabrique dont le principe est de tradition dans ce pays. En effet, dans le tarif du diocèse inséré à la suite du *Rituel* de 1775, on lit : « Les fabriques des églises continueront d'exiger » les mêmes rétributions qu'elles sont dans l'usage » de recevoir pour le linge, les ornements, le lumi- » naire qu'elles fournissent pour les services, anni- » versaires, messes chantées ; pour le son des cloches » et l'ouverture des fosses. Dans les églises où les » curés y participent, et celles où la fabrique perçoit

» seule, on suivra la coutume locale et les règlements » faits ou approuvés par Nous (1). » En fait, que produisaient ces droits de fabrique? Aucun document précis ne nous l'apprend. Mais incontestablement quelques revenus devaient sortir de là. Par exemple, il est hors de doute pour moi que les familles qui sollicitaient l'honneur pour leurs morts d'une inhumation à l'église, devaient, en retour de ce privilège, faire d'assez larges générosités à la fabrique.

La deuxième source de revenus éventuels devait se trouver dans la location des places de bancs. Quand M. le curé Meignan, dans son tableau des bancs en 1804, marque qu'il y a deux cent quarante-quatre places payantes à l'église, il n'annonce pas cela comme une création de sa part. Qu'il ait rapproché ou allongé ces bancs, pour mieux parer aux besoins du moment, j'y consens, mais, lui qui avait vécu sous l'ancien régime, n'a fait que reprendre l'usage d'autrefois ; et sa pratique, au lieu d'être une innovation, n'était que la prolongation du passé. Une note, jetée comme au hasard à la fin du compte de dépenses de 1783 me confirme dans cette supposition : il y est dit : « *Nota.* — Il a été obmis deux articles en additionnant, le premier est de vingt-cinq sols pour la bancelle de Noël Maignan, qui ont été paié. Le second.... etc.... » Donc, autrefois, comme aujourd'hui, on payait pour les places de bancs.

Enfin, la troisième source de revenus éventuels

---

(1) Ce tarif avait été homologné par le Parlement et approuvé par le Roi en 1773, avec une explication sur deux points particuliers, autres que ceux dont il est question ici.

devait se trouver dans les offrandes que les paroissiens déposaient à l'église, et qui consistaient en beurre, en viande, en graisse, en grains, en lin, etc. Au commencement de ce siècle la fabrique recueillait encore plusieurs centaines de francs, chaque année, par la vente de dons semblables. Autrefois, eu égard à la piété des fidèles, cette ressource devait être aussi assez abondante.

Charges de la fabrique. — Elles étaient beaucoup moins lourdes qu'aujourd'hui. Ainsi la fabrique n'avait point à supporter l'entretien du chœur et du clocher de l'église, ni du presbytère, sauf dans les cas de grosse réparation ; ces frais ordinaires, on l'a vu déjà, pesaient uniquement sur le curé. Elle n'avait point non plus à s'occuper de la nef de l'église, ni du cimetière. Le *Rituel* de 1775 (1), en donnant un modèle de compte, dit expressément en parlant du chapitre des dépenses que le comptable doit « obser-
» ver de n'y point comprendre celle (la dépense) dont
» les habitans sont tenus, comme l'entretien de la
» nef, les réparations du cimetière et autres de
» cette espèce. » Ce règlement diocésain était établi du reste en conformité d'une ordonnance royale de 1695 qui avait fait ce départ dans les charges publiques des paroisses. En outre la fabrique ne servait de traitement ni au curé, ni au prêtre sacristain qui avaient chacun pour vivre, outre sa part de casuel, les revenus de son bénéfice ; ni au sonneur ou autre

---

(1) 2ᵉ partie, p. 148.

serviteur de la sacristie ; ces employés secondaires ne recevaient que les oblations attachées par le tarif à certaines cérémonies religieuses. Dans les anciens comptes je ne trouve que deux allocations fixes ; l'une de 18 livres, on sait pourquoi, attribuée au prêtre sacriste qui se logeait où il voulait dans le bourg ; et une autre de 10 livres, attribuée à Etienne Gui pour *sa peine de monter l'horloge*, soit 30 livres pour les années 1780, 1781 et 1782.

Ainsi donc la fabrique, débarrassée des plus grosses dépenses, n'avait plus qu'à pourvoir à l'achat et à l'entretien du mobilier de l'église, aux réparations des maisons du Saule et du Haut-Poirier, dont elle était propriétaire, et à l'acquit des fondations. Ces dépenses courantes, et en temps ordinaire, ne s'élevaient guère qu'à 200 livres. En 1781, depuis janvier jusqu'à fin décembre, elles ont, d'après mon calcul, atteint le chiffre de 212 livres et quelques sols. De ces frais divers et détaillés dans le mémoire auquel j'emprunte ces renseignements, les plus considérables étaient occasionnés par le luminaire. Ainsi en 1781, pour la Chandeleur, il y eut une levée de cierges de 24 livres 6 sols ; pour Pâques, une autre levée de 42 livres 14 sols ; pour la Toussaint, une levée de 11 livres 3 sols ; pour Noël, une dernière levée de 32 livres 4 sols.

L'encens, le pain à communier, coûtaient peu ; en 1782, pour les saintes huiles, il y eut une dépense de 1 livre 14 sols ; même année, le blanchissage et le raccommodage du linge coûta 10 livres 9 sols ; en 1783, cette dépense monta à 14 livres 1 sol.

Le 20 octobre 1781, la fabrique paya 33 sols pour visite de « M. le doïen, » et du pain à communier.

Parfois des dépenses extraordinaires entamaient davantage ses ressources. Ainsi, le 30 août 1781, il fut payé à « M. Hoisnard, advocat, 50 écus pour le procès contre M. Moisson. »

Dans le courant de l'été 1783, des voleurs ayant commis un vol sacrilège dans l'église, il fallut sans retard se pourvoir de nouveaux vases sacrés ; et le 7 septembre 1783, il fut payé à M. Penotin, par les mains de M. le curé, la somme de 250 livres « pour achapt d'un saint ciboire et d'un soleil, le tout d'argent. » Le même jour, remboursé à M. le curé 102 livres 12 sols pour le calice d'argent « qu'il avait achepté de M. Madiot, curé à Entrames. »

D'autre part, il fut payé à plusieurs particuliers 3 livres 15 sols pour peines et déboursés dans la poursuite des vases sacrés (1).

En résumé, malgré ce triste accident, la situation de la fabrique, à la fin de 1783, était florissante ; il y avait en caisse 573 livres et 4 sols.

Une dernière charge, d'un caractère particulier, et non mentionnée dans le compte de 1783, incombait encore à la fabrique : Je veux parler de la qualité de sujet censitaire et immédiat qu'elle avait au regard de la châtellenie de Maisoncelles. A ce titre, son procureur devait d'une part rendre au seigneur

---

(1) D'après le récit que m'ont fait plusieurs vieillards, le voleur fut pris, mais il n'avait plus les vases sacrés, et il déclara qu'il les avait jetés dans un étang du pays, où ils doivent être encore enfouis.

de la Jupellière l'obéissance féodale ; et d'autre part payer tous les ans « au terme de Notre-Dame d'Angevinne, 1 sol 5 deniers de cens et un bian à faucher dans les prés de Monseigneur de Céans. » Ce n'était pas onéreux. L'obéissance féodale consistait en une visite de déférence à certaines époques ; la rente pécuniaire annuelle était si modique qu'on laissait facilement les années s'accumuler ; ainsi, en 1779, la fabrique n'avait pas payé depuis vingt-neuf ans, et le bian à faucher était tout simplement l'obligation de fournir chaque année un homme pendant un jour pour aider à la récolte des foins de Monseigneur de la Jupellière.

Administration. — La gestion de ce temporel, appelé communément la fabrique, désigné parfois ici sous le nom de Boëte, n'était pas, comme aujourd'hui, réservée à un petit groupe d'administrateurs. Sans doute, il y avait bien aussi à cette époque plusieurs marguilliers chargés de tout ce qui concernait les revenus et les dépenses de l'église ; mais d'abord leur élection était faite par tous les paroissiens, et, de plus, les décisions qu'il s'agissait d'exécuter étaient toujours prises par l'assemblée, ou comme on disait encore, par le général des habitants, réunis en plein air, et après délibération publique en présence d'un notaire et de témoins requis pour la circonstance. Je ne peux mieux donner une idée de la tenue d'une réunion de fabrique qu'en transcrivant le procès-verbal d'une séance extraordinaire de 1756. Cette pièce, intéressante à plus d'un titre, est sur papier de marque, et en tête se trouve le cachet de la Généralité de Tours (1).

Peu importe pour le moment l'objet précis de la réunion. Je demande seulement qu'on observe dans quelles conditions et sous quelle forme on délibérait autrefois.

« Aujourdhuy dimanche quatriesme jour d'avril mil sept cent cinquante-six.

» Par devant nous Jacques Gougeon, notaire royal au Mayne pour la résidence de la parroisse de Parné, demeurant au Bigotière, parroisse de Maisoncelles, furent présents les habitans de cette parroisse de Maisoncelles assemblés, à l'issus de la Grande Messe parroissiale, au lieu ordinaire à une des tombes du simeterière dud. Maisoncelles au son de la cloche et à la mannière accoutumées, a la dilligence de Pierre Bouvier, demeurant à la Basse-Flécheris, leur procureur de fabrique en exercice, ès personnes de Me Jacques Le Tessier, curé de lad. parroisse, de Guillaume Brilliet, Denis Fournier de la Jannière, Jacques Paumard à Vauguyon, Jean Simon, Pierre Simon, François Heaulmé à la Batteris, René Bourdais taillieur d'habits, Pierre Margotin à la Cellerie, Jean Fournier métayer à la Chaufaudière, René Guy à la Cour, Estienne Meignian maréchal au bourg, François Cribier à la Motte, Jean Paumard à la Tremillière, Mathurin Simon au bourg, Jean Persigan, lesquels ont fait et constitué leur procureur led. Pierre Bouvier a ce

---

(1) Archives du presbytère. — C'est le procès verbal authentique, portant les signatures réelles des membres présents.

présent et acceptant, auquel ils donnent pouvoir de ce transporter au pré et à la Lavanderis de la Croix à Laval ou demeure M. Duplessis-Pousteau marchand de toille, qui a fet faillites, pour retirer les toilles qui sont sur led. pré, ou dans le magazin, qui sont dénommées dans la facture dud. sr Duplessis, lesdit. toilles provenante des deniers de la fabrique de cette ditte parroisse, et en cas de refus desd. toilles faire touttes poursuites et dilligences nécessaires pour les avoir, et dont les frais et loyaux coust, et mizes, qu'il déboursera pour cette ditte affaire luy ceront remis des deniers de laditte fabrique.

» Dont et de tout ce que dessus avons jugé les susdits habitans, fait en la susd. assemblées presents Jullien Le Breton, masson demt à la Chesluesres de la parrd. du Bignion et Me Jean Joseph Guillois, prestre vicaire de cette parrd. tesmoins qui ont signés avec le Sr curé, et Brilliet, Guy, Meignian, Le Bourdais, et nous notaire.

» F. Le Tessier, curé de Maisoncelles.
J. J. Guillois. G. Brillet. E. Meignein.
J. Le Breton. R. Bourdais. Gougeon.

» Controllé à Meslay le 5 avril 1756, reçu onze sols.

» Lenain. »

On le voit, le lieu de la réunion, c'est le cimetière qui entoure l'église, près d'une tombe (parfois sous un chapiteau comme il y en avait alors à toutes les églises); le temps et l'heure, c'est un dimanche, à l'issue de la grand'messe, vers midi; la réunion a été provoquée, sans autorisation des autorités supérieures, tout simplement à la diligence du procureur fabrical en exercice. Assiste qui veut à la séance ; ce jour-là seize paroissiens prirent part à la délibération publique. Aucun président ne paraît ; toute initiative et toute liberté sont laissées à l'assemblée. La séance s'était ouverte au son de la cloche ; elle se clôt par la rédaction d'un procès-verbal que rédige le notaire assisté de ses deux témoins, et par la signature des paroissiens sachant écrire. Ni le seigneur de paroisse, ni le seigneur des Bigottières ne paraissent à cette réunion : je constate cette absence, sans rien inférer du fait, parce que, peut-on-dire, la question à régler n'avait qu'un intérêt assez médiocre pour eux.

Quant au curé, dont le rôle semble avoir peu de relief, sa situation, non seulement pour le cas présent, mais en toute autre affaire, était loin d'être effacée. « Pour ne rien négliger du temporel aussi bien
» que du spirituel, dira un peu plus tard le *Rituel* (1), les
» curés veilleront à ce que les biens de la fabrique de
» leur église soient administrés comme il faut ; qu'on
» nomme toujours des marguilliers sages, fidèles et
» vigilants ; que ceux qui sortent de charge rendent
» exactement leurs comptes. Surtout ils auront grand
» soin de ne jamais percevoir eux-mêmes les revenus
» de leur église. Ils exécuteront aussi, ou feront exé-
» cuter fidèlement les fondations ; les annonceront
» tous les dimanches au prône de la grand'messe, et

---

(1) 1ʳᵉ partie, p. 309.

» en auront un état ou tableau dans la sacristie. »
Certes ce n'était pas la sujétion qui leur était imposée par ce statut ; loin de là ; ils étaient investis en quelque sorte d'une haute surveillance sur la partie matérielle du culte, rôle tout à fait en harmonie avec leur qualité de membre de l'église dirigeante, et bien supérieur au poste de simple administrateur sous la présidence d'un laïque. Par ailleurs, chargés seuls de l'entretien du chœur et du clocher, ainsi que du presbytère, ne devant pour tout cela de compte qu'à l'évêque, ils n'avaient pas à craindre de voir, à propos d'un vulgaire conflit, leur autorité mise en échec par leurs subordonnés.

D'après la coutume générale de France, je l'ai déjà dit, les paroissiens, dans leurs assemblées de fabrique, nommaient plusieurs marguilliers, chargés, au nom de tous, de l'administration temporelle de l'église, et parmi eux un comptable, décoré du titre de procureur fabrical ou fabricien, et responsable des deniers de l'église. Parmi les documents que j'ai eus entre les mains, un seul paraît indiquer que plusieurs procureurs fabriciens furent simultanément en exercice : c'est le compte rendu des dépenses faites en 1781, 1782 et 1783, et il porte en titre : *« Mémoire de ce que Jacques Viot et ses frères, nommés procureurs de la fabrique de Maisoncelles, ont payé pour lad. fabrique pendant leur gestion. »*

Sauf ce cas, la personnalité unique du procureur fabrical est toujours en évidence ; comme on l'a justement dit, c'est l'homme que la paroisse donne au curé et à l'église pour fournir les choses nécessaires au culte (1). Les titulaires successifs de cette charge très active ne sont pas tous connus ; les noms du plus grand nombre ont été perdus comme l'histoire des faits auxquels ils ont dû prendre part ; quelques-uns, consignés dans quelques pièces heureusement conservées, ont échappé à cet oubli. Ainsi, en 1648, le procureur fabricien de la Boueste est Jean Picoulier, laboureur, demeurant au lieu de la Roussière. (Reconnaissance d'une rente assise sur la ferme de la Lizière.) — En 1687, le procureur marguillier est Jean Meignan. (Procès contre M. Gaignard, chapelain de la Luvinière.) — En 1756, le procureur fabrical est Pierre Bouvier, demeurant à la Basse-Flécherie. (Affaire ci-dessus exposée). — En 1773, c'est Jean Leclerc, demeurant à la Cour. (Procès intenté comme M. Moisson, prêtre, chapelain de la Luvinière). — En 1779, c'est François Ferrand, demeurant à la Boulayère. (Aveu féodal rendu au seigneur de la Jupellière.) — En 1781, 1782 et 1783, les procureurs de fabrique sont Jacques Viot et ses frères, déjà nommés.

La durée des fonctions d'un procureur fabrical était généralement d'une année ; mais rien n'empêchait qu'elle se prolongeât davantage. La gestion de Jacques Viot et de ses frères comprend une période de trois ans ; et le *Rituel*, en proposant un modèle de compte de fabrique dit expressément que le procureur devra exprimer en tête le nombre *des années de son exercice.*

(1) *Analecta juris pontificii*, 111e liv., janvier-février 1874, p. 105.

La tenue de comptabilité (1), exigée par l'autorité diocésaine se taisait sur toute rédaction de budget; elle réglait seulement le compte rendu. Il y avait trois chapitres, les recettes, les dépenses et les reprises. Aux articles de recettes, il fallait ajouter nombre de détails sur la quantité, la qualité, le lieu des biens immeubles, sur les locataires, la date des baux, etc..... Les dépenses devaient être appuyées des quittances des fournisseurs. Quant aux reprises, elles consistaient dans l'énumération des articles de recette dont le comptable n'avait pas été payé, avec l'explication sommaire des raisons pour lesquelles il n'avait pu l'être.

Deux copies des comptes devaient être faites, l'une pour rester entre les mains du procureur fabrical et lui servir de décharge; l'autre pour être déposée avec les pièces justificatives dans le coffre-fort de la fabrique.

Je l'ai déjà dit, pour tout le passé, il ne reste que le compte des dépenses des années 1781, 1782 et 1783. — Le 4 mars 1781, la fabrique se pourvût d'un coffre-fort qui coûta 9 livres 10 sols. Il existe encore, mais relégué dans le grenier du presbytère, après avoir été remplacé par un autre plus commode. — Le 16 novembre 1781, il fut payé 6 livres 10 sols pour achat d'un livre de délibérations. Il a été perdu.

A la fin de leur gestion, les procureurs de fabrique soumettaient leurs comptes aux paroissiens, et la dernière sanction était portée, au moins à partir de

---

(1) *Rituel du Mans* 1775. — 2ᵉ partie, p. 147.

1695, non plus par les élus des Généralités, mais par les évêques seuls. C'est en vertu de ce pouvoir supérieur, inhérent à la juridiction épiscopale, mais toujours plus ou moins entravé par les gouvernements civils, que Mgr de Grimaldi dressa son règlement de 1775.

Telle était la situation publique de l'Eglise à Maisoncelles, avec des ressources fabriciennes au moins suffisantes.

Voyons maintenant sur quelle fraction de la nation française elle a exercé son action religieuse, et quel a été le résultat de cette action.

V

Familles seigneuriales. — Familles honorables. — Familles de paysans. — Mœurs. — Coutumes et pratiques religieuses.

Sous l'ancien régime, les qualifications de duc, marquis, comte, baron, chevalier, écuyer, seigneur, pour la noblesse; de sieur, honorable, bourgeois, pour la classe inférieure, étaient de grande importance; chacun de ceux qui les possédaient y tenait comme à une part de son honneur, et ne négligeait jamais d'en revendiquer hautement le privilège. Même parmi les paysans, on distinguait les métayers et les closiers, comme aussi on ne confondait jamais un maître avec un ouvrier.

La principale famille noble était la famille d'Houllières, dont les armoiries portaient : *de sable à la croix patée d'or, alaisée.* — Dans le livre manuscrit de Généalogies, que j'ai déjà cité, on voit qu'en 1393 les d'Houllières possédaient la terre de la Jupellière. Mais de là il ne faut pas, à mon avis, inférer qu'ils étaient dès cette époque seigneurs de paroisse. La seigneurie appartenait plutôt à Jeanne de Couliettes désignée au commencement du xve siècle sous le nom de dame de Maisoncelles. Elle se maria avec Jean d'Arquené, résidant à Champfleury ; et par cette alliance le seigneur d'Arquené devint en même temps seigneur de Maisoncelles. De ce mariage naquit une fille. Le seigneur d'Arquené était mort en 1418, puisqu'à cette date sa veuve parut aux assises de Laval.

Vers le milieu du xve siècle, Jean d'Houllières épousa la fille née du seigneur d'Arquené et de Jeanne de Couliettes, et par cette alliance, il entra en possession du titre de seigneur de la paroisse de Maisoncelles. C'est du moins la conclusion à laquelle mes recherches m'ont conduit.

Malgré cet accroissement de prépondérance, le seigneur de la Jupellière restait toujours vassal de la châtellenie d'Arquené ; mais le 4 juin 1570, Charles IX, roi de France, érigea Maisoncelles et le Bignon en châtellenie, en récompense des services rendus à la royauté par un Louis d'Houllières : c'était un haut degré de plus dans l'échelle des dignités nobiliaires.

Vers la fin du xvie siècle, il y eut alliance entre cette famille d'Houllières et les d'Angenne, marquis de Rambouillet.

En 1633, un Louis d'Houllières épousa Suzanne de Cordon, qui lui apporta le Boisbureau, terre située en la Cropte. De ce mariage naquirent dix enfants. L'aîné, Charles, après la mort de ses parents arrivée de bonne heure, présida à l'éducation de ses frères et sœurs encore en bas âge, puis renonça à tous ses biens et se fit religieux parmi les chanoines de Saint-Michel, à Laval, où il mourut en odeur de sainteté. Le quatrième enfant, nommé René, se fit prêtre aussi après avoir quitté le service du roi. Le neuvième, Urbain, fut prêtre à son tour.

En 1675, un d'Houllières épousa Françoise Martin de Valdebleray, fille de René Martin, conseiller du roi en l'élection de Laval et sieur de Valdebleray, d'une part, et de Elisabeth Chastenier, d'autre part. L'oncle de cette damoiselle Martin, nommé Daniel Martin, était alors curé de Maisoncelles et curateur de la jeune fille. De ce mariage naquirent cinq enfants. L'aînée, Françoise d'Houllières, se fit religieuse aux Ursulines de Vitré; le troisième, Charles, seigneur de Boisbureau, se maria, devint veuf, se fit prêtre et fut nommé curé d'Entrammes. Il est mort en 1735. La quatrième se fit religieuse aux Ursulines comme sa sœur aînée; et la cinquième, Louise, se maria en 1712 à messire de la Lande, seigneur de Villenglose.

En 1740, au mois de juillet, une Louise-Bonne d'Houllières fut épousée par Pierre du Hardaz d'Hauteville, seigneur de Charchigné.

En 1776, Louis-Charles d'Houllières se maria à Isabelle d'Armaillé. Il fut maire d'Angers en 1790 et député à l'Assemblée en 1791. Il est mort en 1802. C'était le dernier garçon des d'Houllières. De son mariage sortit une seule fille, Louise-Agathe d'Houllières, qui fut épousée en 1798 par Charles du Hardaz, marquis d'Hauteville, et mourut en 1848. Elle avait donné naissance à trois enfants, dont la dernière, Adèle du Hardaz, se maria en 1821 à M. Fortuné de Vauguion.

A côté de la seigneurie de la Jupellière, se trouvait la seigneurie de la Bigottière, fief vassal de la châtellenie de Meslay. Cette terre de la Bigottière changea assez souvent de maîtres. Au mois d'octobre 1635 elle était entre les mains d'un René Anjubault, qui, dans un acte de baptême où il apparaît comme parrain, est seulement qualifié du titre de sieur de la Bigottière. Au mois de septembre 1677, on trouve dans un acte de décès : Messire Jacques Charlot sieur des Bigottières. — En 1697 (1) René Charlot, chanoine de Saint-Tugal, fonda la chapelle encore subsistante. — A cette même époque, René Foucault, lieutenant général de Laval, Sgr de Marpallu (terre en Saint-Denis du Maine), apparaît comme seigneur de la Bigottière. Vers 1735 il était devenu conseiller secrétaire du Roi, Maison et Couronne de France, et demeurait le plus souvent à Rennes ; c'est dans ce temps qu'il acheta la ferme de la Lizière en Villiers-Charlemagne (2). Peu après il mourut, et fut suivi

---

(1) Pouillé du diocèse du Mans.
(2) Archives du presbytère.

bientôt au tombeau par sa veuve, dame Renée Leclerc (14 novembre 1741).

L'inhumation de Mme Foucault eut lieu, non à l'église, mais au cimetière. La cérémonie fut présidée par Mᵉ Olivier Couanier, curé du Bignon, en présence de Mᵉ François Fréard, prêtre, curé de la Trinité de Laval, doyen rural, et cousin germain de la défunte; Mᵉ Gabriel Duchemin Dutertre, diacre, prieur de Parné, aussi son parent; et de plusieurs témoins qui ont signé. Le registre porte les noms de Fréard; Duchemin-Dutertre; Fréhard, prieur; M. Corbin, prêtre; François, rel. de Saint-François; Cazalez, curé de Parné; J. Brillet, prêtre; Le Tessier, curé d'Entrammes; F. Le Tessier; O. Couanier-Deslandes.

En 1743, demoiselle Marie-Claire Foucault de la Bigottière est marraine d'un enfant né aux Haies. Le parrain était Claude Foucault, seigneur de la Haie de Peron.

Un peu plus tard, le manoir des Bigottières semble avoir été déserté par les propriétaires, puisque en 1756 on y trouve installé un notaire du nom de Gougeon.

A côté de ces principales familles, on trouve, au commencement du xviiᵉ siècle, des Blandet. En 1648, un Guillaume Blandet avait pour femme une Jeanne du Fresne. Cette famille donna des prêtres à l'Eglise; l'un d'eux, en 1660, était curé de Ruillé.

Vers 1630 et années suivantes, on distingue les Lemoyne, sieurs de Juigny (pour Juigné, je crois; car en 1747, en enregistrant le baptême d'un enfant, on écrivit encore, fils de Pierre Moche, closier à Juigny); Lemoyne, sieur de Launay ; Lemoyne, sieur de la Croixille.

Au milieu du xvııᵉ siècle, et dans la deuxième moitié, ce sont honorable Bricet; honorable Hacqueberge ; honorable Le Divin.

Au commencement du xvıııᵉ siècle, une demoiselle Marie Ricordeau apparaît souvent dans les baptêmes et dans les mariages. Son frère, Joachim Ricordeau, notaire royal à Fresnay, vint, le 28 juillet 1716, épouser à Maisoncelles damoiselle Françoise Lemoyne de la Soucherie, fille de défunt le sieur Daniel Le Moyne de la Soucherie, vivant marchand, et de damoiselle Marie Gervaisseaux, de Laval. L'acte de ce mariage porte les signatures de M. de la Jupellière; de L. d'Houllières ; de M. Charlot et de Fréard.

Parmi les paysans, on remarque, dans la première moitié du xvııᵉ siècle, des Meignan, fermiers; beaucoup de Talvat ; des Viot ; Cosnard ; Verger; Legendre; les Quentin ; beaucoup de Bouleau et de Beaudoin, métayers et closiers.

Dans la deuxième moitié du xvııᵉ siècle, René Guy, closier à la Cour ; beaucoup de Lelièvre ; Labbé, au Petit-Coudray ; les Ferrand apparaissent vers 1666 à la Roussière.

Au commencement du xvıııᵉ siècle, les David, marchands tissiers; les Bourgonnier ; Pannard ; Brillet, marchand tissier, vers 1720; les Simon, métayers à la Vilaine; Butier; Bruneau; Réauté, à la Haute-Flécherie ; Pinson, à la Besnerie, 1743 ; Morin, à la Boulayère; Gaumer; Bouvet; Cosnard, aux Blanchetières; Cosnard, à la Haute-Bourgeoiserie, 1745; Paumard; Bodinier, à la Rouillère.

A cette époque du xviiie siècle, plusieurs anciennes familles ont déjà disparu; ainsi il n'est plus guère question ni des Talvat, ni des Beaudoin, ni des Bouleau. Cependant, en 1729, un René Guy, de Maisoncelles, épousa Magdeleine Bienvenu, fille de Julien Bienvenu et de Magdeleine Bouleau, de Longuefuye. Le mariage eut lieu à Maisoncelles, et fut béni par Elie Bouleau, prêtre, vicaire de Longuefuye. Le curé de Gennes, nommé Parpacé, y assista, et l'acte est signé de : Hiron, prêtre; Brillet, prêtre; Etienne Guy; P. Megnen; Marie Ricordeau; P. Le Moyne, de Juigny; Lepesant, prêtre; Elie Bouleau, prêtre. — L'année suivante, un enfant naquit de ce mariage, et la marraine fut Françoise Corbin, femme de René Bouleau, de la paroisse de Gennes. Ces derniers noms m'intéressent à un titre tout personnel.

A la fin du xviiie siècle arrivent les Garrot, les Leclerc et les Beauvais. En janvier 1762, Pierre Beauvais, fils de François Beauvais, marchand à la Cropte, et de demoiselle Hardouin Beauchesne, vint épouser Louise Meignan, fille de François Meignan, marchand, et de Jeanne Guillois; il resta à Maisoncelles et s'établit marchand tisserand.

Ces distinctions, toujours fièrement revendiquées, de seigneur, messire, maître, honorable, sieur, bourgeois, créaient sans doute des classes bien tranchées dans la société; mais, au fond, cet état de choses n'empêchait pas les grands et les petits d'être unis par une confiance mutuelle plus grande qu'on ne le suppose souvent. Ainsi, au XVIIe siècle, bien souvent les personnages titrés sont appelés comme parrains et marraines dans les baptêmes, et témoins dans les mariages : chez les Talvat et chez les Quentin, il n'y a guère d'évènements de famille sans qu'un seigneur, une damoiselle, un honorable quelconque y ait son rôle réservé. Les ecclésiastiques, à leur tour, ne refusaient pas d'être quelquefois parrains : M. Pierre Le Mesle, curé de la paroisse, accepta, en 1649, cette charge au baptême de Louis d'Houllières; ce qu'il avait fait pour le seigneur, il le renouvela pour des paroissiens plus humbles; les vicaires agirent de même.

Au commencement du XVIIIe siècle, ces bonnes relations persistaient encore. En 1718, Claude Foucault, sieur de la Marche, écuyer, est parrain d'un enfant Panard, à la Hodardière. — Le 17 janvier 1719, Pierre Davy, marchand tissier à Laval, épousa à Maisoncelles Jeanne Guy, fille d'Estienne Guy, maréchal en œuvres blanches, et de Renée Langlois; or, plusieurs seigneurs assistèrent à ce mariage, et l'on voit dans l'acte les signatures de : M. de Belryant-Jupellière; C. Foucault de Marpallu, secrétaire du Roy, Maison et Couronne de France; Ricordeau; René Dubourg, etc. — En 1721, un huissier du nom de Rousseau choisit pour marraine de son enfant Anthoinette de Belryant, épouse du seigneur de la Jupellière. — En 1727, dans un mariage de Cribier, métayer à la Pasquerie, avec une Jeanne Simon, apparaissent comme témoins :

Marie Ricordeau; de Préau; J. Fréard de Préau; R. de la Roche.

Mais, dans la seconde moitié du xviiie siècle, on voit peu ou point de parrains ni de témoins, choisis dans les familles prépondérantes de la paroisse. C'est qu'alors les châtelains se retiraient dans les villes ; ainsi la famille d'Houllières alla résider à la Ferté-Bernard ; et la famille Foucault retourna en Bretagne, à Argentré-sous-Vitré.

Corps de métiers. — Dans ce pays agricole, la grande majorité des habitants a été, de tout temps, occupée à la culture de la terre ; mais dans le passé, à l'opposé de ce qui se pratique aujourd'hui, on faisait peu de commerce du produit des champs : non pas que nos ancêtres fussent moins intelligents que nous, ou moins soucieux du bien être de leurs familles ; mais il leur manquait des débouchés, et des voies de communication ; aussi le prix vénal (1) de chaque chose était-il abaissé à un point qui étonne. Ainsi, dans le compte rendu de la vente des grains, fruits et revenus de la Motte et de la Soucherie que présenta, en 1743, Etienne Guy chargé judiciairement de l'exploitation de ces deux fermes, pendant trois ans, après décès des fermiers, on trouve, en 1742, que deux bouvards furent vendus 90 livres ; un autre bouvard fut vendu 36 livres ; une taure d'un an, 19 livres ; un cochon, 3 livres ; quatre chapons et quatre poulets ensemble, 2 livres ; un mouton, 12 livres ;

(1) Archives du presbytère.

un veau, 12 livres ; une vache, 39 livres ; une peau de brebis, 24 sols. — En 1743, deux bœufs furent vendus 190 livres ; une jument, 75 livres ; un cheval, 31 livres ; le lin coûtait 6 sols la livre ; la laine salle, 12 sols la livre ; une busse de cidre coûtait 4 livres ; le blé coûtait 22 sols le boisseau ; le froment, 30 sols le boisseau ; le carabin (le sarrazin), 14 sols le boisseau ; l'avoine, 14 sols le boisseau ; l'orge, 13 sols le boisseau ; la plume d'oie, 28 sols la livre. — En 1743, la métairie de la Motte et la closerie de la Soucherie rapportèrent ensemble cent quarante-six boisseaux de blé ; soixante-douze boisseaux de froment ; trois boisseaux de carabin ; sept boisseaux d'avoine et seize boisseaux d'orge ; le tout fut vendu pour la somme de 285 livres 17 sols. Pendant la même année, la moitié des effouits, c'est-à-dire la vente de la moitié des bouvards, veaux, porcs, moutons, etc., rapporta 356 livres 8 sols 6 deniers. Les effouits de la Soucherie, 51 livres 10 sols. — La Motte, appartenant au seigneur de la Jupellière, devait lui payer chaque année, outre la moitié des effouits, une somme de 320 livres. — La Soucherie, appartenant au sieur de la Porte, payait 100 livres de rente. Le colon devait en outre l'impôt du sel qui, en 1741, se monta à 7 livres 14 sols 2 deniers, puis la taille qui était de 14 livres ; et pour capitation il paya 10 livres, 5 sols. 4 deniers.

Evidemment, dans de telles conditions, l'agriculture ne pouvait être une source de richesse pour personne. Aussi la population cherchait-elle ailleurs de plus abondantes ressources pour vivre, et elle les trouvait dans le tissage des toiles, qui, outre les tisserands de métier, exigeait des fileuses et des dévideuses : grâce à cette industrie, la plupart des membres de chaque famille pouvaient gagner quelque chose. En fait, dans les siècles précédents, et même encore au commencement de celui-ci, il y a toujours eu à Maisoncelles de nombreux tissiers, suivant le mot d'alors : la mention de cette qualité se trouve presque à toutes les pages des registres de mariages et de sépultures. Et certes, au dire de M. de la Beauluère dans son intéressant livre des *Corporations* (1), le commerce des toiles était très important à Laval. Dès 1690 on comptait dans la ville, les faubourgs et les campagnes voisines au moins vingt mille personnes occupées aux toiles. « Dans les trois premiers mois de 1764, ajoute le même historien, il était sorti de Laval, Château-Gontier et Mayenne, neuf mille huit cent quatre-vingt-sept pièces de toiles de diverses espèces ; chaque pièce avait cent aunes cent pouces ; les unes valaient 115 livres, les autres 250 livres ; d'autres 340 ou même 700 livres ; en admettant une valeur moyenne de 300 livres par pièce, on aurait un chiffre de *onze millions huit cent soixante-quatre mille quatre cents livres,* pour l'exportation de nos trois villes pendant un trimestre, sans compter la consommation du pays ». C'était donc là que nos paysans pouvaient trouver un assez large dédommagement aux minces rapports de leurs fermes ; et c'est là peut-être ce qui explique comment plusieurs d'en-

---

(1) La Beauluère, p. 139 et 143 ; Laval, librairie Chailland.

tre eux, sortant peu à peu de la gêne, étaient arrivés à être propriétaires de quelques petits biens. Ainsi, en 1725, je trouve un nommé Clouzier, closier propriétaire du Haut-Pont-Lochard; même époque, Maignan, propriétaire aux Parentières; Picoulier, closier, propriétaire de la Pelée en Parné. En 1733, René Brillet, closier et propriétaire par indivis de la Parentière. En 1737, Chaupitre (Christophe), propriétaire de Forges.

Fermiers et tissiers, tels étaient les deux principaux corps de métiers à Maisoncelles. Mêlés à eux, je trouve, dans la première moitié du XVIIe siècle : plusieurs cordonniers; un sabotier; un poupelier; un maréchal, du nom de Pierre Baret; des marchands; pas de cabaretier. — Dans la deuxième moitié : un tailleur; un chirurgien, du nom de Gary; en 1692, un menuisier, Denouault, qui, en même temps, est *hoste,* c'est-à-dire hôtelier; Etienne Guy, maréchal, apparaît vers 1698.

Dans la première moitié du XVIIIe siècle : un cabaretier, du nom de Lecerf; un autre, du nom de Brillet (Guillaume), en 1735, en même temps marchand tissier; et un hôtelier, du nom de Dubois, en 1740; un maréchal en 1718, René Meignan; un lainier; deux affranchisseurs; un couvreur; un maçon, du nom de Hubert, en 1723; un menuisier, Margalé; un guerleur, du nom de Guy; deux couturiers, Moral et Pilard, en 1726; deux taupiers ou taupineurs; cinq cordonniers, Lepage, Langlois, Véron, Bruneau, Chenevière, en 1735.

Dans la deuxième moitié du XVIIIe siècle : un cardeur,

du nom de Bourdoiseau, en 1756; un charbonnier, du nom de Chartier, en 1774; à la même époque, trois tailleurs, dont un, nommé Diard ou Guiard, était en même temps sacriste de peine; en 1791, deux cordonniers, René Brout et François Blu.

Ces divers artisans étaient trop peu nombreux, on le voit, pour former corporation ou confrérie dans la paroisse; mais il est à présumer qu'ils se rattachaient aux sociétés de leur corps de métier, établies dans les villes, ou centres plus importants; sans cette association, l'ouvrier n'aurait guère été admis à exercer son emploi; et par cette association il trouvait autour de lui, non pas des concurrents occupés à lui enlever ses pratiques, mais des confrères, soumis comme lui aux mêmes tarifs du travail ou de la journée; puis, dans les mauvais jours, des secours précieux. Les règlements des corporations qui, en eux-mêmes, n'étaient ni une tyrannie pour leurs membres, ni une entrave mise à l'essor du commerce, avaient en outre pour résultat de garantir près du public la qualité des fournitures. Ainsi les cordonniers, pour ne parler que de ce corps de métier, ne devaient travailler que dans le neuf: ils avaient défense de se servir de vieux cuirs, même pour les talons, sous peine d'une amende de trois livres. Les savetiers, au contraire, ne travaillaient que dans le vieux, et ils étaient autorisés à visiter les cordonniers pour voir si ces derniers ne se servaient pas de vieux. Les uns et les autres accomplissaient leur travail soit chez eux, soit à domicile; le salaire était fixé à 12 sols par jour, outre la nourriture. Leurs patrons étaient saint Crépin et saint Crépinien. La confrérie avait même des armoiries qui étaient : *d'azur à un saint Crépin et saint Crépinien d'or, sur une terrasse de même* (1)..... Ne serait-ce point les cordonniers de Maisoncelles, un peu plus nombreux que les autres représentants des divers corps de métier, qui auraient fait peindre ces deux saints sur les murs de l'église? En tout cas, la fresque n'est pas conforme à l'écusson de la confrérie.

Notaires. — L'érection du fief de la Jupellière en châtellenie fut importante à plusieurs titres ; elle conférait une dignité mais elle imposait aussi des charges, et entre autres l'obligation pour le seigneur d'entretenir un notaire dans l'étendue de sa juridiction. Plusieurs de ces hommes de loi vinrent se fixer à Maisoncelles ; ainsi dans une pièce des archives du presbytère, en date de 1640, je lis : « Jehan Dorcemayne n^{re} du comté de Laval rezidant à Maizoncelles ; » dans une autre, de « Lan mil six cents quarante et huict », je lis : « Par devant nous Jean Dorcemaine n^{re} du compté de Laval, et Daniel Puissant n^{re} des chastellenyes d'Arquené, le Bignon et Maisoncelles et de la Barronnye d'Entrame, sans que lune desdites cours desroge a l'autre, demeurant audit Maisoncelles, furent presents..... etc..... »

Au milieu du XVIIIe siècle, Me Jacques Gougeon demeurait aux Bigottières ; mais il était là en résidence

(1) La Beauluère. — *Corporations de Laval.* p. 157.

pour Parné. En 1773, il était notaire de Maisoncelles, et résidait au bourg.

Ecoles. — Jusque vers le milieu du xv⁰ siècle, alors que dans tout ce passé il fallait tout copier à la main, alors aussi que les manuscrits étaient rares, il était absolument impossible, malgré toutes les bonnes volontés que l'instruction fut très répandue ; mais après la découverte de l'imprimerie (1436), à partir surtout du xvi⁰ siècle, elle prend un rapide essor dans les villes. Les campagnes suivirent avec une certaine lenteur, si bien même, au dire de M. Babeau dans son livre si curieux *Le Village sous l'ancien régime*, qu'en 1698 Louis XIV décréta l'instruction obligatoire : les enfants devaient aller au catéchisme jusqu'à l'âge de 14 ans. En 1744, cette prescription fut renouvelée ; et de plus « les procureurs fiscaux furent » chargés de se faire remettre tous les trois mois la » liste des enfants qui n'iraient pas à l'école, afin de » poursuivre les parents ou tuteurs chargés de leur » éducation ». « L'Eglise de son côté, ajoute le même historien, loin de rester en arrière, avait eu une grande part dans ce développement : Les conciles avaient même décidé qu'il y aurait une école dans chaque paroisse. »

Malgré cela, tandis que, d'après les indications du Registre des visites épiscopales de 1778, Ruillé possédait un collège fondé, et que d'autres paroisses environnantes étaient dotées de semblables établissements, Maisoncelles était toujours resté sans école proprement dite.

Cependant tout le monde n'était pas ignorant : les membres des familles nobles et honorables savaient au moins signer; pour constater le fait, il ne faut pas s'en rapporter aux registres, car pendant longtemps la rédaction des actes n'était pas déterminée, et le prêtre signait seul ; assez souvent même il signait au bas de la page.

Mais à partir de 1660, alors qu'en vertu d'une ordonnance royale, les actes ont une teneur précise, les signatures deviennent plus nombreuses. Outre les noms des seigneurs et des sieurs, on voit apparaître la signature des Legendre, des Guy, des Blandet. En 1719 et années suivantes, ce sont les signatures de Simon, de Guillois, de David, de Meignan, de Guy, mais en grosse écriture et quelquefois mal faite. En 1724 un Foucault, tissier, signe assez souvent; à la fin du XVIIIe siècle, ce sont les Brillet, les Meignan, les Guy, les Beauvais qui signent le plus. Or, où tout ce monde là avait-il appris à lire et à écrire? Très probablement chez les curés et les vicaires de la paroisse. L'ancien clergé, sans tenir d'école proprement dite, se faisait un devoir de donner au moins quelques notions d'instruction à ceux qui en avaient le goût et les aptitudes ; c'était un enseignement totalement libre et du côté des maîtres, et du côté des élèves, un enseignement tel que plus tard le donnera M. le curé Meignan jusqu'en 1830, parce qu'il l'avait vu en exercice, et que peut-être lui-même y avait déjà participé.

OEuvres de charité. — Cette forme de charité,

qu'on appelle bureau de bienfaisance, et dont l'organisation date du XVIe siècle, n'était pas établie à Maisoncelles. M. Cormier, dans son état des charges de la cure dressé le 6 février 1790, l'affirme positivement à l'article 16 : « Ny aïant dans la paroisse, dit-il, » ny établissement, ny bureau de charité, ny fonds » assuré pour les pauvres, les aumônes que l'état » et le devoir d'un curé exigent de lui, ne peuvent » être fixées à une somme que suivant l'étendüe et » le pouvoir de sa charité, sans conter celles qu'on » fait à la porte aux étrangers. » Malgré cela, les pauvres n'étaient pas abandonnés. La première source des secours sur lesquels ils pouvaient compter, était au presbytère : source réelle et constante; car d'après les lois canoniques, toujours en vigueur sur ce point, la charité d'un bénéficier ecclésiastique n'est pas une générosité facultative pour lui; c'est une obligation pesant sur ses revenus; dès qu'il a prélevé ce qui lui est nécessaire pour vivre, eu égard à son rang et à ses besoins, le surplus doit passer en bonnes œuvres; et certes le curé de Maisoncelles, assez riche pour cela comme on l'a vu, ne reculait pas devant son devoir; dans une mesure nécessairement variable, il aidait à vivre tous ceux qui lui tendaient la main ; M. Cormier vient de le dire en termes discrets. En outre les pauvres pouvaient compter sur les seigneurs et sur les personnes honorables de la paroisse ; voilà, à mon avis, ce qui explique en partie pourquoi les personnages marquants acceptaient tant de parrainages; c'était une belle manière chrétienne, pour les uns, de faire la charité, pour les autres, de la recevoir ; des dons étaient immanquablement faits au jour du baptême ; et à partir de ce jour les filleuls avaient un titre spécial à une générosité plus large de la part des bienfaiteurs. Enfin il y avait la charité, moins apparente, mais plus répétée, qui subsiste toujours dans le peuple chrétien. C'est elle qui de nos jours et par-partout supplée le mieux à ce que ne pourront jamais faire les bureaux de bienfaisance.

Combinées ensemble, et destinées non pas à donner la richesse, mais à fournir le nécessaire à ceux qui en étaient momentanément privés, ces ressources devaient, je le crois, atteindre leur but ; plus j'étudie l'histoire de Maisoncelles, et plus je me convainc que si la population était généralement peu fortunée, du moins elle n'était pas tombée dans l'extrême misère qui pouvait exister ailleurs.

Actes religieux. — C'est à ce point de vue que l'histoire de la paroisse pourrait être pleine d'intérêt ; et c'est là que les détails locaux manquent le plus. Depuis près de deux cents ans, pas une indication n'a été laissée ni sur les catéchismes, ni sur les associations de piété, ni sur les moyens particuliers employés par le clergé pour christianiser la paroisse. Le meilleur moyen de réparer ce silence regrettable est de bien saisir les règlements généraux, prescrits par le *Rituel* de 1775 ; et en faisant par la pensée l'application de toutes ces lois, on reconstituera peut-être un peu la physionomie de nos anciennes paroisses.

I. Pour le baptême, une déclaration royale de 1698, acceptée comme loi diocésaine, exigeait qu'il fut administré dans les vingt-quatre heures qui suivaient la naissance de l'enfant. Hors le cas de nécessité, le simple ondoiement ne pouvait avoir lieu sans une permission écrite de l'évêque ; et cette permission n'était accordée que pour les raisons les plus pressantes, et sans aucune considération pour les personnes. Défense aussi d'imposer aux enfants des noms profanes, et recommandation expresse de choisir seulement des noms de saints et de saintes reconnus et révérés par l'Eglise. Ici les enfants recevaient le plus souvent les patrons de leurs parents ; chaque famille avait pour ainsi dire sa tradition, et au fond rien de plus légitime. Ça et là cependant apparaissent des noms moins communs, dont le choix a dû être dicté par des motifs particuliers, je n'ose pas dire par fantaisie. Ainsi pour les filles j'ai remarqué Sébastiane, Guillelmine, Roberde, Barthelemine, Rollande, Olive, Gilette ; pour les garçons, Macé (pour Mathieu), Gilles, Tugal, Melaine, Guy, Fleury, Christophle. — Chose étonnante, je ne me rappelle pas avoir vu plus de deux ou trois fois l'usage du nom de Emerentienne.

Quant à l'enregistrement des actes de baptêmes, de mariages et de sépultures, on sait que le clergé en était seul chargé ; mais conséquemment il avait à suivre dans leur rédaction, et les prescriptions royales, et les règlements épiscopaux. Chaque acte était dressé sur deux registres, l'un en papier timbré, l'autre en papier commun, cotés et paraphés par le juge royal. L'un de ces registres devait rester entre les mains du curé, l'autre envoyé au greffe du juge royal, six semaines au plus tard après l'expiration de chaque année. En cas de changement de titulaire, l'ancien curé devait remettre tous les registres à son successeur en demandant une décharge qui contenait le nombre et les années de ces registres ; en cas de décès, le juge du lieu dressait procès-verbal du nombre et des années des registres gardés en la possession du défunt ; si les scellés étaient apposés sur les effets des curés, les registres ne devaient pas y être compris, mais ils restaient dans une armoire à clef, et la clef était remise au doyen rural qui la redonnait au successeur (ordonnance royale de 1736).

Une grande prudence était recommandée dans l'enregistrement du baptême des enfants illégitimes. Ainsi les curés ne devaient jamais mentionner le nom même de la mère, à moins que la sage-femme ou une personne digne de foi ne le déclarât et ne signât avec le parrain et la marraine. Quant au père, on ne devait en faire mention que dans deux cas : 1° lorsqu'il y avait sentence du juge déclarant le père; 2° lorsque le père lui-même déclarait reconnaître l'enfant. Le *Rituel* ajoute :

« Ces registres n'étant déposés entre les mains des
» curés ou vicaires que pour assurer le repos et la
» tranquillité du public, ils ne peuvent, en conscience,
» en montrer les actes ou en délivrer des extraits à
» ceux qui ne les demanderaient que par curiosité et
» dans l'intention de pénétrer les secrets des fa-
» milles. »

Les exhortations préliminaires et complémentaires

du baptême étaient à peu près les mêmes qu'aujourd'hui. Mais alors on exigeait que le petit enfant couchât seul jusqu'à l'âge de deux ans accomplis.

La cérémonie des relevailles, pour les mères légitimes, était un peu plus longue que maintenant. Elle commençait par la récitation du psaume indiqué par le rit romain, se continuait à la messe par l'offrande d'un pain présenté à l'offertoire et s'achevait, après la messe, par la récitation de l'évangile de la Purification de la sainte Vierge. La mère se tenait à genoux à la balustrade ou au bas du sanctuaire, avec un cierge allumé à la main; autant que cela était possible, elle devait avoir son enfant entre ses bras. L'exhortation lue par le prêtre en cette circonstance était exactement celle qui est encore en usage.

II. Au sujet de la confirmation, le *Rituel* statuait que « lorsque les curés seront informés de la visite de l'évêque, ils en avertiront au plus tôt leurs peuples, et feront, pour les y préparer, des instructions et catéchismes deux ou trois fois dans le cours de la semaine, sans préjudice des catéchismes ordinaires des dimanches et fêtes. Ils mettront par écrit les noms de ceux qu'ils croiront être en état d'être confirmés; ils leur apprendront qu'ils doivent s'y préparer avec beaucoup de soin.... Ils les avertiront d'être à jeun, autant qu'ils pourront, si la confirmation se donne le matin de bonne heure, et recommanderont à ceux qui ont fait leur première communion de communier le même jour s'ils le peuvent....

» Si la confirmation se donne dans une paroisse voisine, le curé, après avoir dit la messe, y conduira en procession, autant qu'il se pourra, ceux de sa paroisse qui doivent la recevoir. Il aura soin de leur donner à chacun en particulier un billet contenant leur nom, surnom et âge, qu'il aura eu la précaution d'écrire de sa main et de signer, et qu'il leur fera attacher sur la manche gauche.

» Chaque curé dressera sur un registre particulier un acte de tous ceux de la paroisse qui auront été confirmés; cet acte sera signé de lui, et contiendra le jour, le nom de l'évêque, le nom de chaque confirmé, son âge et le nom de ses père et mère. Ce registre sera joint à ceux de baptêmes, que le curé doit garder, pour être soigneusement conservé. »

Aucun registre de ce genre n'existe dans les archives de Maisoncelles, je n'ai pu même être assez heureux pour mettre la main sur quelque note indiquant le passage ici de l'un ou l'autre des anciens évêques du Mans.

III. En ce qui concerne l'administration du sacrement de Pénitence, la discipline diocésaine contenait une règle qui pourra paraître rigoureuse aujourd'hui, mais qui ne faisait que maintenir une antique mesure d'ordre religieux. — « Aucun Prêtre séculier ou
» régulier approuvé dans ce diocèse (1), ne doit
» entendre pendant la quinzaine de Pâques la con-
» fession annuelle d'aucun des fidèles de l'un et de
» l'autre sexe, sans une permission de leur curé, à
» moins que, pour de bonnes raisons, on ne l'eût
» obtenue de Nous ou de nos vicaires généraux. Cette

---

(1) *Rituel*, p. 109-110.

» subordination des fidèles à leurs curés, pour la
» confession annuelle, est nécessaire pour mettre
» les curés en état de s'assurer de la fidélité de leurs
» paroissiens à s'acquitter de leur devoir pascal;
» mais les curés ne doivent point se servir de leur
» droit pour appesantir sur eux le précepte de la
» confession, par les difficultés qu'ils feraient de leur
» permettre de se confesser à d'autres; au contraire
» il leur est enjoint d'avertir leurs paroissiens qu'ils
» accorderont facilement cette permission. Les curés
» donneront cette permission ou en général au prône
» du dimanche des Rameaux, ou en particulier; et
» quand ils la donneront par écrit, elle sera conçue
» en termes simples et en la forme suivante : *Je per-*
» *mets à N...., mon paroissien, de se confesser, pour*
» *cette Pâque, à tout prêtre approuvé dans le diocèse*
» *par Mgr l'Evêque. Fait à.... ce.... jour du mois*
» *de.... de l'année.... signé : N...., curé.*

» Ceux qui se seront ainsi confessés hors de leur
» église paroissiale, seront toujours obligés d'y venir
» faire leur communion pascale, et de représenter
» auparavant à leur curé, en particulier, et non pu-
» bliquement pendant qu'il fait ses fonctions, un
» certificat du confesseur qui les aura entendus. »

La formule de ce certificat était déterminée : *Je certifie que N.... s'est confessé à moi prêtre soussigné. Fait à.... ce.... jour du mois de.... l'an....* et au-dessous le confesseur mettait sa signature.

IV. Quant à la communion pascale, elle devait, comme aujourd'hui, être faite par chaque chrétien dans sa propre paroisse, à moins qu'il n'eut obtenu

de son curé une permission expresse de la faire ailleurs. Mais quiconque avait été ainsi autorisé, devait plus tard remettre au curé un certificat portant qu'il avait réellement satisfait à son devoir. Cette obligation du certificat de Pâques était aussi exigible de la part de ceux qui, étant en voyage pendant la sainte quinzaine, avaient dû communier dans une paroisse étrangère ; et le *Rituel* ajoute : « En cas qu'ils man-
» quent d'en rapporter, ou si le curé remarque que
» quelqu'un de ses paroissiens affecte de s'absenter
» pendant la quinzaine, il en donnera avis à Mgr l'E-
» vêque ou à ses vicaires généraux, pour recevoir
» conseil sur la conduite qu'il doit tenir à leur égard. »

En outre, les curés devaient remarquer avec soin ceux de leurs paroissiens qui manquaient de communier à Pâques, les avertir en particulier, et les presser de satisfaire à leur devoir, en leur démontrant que sur leur refus, ils seraient obligés de les dénoncer à l'évêque. Quand ces avis ne produisaient aucun fruit, ils les réitéraient au prône, sans désigner personne, encore moins sans entreprendre quoi que ce soit en public contre les réfractaires; puis, toutes les voies de douceur épuisées sans succès, ils envoyaient à l'évêque les noms de ces chrétiens qui se séparaient du troupeau catholique, afin que l'autorité prît les mesures nécessaires pour faire cesser ce scandale.

Ce serait un tort de regarder ces mesures disciplinaires comme une oppression des consciences ; elles prouvent seulement que ces vieux chrétiens, à qui l'on pouvait les appliquer, étaient d'une autre taille que nous. On ménage les faibles et les peureux ; mais c'est honorer les braves, que de mettre leur énergie en exercice.

Sous ce vigoureux régime de vie chrétienne, le nombre des pascalisants, d'après le registre des visites épiscopales en 1778, s'élevait à Maisoncelles, en cette année 1778, au chiffre de trois cent soixante. — Actuellement il atteint à peine trois cents.

V. L'instruction religieuse des enfants, suivie de leur première communion, était particulièrement recommandée à la sollicitude des Pasteurs. « Nous ordonnons aux curés, est-il dit (p. 308), de faire eux-mêmes le catéchisme tous les dimanches et fêtes de l'année, à l'heure la plus commode pour leurs paroissiens, ou de le faire faire par leurs vicaires, ou autres ecclésiastiques capables ; leur enjoignant outre cela de le faire deux jours de la semaine pendant l'Avent et le Carême ; leur permettant seulement de l'abréger dans le temps de la moisson et des vendanges. »

La solennité de la première communion devait avoir lieu dans l'église paroissiale, et ne pouvait se faire ailleurs, même hors le temps de Pâques, sans l'agrément des curés. — Quant à l'âge de la réception des communiants, on n'était pas fixé d'une façon aussi mathématique qu'aujourd'hui : « Il n'est pas facile,
» disait le *Rituel*, de fixer l'âge auquel les enfants
» peuvent être admis ; on en voit qui, n'étant encore
» âgés que de 11 ou 12 ans, sont assez instruits
» et capables de réflexion pour discerner cette cé-
» leste nourriture ; d'autres, d'un esprit plus pesant et
» plus difficile, ont besoin d'être différés quelque

» temps. « Mais, même pour ceux-ci, ajoutait le *Ri-*
» *tuel,* on doit considérer que quand ils sont arrivés
» à 14 ans, le précepte de la communion les presse,
» et qu'on ne peut les en priver que pour des raisons
» considérables ».

A l'ouverture du Carême, les curés nommaient ceux qu'ils croyaient devoir préparer à la première communion et les avertissaient d'assister exactement aux catéchismes qui se faisaient alors dans le cours de la semaine. Quinze jours avant la communion, ils devaient faire eux-mêmes un examen de la science et de la conduite de ces enfants, afin de choisir ceux qu'ils jugeaient dignes d'être admis à la sainte table ; et une fois cette désignation faite, ils s'appliquaient désormais à les disposer prochainement à la grande action, en les voyant en particulier pour les exciter à la contrition, leur faciliter l'examen de conscience, et leur inspirer les sentiments d'une tendre et solide piété.

La première communion pouvait être remise à quelqu'un des dimanches après Pâques, reportée même à l'Ascension ou à la Pentecôte. — Quelques jours avant la fête, les enfants étaient exercés sur la manière de se présenter à la sainte table, de tenir la nappe de la communion, et de recevoir la sainte hostie. « A cet
» effet, ajoute le *Rituel,* on les exercera dans l'église
» avec des hosties non consacrées ; il sera même bon
» de le faire en présence du peuple, afin de profiter
» d'un moyen si favorable pour apprendre sensible-
» ment aux personnes avancées en âge à se présen-
» ter et à se tenir à la table sacrée dans l'ordre et la

» décence convenables ». La pratique des retraites préparatoires, telles qu'elles sont observées actuellement, ne paraît pas avoir été alors en usage ; mais il était difficile de réunir ainsi tous les jours les communiants, sans leur adresser quelque exhortation relative au grand acte que tous, prêtres et fidèles, avaient en vue; et avec des moyens un peu différents, on arrivait au même but.

Au jour de la première communion, la messe était chantée avec toute la solennité possible; les enfants y assistaient tous ensemble, et dans des places distinctes, les garçons à la droite, et les filles à la gauche; tous vêtus proprement et modestement selon leur état, et tenant en main, autant que cela était possible, un cierge allumé qu'ils portaient à l'offrande. « Le prêtre qui célèbrera, dit le *Rituel*, après avoir
» pris le précieux Sang, se tournera vers eux pour
» leur faire une exhortation qui doit être courte,
» mais tendre et pathétique..... Il entonnera ensuite
» l'hymne *Veni creator*, et pendant que le chœur la
» continuera, il donnera la communion aux enfants;
» après quoi il leur fera une autre exhortation pour
» les engager à remercier Dieu et à profiter avec soin
» d'une si grande grâce. Cette cérémonie se termi-
» nera par le cantique *Te Deum ;* et pendant qu'on le
» chantera. tous seront debout; le célébrant dira en-
» suite le verset et l'oraison *pro gratiis Deo agendis.*
» Enfin, avant de remettre le saint ciboire dans le ta-
» bernacle, il en donnera la bénédiction sans rien
» dire et il achèvera la messe. »

Il n'est pas question de procession à vêpres, ni

de quelque autre cérémonie, spéciale pour les enfants, dans l'après-midi : toute la fête avait lieu le matin à la grand'messe de communion.

A partir de ce jour, la jeune recrue entrait dans les conditions communes à toute la paroisse ; je veux dire qu'ayant donné des preuves suffisantes de connaissances religieuses, les communiants n'étaient plus rigoureusement astreints à suivre les réunions de catéchisme, qui recommençaient dès le dimanche suivant pour leurs camarades non encore admis à la sainte table; la préparation, proprement dite, était achevée; tout ce que les curés pouvaient demander, c'était, comme pour le reste des paroissiens, la fréquentation volontaire des catéchismes, et le retour à la sainte table.

Un acte de tous ceux qui avaient fait leur première communion, devait être dressé par chaque curé, signé de lui, et contenir les noms, surnoms, âges des enfants, ainsi que le nom de leurs pères et mères ; cet acte était rédigé sur un registre spécial, ou sur celui de la confirmation ; et les curés devaient représenter les registres à l'évêque ou à ses vicaires généraux, dans le cours des visites.

VI. L'administration du viatique aux malades (1),

---

(1) En vertu d'une déclaration royale du 8 mars 1712, les médecins, chirurgiens et apothicaires, appelés à soigner des malades en danger de mort, devaient, à leur seconde visite, les avertir de se confesser; et en cas que les malades ou leur famille ne parussent pas suivre cet avis, les médecins étaient tenus d'en avertir le curé de la paroisse, ayant bien soin de retirer du prêtre un certificat de leur démarche. Défense leur était faite de procéder à une troisième visite, à moins qu'il ne leur fut prouvé par un certifi-

dans l'enceinte des villes et villages, se faisait aussi avec solennité. Avant le départ, on tintait la cloche pour inviter les fidèles à se rendre à l'église, et les assistants, décidés à accompagner le Saint Sacrement pendant tout le trajet, prenaient des cierges allumés. Le prêtre, portant l'Eucharistie, marchait sous un petit dais qui, au défaut d'ecclésiastiques, devait être soutenu par les officiers de l'église, les parents du malade, les confrères du Saint-Sacrement ou autres personnes; il était précédé d'un clerc qui sonnait une clochette.

Dans le cas où il fallait porter le Saint Sacrement à la campagne, par des chemins difficiles, le prêtre mettait la custode dans une bourse de soie, passée à son cou; en cet état il marchait sous le dais, accompagné en la manière ordinaire jusqu'à la porte de la ville ou à l'extrémité du village. Arrivé là, il pouvait monter à cheval ou dans quelque voiture, s'envelopper d'un manteau noir et même se couvrir de son chapeau; deux assistants marchaient devant, l'un portant un cierge allumé dans une lanterne, et l'autre sonnant une clochette.

Le long du chemin, le prêtre récitait seul ou alternativement avec les assistants le psaume *Miserere*. Arrivé près du malade, il lui faisait deux exhortations; l'une, suivie de quelques interrogations sur la

---

cat du confesseur que les malades étaient préparés à recevoir les derniers sacrements; et ce, sous peine de 300 livres d'amende la première fois; puis, de suspension, et enfin de déchéance de leur titre.
Dans une société chrétienne c'était l'ordre vrai des choses.

foi, l'espérance, la charité et le pardon des injures, avant la communion; l'autre après la communion. Les prières liturgiques terminées, le retour à l'église s'effectuait dans le même ordre que l'aller, avec accompagnement de la récitation du *Te Deum;* et à l'église tout se terminait par l'annonce des indulgences accordées aux assistants, la recommandation du malade et la bénédiction avec le ciboire.

VII. Quant aux saluts du Saint Sacrement, beaucoup moins fréquents qu'aujourd'hui, tout était réglé avec une précision qui ne laissait rien à l'arbitraire de chaque curé. Sous quelque prétexte que ce soit, on ne pouvait donner plus de deux fois le même jour la bénédiction du Saint Sacrement dans la même église. Les chants en langue vulgaire étaient défendus devant le Saint Sacrement exposé.

Dans les cas extraordinaires, il était permis d'ouvrir le tabernacle pour animer, par la vue du ciboire, la foi et la ferveur des prières de ceux qui venaient, pendant les alarmes publiques, recourir à Dieu dans les églises; mais sans bénédiction, ni rien de plus.

VIII. Après avoir parlé de la visite des malades, le *Rituel* traite d'une fonction curiale qui depuis lors a été enlevée au clergé, mais dont l'usage mérite au moins d'être signalé. « La Coutume du Maine, est-il
» dit (p. 181), accordait aux curés et à leurs vicaires le
» pouvoir de recevoir les testaments, en se faisant
» assister de trois témoins. L'ordonnance de 1735, en
» ôtant ce pouvoir aux vicaires, l'a conservé aux
» curés séculiers et réguliers, et l'a communiqué aux
» desservants séculiers préposés par l'évêque à la

» desserte d'une paroisse, en se faisant assister de
» deux témoins seulement. Les curés ou desservants
» ne peuvent recevoir des testaments que dans l'é-
» tendue de la paroisse qui leur est confiée, et de
» leurs paroissiens seulement. »

..... Faisant, en cette partie, les fonctions de notaires, ils devaient écrire eux-mêmes les actes et se conformer scrupuleusement aux formalités prescrites à ceux-ci pour la rédaction des testaments. De plus, incontinent après la mort du testateur, ils devaient, s'ils ne l'avaient fait auparavant, déposer le testament ou autres dispositions qu'ils avaient reçues, chez le notaire ou tabellion du lieu. Et s'il n'y en avait point, chez le plus prochain notaire royal dans l'étendue du bailliage ou sénéchaussée dans laquelle la paroisse était située. Lesdits curés ou desservants ne pouvaient en délivrer aucunes expéditions, à peine de nullité des dites expéditions et des dommages et intérêts des notaires ou tabellions et des parties qui pourraient en prétendre.

Pour la validité d'un testament ou codicille, la Coutume du Maine ne demandait pas un certain intervalle de temps entre celui où l'acte avait été accompli de tous points, et le décès du testateur. Il suffisait que le testateur eût sa pleine connaissance à l'instant de la perfection de l'acte. La Coutume de Normandie, qui exigeait trois mois de survie, ne devait avoir lieu que dans son territoire, et pour les biens qui y étaient situés.

Je ne sais si jamais les curés de Maisoncelles ont été appelés à exercer cette charge qui leur venait toute entière d'une concession grâcieuse du gouvernement royal, et dont ils ont pu être privés sans rien perdre de leur caractère sacerdotal : parmi les divers testaments, gardés aux archives du presbytère, aucun n'est l'œuvre du prêtre. Du reste les notaires n'ont jamais fait défaut dans cette région du Maine ; plusieurs de ces hommes de loi ont même, à diverses époques, résidé à Maisoncelles.

IX. L'un des actes religieux qui caractérisait peut-être le mieux la vie paroissiale, était la *Messe de Paroisse*, avec son prône, tout spécial, joint à la célébration des saints mystères. D'abord l'obligation d'assister à cette messe de paroisse était très rigoureuse : les fidèles qui pendant trois dimanches consécutifs y manquaient sans excuse ou sans permission, étaient menacés d'excommunication. C'est encore dans le but de ramener tous les paroissiens à une même réunion, que la célébration des messes basses, le dimanche, était nettement réglée ; ainsi dans les chapelles du dehors, aucune messe ne devait être dite pendant la messe de paroisse ; dans l'église paroissiale, aucune non plus ne devait être dite depuis que la messe de paroisse avait été sonnée jusqu'après l'élévation de la sainte hostie ; même dans les communautés religieuses il y avait défense de célébrer la messe pendant la durée de la messe paroissiale.

L'heure de cette messe de paroisse était fixée par l'évêque du Mans uniformément pour tout le diocèse. Depuis Pâques jusqu'à la Toussaint, dans les paroisses où il y avait deux messes, la première se disait à 6 heures, la grande à 9 heures ; dans celles où il n'y avait qu'une messe, elle se disait à 9 heures. Depuis la Toussaint jusqu'à Pâques, dans les paroisses où il y avait deux messes, la première commençait à 7 heures ; la grande à 10 heures ; dans les paroisses où il n'y avait qu'une messe, elle commençait à 10 heures. Pour la grand'messe on sonnait deux coups à un intervalle suffisant pour donner au peuple le temps de se rendre à l'église ; le dernier coup était sonné plus longtemps que le premier.

L'office, sauf aux jours de fêtes, commençait par la bénédiction de l'eau, accomplie dans la nef de l'église auprès du bénitier, et l'aspersion de cette eau bénite ; puis se continuait par la procession faite extérieurement autour de l'église, c'est *au retour* de cette procession que le curé de Maisoncelles, en vertu d'une fondation faite par Mme de Boisbureau et précédemment signalée, chantait *à l'église un Subvenite* pour la bienfaitrice.

A la suite de ces préliminaires, commençait la grand'messe. Immédiatement après l'Evangile, avaient lieu le prône et le sermon. A l'Offertoire, chaque paroissien, c'est-à-dire pour ce cas je crois, chaque chef de famille ou chaque maître, était tenu de venir à son tour à la balustrade présenter du pain pour être bénit par le célébrant, et ensuite distribué aux fidèles ; il n'y avait à être exempté de cette obligation que les pauvres incapables de supporter cette dépense. Dès que la Préface était commencée, défense absolue de continuer à couper le pain bénit ; la distribution ne devait commencer qu'après la Communion. Les distributeurs se présentaient d'abord au clergé ; allaient ensuite aux seigneurs et aux autres personnes distinguées, selon la coutume des lieux ; et enfin passaient dans les rangs des autres assistants.

Quant au prône, il avait une telle importance qu'il mérite d'être retracé au complet. — Réservé pour la grand'messe, — car, à la première, il n'y avait de prescrit qu'une courte instruction, — il débutait, après un long exposé des intentions auxquelles prêtres et fidèles allaient tout de suite faire des prières en commun, par la récitation à haute voix de ces prières, qui se composaient des deux psaumes *Deus misereatur* et *De profundis* suivis l'un et l'autre de quelques oraisons spéciales. Ensuite étaient récités par le prêtre l'Oraison Dominicale, la Salutation Angélique et le Symbole des Apôtres ; après quoi venait un abrégé très sommaire de la doctrine de l'Eglise sur les sept sacrements ; et cette première partie du prône se terminait par la récitation du Décalogue avec les Actes de foi, d'espérance et de charité ; en tout une lecture de dix grandes pages.

La deuxième partie du prône comprenait l'annonce des fêtes de précepte, des jeûnes, des abstinences et des fondations à acquitter dans la semaine ; puis la publication des mandements (1), des bans des

---

(1) Tous les trois mois, les curés étaient tenus en outre de lire un édit de Henri II en date de 1556, établissant la peine de mort contre les femmes coupables qui, ayant caché leur grossesse et leur accouchement, laissaient périr leurs enfants sans le sacrement de baptême ; et chaque année en remettant le registre de

ordinands et des bans de mariages ; c'est là aussi que se plaçait, quand il y avait lieu, un grave avertissement qui n'a plus été fait dans nos chaires depuis le commencement de ce siècle, mais dont plus d'une fois j'ai retrouvé un souvenir confus dans les récits légendaires de quelques vieillards : je veux parler des monitoires (1). C'était une pièce émanée du tribunal de Mgr l'Evêque du Mans, signée par l'official ou le vice-gérant de l'officialité, et imposant aux fidèles d'une ou plusieurs paroisses, sous peine d'excommunication, l'obligation soit de faire connaître ce qu'ils pouvaient savoir sur tel fait important, soit de restituer ce qu'ils avaient volé, soit de réparer un scandale public par une satisfaction déterminée. Tout le monde pouvait solliciter près du tribunal ecclésiastique une pièce de ce genre, mais d'après le concile de Trente (2) il fallait qu'il s'agit d'une chose non vulgaire, *ex re non vulgari*, et dans un cas de crime il fallait qu'on ne pût en avoir autrement la preuve. Ainsi obtenue de qui de droit la pièce était remise au curé de la partie plaignante lequel en faisait la publication pendant trois dimanches consécutifs, dans les termes suivants : « Nous allons vous lire pour la première (ou deuxième ou troisième fois)

---

baptême au greffe ils devaient au bas de ce registre certifier que l'édit avait été publié aux époques voulues.

(1) *Rituel*, p. 84 et 236. Le monitoire, acte de procédure judiciaire, subsiste toujours en droit canon ; il n'est plus appliqué en France, parce que la situation de l'Eglise dans notre pays est exceptionnelle en bien des points.

(2) Session 25, chap. 3e *de Refor*.

un monitoire décerné par M. l'official de ce diocèse...
Ici lecture intégrale du monitoire, puis le prêtre ajoutait après la première publication :

« Ceci mérite, mes frères, les plus sérieuses atten-
» tions de votre part. Songez que la peine d'excom-
» munication est la plus grande de celles que l'Eglise
» puisse porter contre ses enfants, puisque celui qui
» est excommunié est retranché de la société des
» fidèles. C'est ce qui doit faire craindre infiniment à
» tous vrais fidèles les censures ecclésiastiques, et
» les engager, quand on en publie quelqu'une, à ren-
» trer en eux-mêmes pour examiner s'ils sont en quel-
» que manière coupables du crime que l'Eglise veut
» punir, ou s'il ne manque point pour elle d'obéis-
» sance, en célant injustement ce qu'ils sçavent des
» faits dont elle a droit d'exiger la révélation. »

Après la dernière publication, il disait :

« Si quelques-uns ont jusqu'à présent négligé ou
» refusé de se soumettre aux ordres de l'Eglise,
» qu'ils ne diffèrent pas davantage, qu'ils obéissent
» promptement, et ne s'exposent pas à voir prononcer
» contre eux la peine d'excommunication, en punition
» de leur désobéissance et de l'abus qu'ils auraient
» fait de la patience et de la charité de l'Eglise. »

Cette instance n'était pas un vain mot ; car si ces menaces répétées n'amenaient ni révélation ni restitution, ni satisfaction, la partie plaignante pouvait alors, au bout de six jours à partir de la dernière publication, obtenir du tribunal de l'évêque une sentence d'excommunication contre les coupables récalcitrants. Cet acte judiciaire, d'une si grande conséquence au point de vue religieux, était toujours notifié au public qui avait déjà entendu les monitoires, avec une certaine solennité. Le plus souvent il y avait aggrave et réaggrave, c'est-à-dire qu'après une première proclamation, la sentence était relue du haut de la chaire une deuxième et une troisième fois. Non pas que la censure, déjà simplement annoncée pendant trois semaines, fut encore suspendue pendant trois autres semaines; dès le premier jour, dès la première heure de sa notification, elle saisissait les coupables; et ceux-ci, tout en restant personnellement inconnus de l'autorité ecclésiastique comme de beaucoup d'autres chrétiens, étaient effectivement retranchés du corps de l'Eglise. La répétition de la sentence n'ajoutait rien aux effets propres de l'excommunication; mais c'était une formalité qui, dans les cas où elle était demandée et accordée, avait pour but de mieux mettre en relief la gravité de la condamnation, et enlevait aux coupables tout prétexte d'ignorance. Dans certains cas extraordinaires, la sentence d'excommunication revêtait une autre forme ; elle était fulminée. La fulmination était une condamnation nouvelle, rédigée par l'official en termes plus solennels; cet acte ne pouvait être rendu qu'après une précédente sentence portant aggrave et réaggrave; c'était la suprême décision du tribunal ; et la pièce n'était lue qu'une fois au prône d'un dimanche. On a dit et cru parfois que cette fulmination n'avait pas d'effet, à moins qu'elle ne fût accompagnée d'extinction de chandelle et de son des cloches; mais, dit expressément le *Rituel*, c'était une erreur. Il ne faut pas en effet confondre cette fulmination faite au nom de l'official, avec la redoutable sentence d'anathème portée par l'évêque en personne et dont parle le *Pontifical Romain*. Voici du reste en quels termes le curé produisait, le cas échéant, cette fulmination :

« Nous allons vous lire la sentence de fulmination
» prononcée par M. l'official de ce diocèse, sur la
» sentence d'excommunication, portant aggrave et
» réaggrave, ci-devant publiée pendant trois diman-
» ches consécutifs. » Ici lecture de la pièce officielle;
puis le curé ajoutait :

« Que ceci, mes chers frères, vous apprenne à
» craindre les censures de l'Eglise et à éviter tout ce
» qui pourrait les attirer sur vous. Quand elles ne
» feraient que priver un chrétien des biens extérieurs
» de l'Eglise, tels que sont la participation aux sa-
» crements et la sépulture ecclésiastique, ne serait-ce
» pas un grand malheur de les encourir? Mais il y a
» plus; elles privent encore le chrétien de la part
» qu'il avait de droit aux prières de l'Eglise ; le mérite
» du saint sacrifice de la messe cesse de lui être ap-
» pliqué; et ce qui est encore plus terrible, c'est
» qu'un excommunié n'a plus aucun droit au ciel,
» tant qu'il demeure dans son excommunication; il
» cesse d'être enfant de Dieu, membre de Jésus-Christ
» et cohéritier de son Royaume. Si l'intérêt de vos
» frères vous touche, pleurez leur chute et leur mal-
» heur; tâchez de fléchir sur eux la colère de Dieu;
» mais en même temps, mes frères, n'allez pas par
» vos crimes, et en même temps par votre désobéis-

» sance à l'Eglise, attirer sur vous les mêmes mal-
» heurs et les mêmes châtiments. »

Ces claires et substantielles explications avaient leur raison d'être: elles combattaient de haut l'idée superstitieuse qui hantait l'esprit d'un certain public, et d'après laquelle l'excommunié, possédé en quelque sorte, était forcé de courir la nuit comme le jour, jusqu'à ce qu'un bon chrétien eut réussi à lui arracher une goutte de sang du front! Non, ce n'était pas à ce vagabondage insensé qu'aboutissait l'excommunication; ses effets étaient autrement graves, on vient de l'entendre.

Ce curieux épisode des monitoires ne venait pas tous les dimanches prendre le temps du prêtre et des fidèles; mais, soit qu'il se présentât, soit qu'il fit défaut, la seconde partie du prône finissait ainsi :

Le prêtre debout, et la tête couverte disait :

« De l'autorité de Dieu tout-puissant, et de l'Eglise
» catholique, apostolique et romaine, nous dénon-
» çons pour excommuniés tous hérétiques et schis-
» matiques; tous simoniaques qui vendent ou achè-
» tent des bénéfices ou qui donnent conseil et aide
» pour les vendre et acheter; tous ceux qui se ser-
» vent de maléfices; tous ceux et celles qui se ma-
» rient hors de la paroisse sans permission; tous
» usuriers; tous ceux qui frappent les prêtres ou les
» clercs; tous ceux qui empêchent la juridiction, les
» droits, privilèges et libertés de la sainte Eglise,
» qui usurpent ses biens, détournent ou cèlent les
» titres, papiers ou enseignements qui lui appartien-
» nent; tous ceux qui se battent en duel ou qui don-

» nent aide et conseil pour se battre ; tous ceux qui
» mettent le feu exprès à des effets ou à des bâti-
» ments ; les comédiens ou comédiennes : jusqu'à ce
» ce qu'ils fassent pénitence de leurs crimes, et qu'ils
» en aient reçu l'absolution. »

Enfin arrivait la troisième et dernière partie du prône, comprenant la lecture de l'Évangile du jour, et un sermon sur quelqu'une des vérités de la religion. Cette instruction était rigoureusement prescrite, et ce, sous les peines de droit contre les curés qui y manquaient trois dimanches consécutifs. A cause de la bénédiction qui termine le saint sacrifice, le prédicateur à la fin du prône ne bénissait pas l'assistance.

Sauf quelques détails qui ont dû nécessairement être modifiés, ce vieux prône subsiste encore dans les chaires de notre pays ; et c'est, à mon avis, un intérêt de plus, que de lire ou d'entendre à notre tour ces formulaires d'avis et d'annonces auxquels une antiquité de plus de cent vingt ans a donné une sorte de consécration.

Les vêpres, suivies des complies, se chantaient en tout temps, entre deux et trois heures.

X. Un autre acte religieux, bien important aussi dans la vie de paroisse, comme dans la vie de famille, était la célébration du mariage. La cérémonie était obligatoirement précédée des fiançailles (1), c'est-à-dire de la promesse solennelle que les deux parties,

---

(1) Outre ces fiançailles solennelles, il pouvait y avoir des fiançailles privées, telles que le droit canonique les reconnaît encore.

capables de contracter mariage ensemble, se faisaient l'une et l'autre de s'épouser un jour. Ces fiançailles s'accomplissaient à l'église paroissiale, en présence du curé des futurs, à n'importe quel jour et à n'importe quelle heure, depuis le lever du soleil jusqu'à son coucher. Le curé, revêtu d'un surplis et d'une étole blanche, précédé d'un clerc portant le bénitier, se rendait soit à la porte du chœur soit au bas de l'église devant les deux parties debout, le garçon étant à la droite de la fille ; et là, en présence des pères et mères, des tuteurs ou curateurs, et de plusieurs autres témoins, après une courte exhortation qui avait pour but d'engager les futurs à se préparer chrétiennement au mariage, il disait sans aucune sorte de qualification : « N... et N..., jurez-vous et promettez-vous tous deux à Dieu que vous direz la vérité ? »

L'un et l'autre devaient répondre : « Oui, je le jure et je le promets ».

Le curé continuait : « Connaissez-vous quelque empêchement au mariage que vous voulez contracter, comme de parenté ou d'alliance, ou pour avoir fait à d'autres des promesses de mariages, ou autrement ? N'avez-vous point été contraints par violence ou par menaces, ou par l'autorité de quelqu'un de consentir, contre votre volonté, aux promesses de mariage que vous allez faire ? »

Les futurs répondaient distinctement à chaque interrogation ; puis, dans le cas où il n'y avait aucun empêchement, le curé, s'adressant au jeune homme, poursuivait en ces termes :

« N..., promettez-vous à Dieu, en face de sa sainte Eglise, que vous prendrez pour votre femme et légitime épouse N...., ici présente, lorsque vous en serez requis par elle et que notre sainte mère l'Eglise n'y mettra aucun empêchement ? »

Après avoir reçu la réponse : « Oui, Monsieur, je le promets », il posait la même question à la future, et à la suite de la réponse de celle-ci, il avertissait les deux parties de se donner la main droite ; puis, la tête couverte, il disait en faisant un signe de croix : « *Ego affido vos in nomine Patris et Filii et Spiritus Sancti. Amen.* »

On ne dressait point d'acte des fiançailles, mais on en faisait mention dans l'acte de mariage.

Ces fiançailles n'étaient pas une vaine cérémonie ; elles constituaient un lien réel entre les deux futurs ; à tel point que, suivant l'usage du diocèse, dans le cas où réciproquement ils se remettaient leur engagement, ils devaient encore recourir au juge ecclésiastique pour faire résoudre leurs fiançailles. Elles étaient destinées en même temps à donner aux fiancés le temps de faire leurs dernières réflexions et de se préparer à la réception du sacrement ; aussi ne pouvaient-elles pas avoir lieu le même jour que le mariage ; entre les deux actes, il fallait au moins un jour franc d'intervalle, et trois au plus. Cette disposition du *Rituel* de 1775 devait être relativement récente ; car un siècle auparavant le délai était plus large. « Le 22 mars 1655, Mathurin Legendre, fiança à Maisoncelles Anne Le Guy, veufve de Jean Blandet ; et il l'épousa seulement le 15 avril suivant. »

Le mariage (1), toujours fixé en dehors des jours de dimanche, de fête et même de jeûne, défendu aussi le jour de la dernière publication des bans, et le lendemain à quelque heure que ce fût, ne pouvait se célébrer que dans l'église paroissiale, depuis le lever du soleil jusqu'à l'heure de midi au plus tard ; et la cérémonie était immédiatement suivie d'une messe. Toute dérogation à cet ordre devait être expressément autorisée par l'évêque. Au jour et à l'heure convenus avec le curé, les futurs époux, à jeun autant que possible, accompagnés de leurs parents, tuteurs, curateurs, et de quatre témoins dignes de foi, domiciliés et s'il se peut sachant signer, se présentaient à l'entrée du sanctuaire. Le prêtre, revêtu d'un surplis et d'une étole blanche, ou, s'il devait dire la messe tout de suite, d'un amict, d'une aube et d'une étole croisée, ouvrait la cérémonie par une assez brève exhortation, presque intégralement reproduite, au milieu d'autres développements, dans celle qui est actuellement en usage ; puis, les parties se donnant la main droite l'une à l'autre, étaient successivement appelées en ces termes à donner leur

---

(1) A cette époque les garçons pouvaient contracter mariage à 14 ans révolus, les filles à 12 ans révolus. Les uns et les autres étaient mineurs jusqu'à 25 ans, et ne pouvaient se marier sans le consentement exprès de leurs pères, mères, tuteurs ou curateurs. Après 25 ans, les garçons ayant pères et mères, étaient encore tenus d'avoir leur consentement ; à 30 ans, ils devaient seulement requérir par écrit leurs avis et conseil. Les filles et veuves majeures de 25 ans n'étaient tenues qu'à requérir l'avis et le conseil de leurs parents. — Ces sommations se faisaient par un notaire assisté de deux témoins.

consentement : « N...., vous promettez à N...., ici présent, la foi de mariage et vous jurez devant Dieu que vous le (ou la) prenez maintenant pour votre femme et légitime épouse (ou pour votre mari et légitime époux) ? » Les réponses affirmatives étant bien expressément données, le prêtre ajoutait : « *Et ego auctoritate omnipotentis Dei et sanctæ Matris ecclesiæ, vos in matrimonium conjungo. In nomine Patris et Filii et Spiritus sancti. Amen* ». Ensuite avaient lieu la bénédiction et la tradition de l'anneau nuptial avec les mêmes prières et les mêmes cérémonies qu'aujourd'hui ; comme aujourd'hui encore les mêmes versets liturgiques clôturaient cette célébration du sacrement de mariage.

A l'Offertoire de la messe qui suivait, les époux baisaient la patène que le célébrant, descendu de l'autel, venait leur présenter en disant à chacun : *Pax tibi,* et, à moins que l'épouse ne fût une veuve, ils recevaient après le *Pater,* ainsi qu'à la fin de la Messe, les bénédictions solennelles réservées pour cet office et identiques à celles de la liturgie romaine. Il n'y avait qu'une légère différence, c'est que, dans le cas où la messe était chantée, la deuxième oraison était aussi chantée sur le ton et avec l'exorde de la Préface.

A cette époque il ne paraît pas qu'il fut encore question d'étendre au-dessus de la tête ou sur les épaules des époux un voile blanc qu'on appelait drap nuptial ou poêle, et qui symbolisait leur union. Mais ce détail si expressif avait été, dans un passé plus vieux, en usage à Maisoncelles : témoin cet acte de mariage du xviie siècle : « L'an 1649, le 8 mai, Pierre Royer a épousé Perrine Chevalier, fille de Gervais Chevalier et de Jeanne Fouassier, en l'église de Maisoncelles, et pour légitimer leur enfant nommé Pierre « nay huit » jours devant leurs nopces l'*ont apporté et mis sous* » *le drap nuptial* et l'ont recogneu pour légitime issu » d'eux sous promesse du mariage, en présence de » Pierre Lemelle, curé soussigné, Mathurin Langloys » et Gervais Chevalier.

» Signé : G. Lemelle. »

Cet extrait d'acte de mariage fait voir en même temps dans quelle forme s'accomplissait autrefois la légitimation des enfants ; et l'on conviendra que ce rapprochement de chacun des membres d'une famille dans un même groupe, en face de l'autel, devant le représentant de l'Eglise, sous les yeux de l'assistance, caractérisait bien la réhabilitation de cette famille. A la fin du xviiie siècle, il n'en était plus de même ; la reconnaissance des enfants illégitimes se faisait sans éclat à la sacristie, par la déclaration du père et de la mère, et par la rédaction d'un acte spécial dressé à la suite de l'acte de mariage.

Aucun document ne m'a fourni d'indication sur les frais qu'entraînait la délivrance des pièces émanées de l'officialité, telles que monitoires, sentences d'excommunication et fulmination. Mais les honoraires, dûs au clergé à l'occasion des fiançailles et du mariage, étaient déterminés dans le tarif diocésain établi par Mgr de Grimaldi en 1769 et homologué par arrêt du Parlement le 26 février 1772. Pour les mariages, soit dans les villes, soit dans les bourgs, il n'y avait qu'une classe, et voici comment elle était tarifiée :

Publication des bans, une livre dix sols, ci.	1 l.	10 s.
Fiançailles, dix sols...............	»	10
Célébration du mariage, une livre.......	1	»
Honoraire de la messe, quinze sols......	»	15
Sacriste, dix sols.....................	»	10
Ce qui faisait en total	4 l.	5 s.

non compris les rétributions que chaque fabrique, suivant son usage particulier, exigeait pour le linge, les ornements, le luminaire et le son des cloches. Rien non plus ne s'opposait à ce que la messe de mariage fut chantée, et alors, dans les bourgs et villages, — car dans les villes les honoraires étaient un peu plus élevés,

Le célébrant recevait quinze sols.	» l.	15 s.
Le curé, pour son assistance, dix sols ...	»	10
Le vicaire, pour assistance	»	5
Le sacriste, quatre sols	»	4
C'était en plus une dépense de	1 l.	14 s.

C'est donc surtout par l'éclat des ornements, la solennité de la messe, et la longueur de la sonnerie, avec les frais résultant de ces détails accessoires, que pouvait se diversifier la cérémonie du mariage.

Dans le cahier de casuel que M. Cormier, curé de la paroisse, tenait pour son usage personnel, et qui commence au mois de mai 1780 pour finir au mois de mars 1787 (1), je ne vois pas que les mariages aient été rehaussés par la pompe d'une grand'messe chantée ; en revanche, les époux avaient fréquemment l'habitude de faire dire des messes chantées, le lendemain des noces, pour leurs défunts. Ainsi je lis :

« Le 10 octobre 1780, mariage de Julien Guy et le landemain une grande messe pour feus ses pères, cy.................. .... 4 l. 5 s.

(C'était l'honoraire qui revenait personnellement au curé et pour tout.)

» En 1783, mariage de Jean Fricot, le lendemain j'ai dit pour eux une grande messe. (Sans autre indication.)

» Le 7 juin 1785, mariage de la Ve de la Luvinière, les landemains deux grandes messes et grandes vigiles, cy............ 7 15

» Le 13 juin 1786, mariage de Jacques Viot, et le lendemain une grande messe et petites vigiles, cy 5 16

» Le 3 juillet 1786, mariage de Denis Réoté et le lendemain une grande messe, cy..... 5 »

» Le 7 juillet, mariage de Julien Abafour, et le lendemain une grande messe et petites vigiles : chantre, M. Trouvé, cy . ... 5 16 »

Ces époux avaient raison d'associer à leurs fêtes le souvenir de leurs défunts : c'était comprendre que, si

1. Archives du presbytère.

la mort modifie les relations de famille, elle ne les détruit pas; c'était aussi, au lendemain du plaisir et de la danse, se replacer bravement dans le sérieux de la vie en regardant de près à quoi elle aboutit toujours.

XI. Mais toujours aussi, près de ce terme de la carrière humaine, a été ménagé un secours précieux, le sacrement d'Extrême-Onction. Les cérémonies de son administration, conformes pour le reste à la liturgie romaine, ne donnent lieu qu'à deux remarques; c'est que le prêtre, portant le vase des saintes huiles couvert d'un petit pavillon violet, partait de l'église, revêtu de son surplis et d'une étole violette; puis la tête couverte de son bonnet ou camail, il allait à la maison du malade, précédé de quelques clercs ou personnes qui portaient une croix sans bâton et le *Rituel*, ne saluant personne, et récitant seul les psaumes de la Pénitence ou autres prières. Quand le temps était mauvais, il pouvait faire porter son surplis et son étole; et même monter à cheval si la maison du malade était éloignée, portant les saintes huiles dans une bourse suspendue à son cou. Ensuite à la fin de la cérémonie, le prêtre donnait au malade un cierge bénit, en disant : « En recevant le cierge bénit, souvenez-vous mon cher frère, des promesses que vous avez faites à Dieu dans votre baptême. Entrez dans les sentiments d'une foi vive, d'une espérance ferme et d'une charité ardente: ce sont là les véritables flambeaux à la faveur desquels vous devez aller à Dieu; puis il clôturait le tout par une oraison latine dans le sens de cette même pensée.

XII. Quant aux sépultures, c'est là que se rencontrent de nombreux et intéressants règlements.

Sitôt que quelqu'un était décédé dans la foi catholique, on devait en avertir le curé pour obtenir de lui la permission de faire sonner à l'église. Le *Rituel* ajoute : « Nous défendons très expressément de son-
» ner pendant la nuit ; c'est-à-dire après le soleil cou-
» ché, et le matin avant le lever du soleil ; ce qui s'ob-
» servera également la veille et le jour de la Commé-
» moration des fidèles trépassés (1). Nous chargeons
» les curés de veiller à ce que, pour quelque cause
» que ce soit, les sonneries ne soient ni trop longues,
» ni trop multipliées ; et ordonnons aux sacristains et
» sonneurs de prendre l'heure de M. le curé dans les
» sonneries extraordinaires. »

J'ai déjà dit que l'autorité ecclésiastique, en certains cas, et sous certaines conditions, tolérait les sépultures dans l'intérieur des églises. Mais régulièrement c'était dans un cimetière bénit que devaient être déposés les corps des fidèles. « Quand les cime-
» tières sont dans le milieu des bourgs ou des villa-
» ges, dit en termes précis le *Rituel*, il serait à pro-
» pos de les transférer à l'extrémité de ces mêmes bourgs ». Pour que ces lieux ne fussent pas exposés à être profanés, ils devaient être entourés de murs ou de palissades fortes, et leur entrée fermée d'une porte ou d'un fossé profond couvert d'un grillage de fer ou de bois, disposé de manière que les animaux ne pussent y entrer. Tout le monde a pu voir,

---

(1) *Rituel du Mans* de 1775, 1ʳᵉ partie, p. 275 et suiv.

même de nos jours, non loin de la grande porte de quelques églises, à l'entrée principale des vieux cimetières, des restes de ces grillages; ce genre de défense peut paraître primitif; il ne manquait jamais de produire son effet sur le gros bétail qu'il fallait surtout écarter.

Aucune inhumation ne devait avoir lieu avant vingt-quatre heures écoulées depuis la mort, et même deux fois vingt-quatre heures, dans le cas d'une mort subite.

Les cérémonies religieuses de la sépulture et l'inhumation en terre sainte étaient rigoureusement refusées à ceux qui, s'étant battus en duel, mouraient sur le champ, quand même ils eussent donné des marques de pénitence, et reçu, avant la mort, l'absolution sacramentelle. Quant à ceux qui survivaient quelques jours à leurs blessures, et qui durant ce temps, avaient été trouvés en disposition de recevoir la sainte Eucharistie, il était permis de les inhumer en terre sainte, mais sans pompe funèbre, ni son de cloches, convoi, ou autres cérémonies.

Refus encore de sépulture ecclésiastique aux suicidés; même sévérité à l'égard de ceux qui ne faisaient pas leurs pâques, ainsi que des pécheurs publics qui notoirement étaient connus pour tels, si, avant leur mort, les uns et les autres n'avaient pas donné des marques de pénitence.

Les criminels qui, avant d'être exécutés par ordre de la justice, avaient donné des signes de pénitence, pouvaient être inhumés en terre sainte avec la permission du juge, mais sur le soir et sans cérémonie.

Les curés pouvaient y assister sans surplis et sans étole, et récitaient les prières à voix basse.

Les soldats, mis à mort par exécution militaire, pouvaient être inhumés comme les autres fidèles.

Au jour convenu d'une sépulture ecclésiastique, et quand un convoi était demandé, le clergé allait processionnellement faire à domicile la levée des corps, même des petits enfants. Néanmoins les corps de ceux qui étaient décédés loin des bourgs et des villes, étaient apportés soit à l'entrée de ces villes et bourgs, quand les parents demandaient un convoi, soit à l'entrée de l'église, quand il n'y avait pas de convoi.

Quant aux prières liturgiques qui formaient la partie principale de la sépulture ecclésiastique, comme elles appartenaient au rite manceau, elles différaient assez notablement de celles en usage dans le rit romain; cependant je n'en dirai rien, parce que beaucoup parmi nous les ont ou pratiquées, ou vu mettre en exercice.

Mais en revanche et par une heureuse exception, les prières pour la sépulture des petits enfants baptisés, et morts avant l'âge de raison, étaient restées exactement conformes à celles du rit romain. En outre, la sonnerie devait être joyeuse; et la couleur blanche était prescrite pour les ornements, pour le drap mortuaire et toutes autres tentures. Sur le cercueil, à l'endroit de la tête, on déposait une couronne de fleurs.

Les enfants morts sans baptême, ne pouvaient recevoir la sépulture ecclésiastique ; cela est absolument logique. Mais néanmoins ils étaient inhumés, en dehors d'une terre sainte, dans un lieu décent et honnête, « tant par respect pour leur âme raisonnable que par considération pour les parents fidèles dont ils étaient issus. »

Les pauvres étaient enterrés gratuitement, et pour eux il devait y avoir une bière dans chaque paroisse.

Un luminaire était toujours exigé ; mais pour la quantité rien n'était fixé par l'autorité. Deux cierges étaient fournis par la fabrique dans les sépultures des pauvres.

Aussitôt après l'inhumation, et non avant comme aujourd'hui, le curé rédigeait sur deux registres, l'acte de décès et d'enterrement, exprimant, avec les dates et les noms requis, que le défunt avait été inhumé en présence de deux témoins (tels et tels), proches parents autant que possible.

XIII. Quant aux honoraires, je n'ai pas trouvé de tarifs m'indiquant comment ils étaient réglés au XVIIe et au commencement du XVIIIe siècle. Je trouve seulement, dans le compte-rendu d'Etienne Guy à Pierre David dont j'ai déjà parlé, l'article suivant :

« Dix livres payés au sieur Le Tessier, curé de Maisoncelles pour frais funéraires du père commun suivant la quittance du s^r Le Tessier du 16 aoust 1743 — dix livres, cy .... 10 l. »

Mais de quelle classe était cette sépulture ? Y avait-avait-il un ou plusieurs prêtres ? Quels étaient les autres détails ?

A partir de 1775, grâce au tarif qui date de cette époque, les éclaircissements sur ces divers points, sont complets.

Les honoraires étaient répartis en trois séries ; la première pour la ville et les faubourgs du Mans. En voici un aperçu :

Deux sortes de sépultures d'enfants, l'une pour les enfants au-dessous de 7 ans :

Droit curial, une livre......	1 l.	» s.
Honoraires du prêtre qui fait la sépulture, quinze sols........	»	15
Sacriste, huit sols	»	8

L'autre pour les enfants depuis 7 ans jusqu'à leur première communion :

Droit curial, trois livres	3 l.	» s.
Assistance du curé, une livre	1	»
Droit du vicaire et son assistance, une livre dix sols.......	1	10
Droit du prêtre sacristain et son assistance, une livre dix sols.....	1	10

Pour les sépultures d'adultes, il n'y avait que deux classes, la première comprenait le convoi et l'inhumation, la grand'messe chantée et les grandes vigiles, c'est-à-dire trois nocturnes avec laudes et vêpres.

Le curé recevait pour :

1° Droit curial, six livres	6 l.	» s.
2° Convoi et inhumation, deux livres. ...	2	»
3° Assistance à la messe, vingt sols	»	20
4° Assistance aux vigiles, une livre dix sols	1	10

Le célébrant de la messe recevait en outre 20 sols.

Le vicaire recevait pour :

1° Convoi et inhumation, trois livres . . . 3 l. » s.
2° Grand'messe, dix sols . . . . » 10
3° Vigiles, une livre. . . . . 1 »

Le prêtre sacristain recevait pour :

1° Convoi et inhumation, deux livres cinq sols. . . . . 2 l. 5 s.
2° Grand'messe, dix sols . . . . » 10
3° Vigiles, une livre. . . . . 1 »

Le sacriste recevait pour :

1° Convoi et inhumation, huit sols . . . . » l. 8 s.
2° Messe, cinq sols . . . . » 5
3° Vigiles, huit sols . . . . » 8

Chaque enfant de chœur recevait pour :

1° Convoi et inhumation, six sols . . . . . » l. 6 s.
2° Messe, quatre sols . . . . » 4
3° Vigiles, six sols . . . . » 6

Même dans cette première classe, on pouvait demander les petites vigiles, c'est-à-dire un seul nocturne avec laudes; alors le droit des assistants aux vigiles était diminué d'un tiers.

La deuxième classe de sépulture comportait exactement le même ordre et les mêmes honoraires que la première; la rétribution ne diminuait que par le plus petit nombre des membres du clergé et clercs auxiliaires; mais en outre, les curés étaient expressément engagés à user avec modération de leurs droits à l'égard des personnes peu fortunées.

La deuxième série d'honoraires concernait le faubourg de Montsor d'Alençon, puis les vingt-trois villes suivantes : Domfront, Château-du-Loir, Laval, Mayenne, Ernée, Laferté-Bernard, Evron, Querhoent, Lasuze, Beaumont-le-Vicomte, Fresnay, Sablé, Lassai, Saint-Calais, Sainte-Suzanne, Sillé-le-Guillaume, Mamers, Bonnétable, Mondoubleau, Ballon, Goron, Malicorne et Bouloire.

Pour les grands et petits convois, c'était le même ordre et les mêmes honoraires qu'au Mans, *sauf diminution d'un quart sur la rétribution de chaque assistant*.

La troisième série des honoraires regardait les bourgs et les villages.

Pour les sépultures avec convoi, c'est-à-dire avec levée de corps à domicile dans les bourgs ou à l'entrée des bourgs, c'était le même ordre qu'au Mans ; seulement les honoraires étaient diminués *d'un tiers*.

Pour les sépultures sans convoi, c'est-à-dire quand les corps étaient apportés à l'entrée de l'église, les honoraires étaient ainsi fixés :

Droit curial, trois livres	3 l.	» s.
Assistance du curé, une livre	1	»
Assistance du vicaire, douze sols	»	12
Sacriste, cinq sols	»	5
Chaque prêtre habitué, s'ils étaient convoqués, six sols................	»	6

De plus, il y avait la messe chantée; dans les églises des bourgs et villages, c'était alors :

Pour le célébrant, quinze sols	» 1.	15 s.
Pour assistance du curé, dix sols.........	»	10
Pour assistance du vicaire, cinq sols	»	5
Pour le sacriste, quatre sols.	»	4
Pour tout autre ecclésiastique appelé, cinq sols	»	5

Enfin, suivant la volonté des parents, il y avait grandes ou petites vigiles; et dans ces cas les honoraires étaient les mêmes que ceux du Mans, moins un tiers. Voici comment M. le curé Cormier avait, sur son cahier de casuel, établi cette réduction :

Vigiles à trois nocturnes avec laudes et vêpres :

Une livre pour droit curial, cy	1 l.	» s.	» d.
Pour le vicaire, treize sols six deniers	»	13	6
Pour le sacriste, huit sols, cy.......	»	8	»

Pour vigiles à un nocturne avec laudes, il faut un tiers moins.

Quant aux convois, le tarif porte en termes exprès : « Pour éviter les inconvénients qui résultent des chemins difficiles et impraticables, et les indécences qui pourraient avoir lieu à cet égard, nous ordonnons que les corps des personnes décédées à la campagne soient apportés à l'entrée des villes, faubourgs, bourgs et villages; ou aux portes des églises ou des cimetières, à la volonté des parens. »

Certes, ce n'était point l'uniformité qu'un tel règlement avait pour but de créer dans le diocèse ; mais ces différences d'honoraires, qui peuvent aujourd'hui nous étonner, avaient alors leurs justes raisons d'être : c'est que, si les habitants des villes jouissaient de quelque aisance, les paysans, sequestrés en quelque sorte au fond de leurs campagnes inabordables, vivaient généralement dans un état voisin de la pauvreté ; et dans cette diversité de prix, urbains et manants trouvaient le respect de leurs situations financières ; le clergé de son côté, surtout à la campagne, tout en vivant justement de l'autel, échappait à l'accusation de vider, par des rétributions exagérées, les petites bourses des fidèles. Le cahier de M. Cormier en fait foi.

Ne serait-ce que pour la curiosité du fait, je transcris ligne par ligne les pages où le vénéré pasteur a consigné ses recettes personnelles à ce titre, depuis fin mai 1780 jusqu'à pareille date de 1781. — Le cahier commence ainsi :

« 1780. — Du 28 may, cinq sols pour une publication d'un billet, cy.................... » l. 5 s.

» Plus du 4 juin, trente sols pour publications de bans de mariage, cy 1 10

» Plus du 4 juin, vingt-trois sols pour une sépulture d'enfant, cy.............. 1 3

» Plus du 4 juin, quarante sols pour publications de bans et fiançailles, cy....... 2 »

» Plus du 5 juin, service pour feu Pierre

A reporter 4 l. 18 s.

Report	4 l.	18 s.
Simon. J'ai dit une grande messe, M. Huchedé l'autre ; nous avons chanté vigiles à un nocturne et laudes........................	1	18
» Plus du 6 juin, une grande messe dite par moy pour feue Marie Landais, payée cy.	»	15
» Plus du 7 juin, une grande messe dite par moy pour feue Marie Landais, payée cy.	»	15
» Plus du 7 juin, une petite sépulture de l'enfant de Coignard, cy........................	1	3
» Plus du 25 juin, dix sols pour un billet de deux publications........................	»	10
» Le 5 juillet, reçu vingt-trois sols *pro sepulturâ*, cy........................	1	3
» Le 16 août, deux grandes messes et pour droit d'assistance........................	1	»
» Le 3 septembre, sépulture avec convoy de Mathurin Simon, cy........................	8	»
» Le 4 septembre, deux grandes messes, vigiles à trois nocturnes pour le même, cy.	2	»
» Le 5 septembre, deux grandes messes pour feu Simon........................	1	»
» Le 7 septembre, sépulture de René Coignard, deux grandes messes et vigiles simples........................	4	13
» Le 13 septembre, deux grandes messes. vigiles à trois nocturnes pour feu Simon..	2	»
» Deux grandes messes payées pour feues Louise et Marie les Simon à dire lundi 18 septembre........................	1	»
A reporter	30 l.	15 s.

Report	30 l.	15 s.
» Une grande messe payée pour feu Jérôme Viot, cy..................................	»	10
» Le 25 septembre, deux grandes messes, vigiles, dites pour feu René Cognard.....	1	13
» Le 3 octobre, reçu vingt-trois sols pour droit curial de deux grandes messes, cy...	1	3
» Le 5 octobre, deux grandes messes, vigiles à trois nocturnes pour feue Jeanne Maignan, non payées, j'ai fourni du luminaire pour quarante sols, ce qui fait en tout pour moy quatre livres quinze sols, cy.	4	15
» Le 13 octobre, sépulture de Françoise Meignan, fille, une grande messe dite par moy, j'ai fourni le luminaire..............	5	»
» Le 10 octobre, mariage de Julien Guy et le landemain une grande messe pour feus ses pères, cy..........................	4	5
» Le 14 octobre, grande messe pour Françoise Maignan............................	»	8
» Le 24 octobre, grande messe pour Françoise Maignan............................	»	8
» Le 4 novembre grande messe dite par moy pour Pilard................................	»	10
» Le 30 octobre, mariage de Réoté, cy..	3	»
» Du 4 novembre, dix sols pour deux billets, cy..	»	10
» Le 6 novembre, service anniversaire pour feue Anne Lepage, Ve Buttier, deux grandes messes, simples vigiles, j'ai fourni		
A reporter	52 l.	17 s.

	Report	521.	17 s.

» le luminaire pour trente sols, il m'appartient............................... 3 18

» Le 7 novembre, deux grands messes, grandes vigiles, et fourni de luminaire pour feue Renée Maignan, cy............... 3 »

» Le 8 novembre, j'ai dit une grande messe pour feus Douxami et Pierre Mochet, non payée............................ 1 5

» Le 10, une grande messe pour les deffunts cy-dessus, non payée............ 1 4

» Le jour des morts, reçu par quête pour le service........................... 2 »

» Pour deux grandes messes pour les deffunts, vingt sols.................... 1 »

» Plus du 12 novembre, cinq sols pour un billet, cy........................... » 5

» Plus du 13 novembre, deux grandes messes et vigiles simples pour Douxami, veufve Hiaulmé...................... 1 13

» Plus du 15 novembre, deux grandes messes, vigiles à trois nocturnes pour feue Perrine Guiard, veuve Cosnard, fourni le luminaire pour trente sols........... 3 »

» Plus du 16 novembre, deux grandes messes vigiles à trois nocturnes pour feues Anne Mouteau, femme Meignan, Tiennette et Jeanne les Maignans................ 2 »

» Le 6 décembre, deux grandes messes vigiles à trois nocturnes pour feus René

A reporter   721. 2 s.

	Report	72 l.	2 s.
Fournier et sa femme..................		2	»

» Le 10 décembre, cinq sols pour un billet et le 13, vingt-trois sols pour sépulture d'un enfant, cy...................... 1 8

» Plus dix sols pour assistance d'une grande messe, cy..................... » 10

» 1781. — Plus du 5 febvrier 1781, tiré du tronc des Trépassés sept livres pour sept messes à chanter, cy............... 2 16

» Du 10 febvrier, deux livres pour bans et fiançailles...................... 2 »

» Le 10 febvrier, sépulture de Jean Gruau et une grande messe dite par moy........ 3 »

» Le 17 febvrier, une grande messe dite par M. l'abbé et simples vigiles pour feu Jean Gruau............(point de chiffres).

» Le 19, une messe basse dite par moy pour Gruau............(point de chiffres).

» Le 19, reçu trois livres pour un mariage, cy...................... 3 »

» Le 21, reçu treize sols de casuel pour deux messes, cy..................... » 13

» Le 13 mars 1781, deux grandes messes dont une dite par moy et l'autre par M. Moisson, avec vigiles à trois nocturnes pour feu Julien Cônard, cy joint un encien luminaire, cy........................ 5 13

» Le 31 mars, sépulture de Hervé Paumard, deux grandes messes, une dite par

A reporter 93 l. 2 s. 10.

Report	93 l.	2 s.
M. Moisson et l'autre par moy, cy, reste 11 livres 2 sols de 21 livres 15 sols........	7	2
» Le 6 avril, deux grandes messes, une par M. l'abbé, grandes vigiles pour Jérôme Viot, cy..............................	4	3
» Le 7 avril, deux grandes messes, une par M. l'abbé, simple vigile pour Hervé Paumard, cy..........................	3	11
» Le 23 avril, mariage de Jean Ganne, cy.	3	15
» Panard, du bourg, me doit 4 livres, sçavoir 30 sols pour publication de mariage et 50 sols pour deux grandes messes, une dite par M. l'abbé, une pour lui. (Point de chiffre, mais restait pour le curé)......	3	»
» Le 17 septembre 1781, deux grandes messes, etc.	»	»
Total	114 l.	13 s.

Les recettes des années suivantes atteignent, en moyenne, le même chiffre.

Avant de regarder comme une fortune cette somme de 114 livres, dont je ne nie pas l'importance relative, il importe de remarquer que les messes basses y entrent pour très peu de chose ; dans les années suivantes, c'est la même rareté, sauf le mois de janvier 1786, où je trouve cet article exceptionnel : « Plus trente messes basses non payées pour feue Marie Lebec, femme de Jean Brillet ». D'autre part, les messes chantées sans solennité n'étaient pas nombreuses non plus : dans cet espace d'un an, il n'y en a eu que sept, provenant du tronc des trépassés. Serait-ce donc que les messes quotidiennes faisaient défaut? Je le crois ; et voilà ce qui m'explique comment il y avait parfois le même jour, d'autres fois deux jours de suite, des grandes messes avec vigiles pour ces mêmes défunts ; les familles se réservaient pour les offices plus solennels. D'un autre côté les seigneurs, ayant leurs chapelles et leurs chapelains, n'avaient pas en ceci besoin du curé. De là je conclus que cette somme de 114 livres n'était pas seulement le fruit du casuel proprement dit, tel qu'on l'entend aujourd'hui, en dehors des honoraires des messes quotidiennes ; c'était tout ce que M. Cormier avait pu toucher dans le cours d'une année pour tout son service religieux, droits de grande et petite étole, comme on disait quelquefois. On conviendra que ce n'était pas une mine d'or.

Du reste, les messes basses de dévotion étaient taxées à un minime honoraire. « Le suppliant, est-il dit dans l'arrêt du Parlement, avait omis d'en faire la taxe dans son règlement ; et la cour, se basant sur le règlement du diocèse d'Angers homologué le 27 juin 1765, fixa la rétribution des messes basses à 12 sols. » Un sol en outre était demandé habituellement par les curés pour le sacriste.

XIV. Quelle pouvait être la solennité d'un office à la campagne? Le *Rituel* (1) recommandait bien aux curés de faire chanter et de célébrer, le plus décemment qu'ils pouvaient, les divins offices. « Par conséquent

---

(1) 1re partie, p. 308.

ils doivent sçavoir le plain chant, et faire en sorte qu'il y ait dans leurs paroisses des personnes qui sçachent les chants de l'Eglise, afin qu'ils puissent aider à chanter la messe et les vêpres. On peut former de jeunes enfants ou d'autres en qui on remarquerait de la voix. » Mais je ne sais pas dans quelle mesure ce concours de chantres laïques, grands ou petits, a pu être utilisé. Ce qui est vrai, c'est qu'il n'était ni réclamé ni même prévu pour les services funèbres : le tarif, si explicite dans la désignation des enfants de chœur, porte-croix et bedeaux qui pouvaient participer aux rétributions de l'Eglise, ne nomme nulle part ces auxiliaires chantres. On a vu aussi que M. Cormier, sauf une seule fois, ne parle pas de ce genre d'employés. Cela se conçoit : à cette époque, les clercs, même sans être prêtres, étant nombreux dans les villes et églises importantes, il y avait toujours moyen, avec leurs seuls services, d'accomplir les offices religieux.

A Maisoncelles, comme du reste dans la plupart des bourgs voisins, le clergé non plus ne manquait pas de membres suffisants : outre le curé il y avait le chapelain de la chapelle Saint-Jacques, puis parfois un prêtre sacriste ou vicaire et enfin le bénéficier de la Luvinière, qui, de temps en temps, pouvaient donner leur aide. Sans doute, ces prêtres, au lieu d'être au complet, le plus souvent étaient réduits à deux, du moins pour l'office des morts, comme il paraît par le cahier de M. Cormier ; mais alors, et mieux encore le dimanche, supposé même que les voix fussent sans charme, c'était la dignité gardée pleinement dans le culte ; les fidèles, au lieu d'apercevoir dans le chœur quelqu'un d'entre eux costumé en ecclésiastique pour une heure, n'y voyaient que de vrais ministres de Dieu, consacrés à perpétuité pour les fonctions saintes.

Je l'ai déjà dit, une fois cependant M. Cormier — et c'était en 1786 — a mentionné un chantre du nom de M. Trouvé. Mais qu'était ce M. Trouvé dont la présence avait pu faire évènement? Un clerc ou un laïque? Même année, en août, octobre et décembre apparaissent aussi plusieurs Maignan, l'un Maignan tout court, l'autre Pi. Meignan, c'est-à-dire Pierre, et le troisième Eti. Meignan, c'est-à-dire Etienne, qui reçoivent différents petits honoraires. Quels étaient le titre et la fonction de ces hommes? A mon avis, ils n'étaient pas du clergé : leur frère ou parent M. François Meignan était bien prêtre ; et on le verra plus tard à la tête de la paroisse ; mais eux ne devaient être qu'employés à la sacristie. Membres d'une famille où l'on savait lire et écrire, peut-être aussi avaient-ils appris le plain-chant, et donnaient-ils au clergé ce concours utile qui était dans les désirs de l'autorité diocésaine.

XV. Dans ces temps anciens enfin, il y avait outre les dimanches, vingt fêtes d'obligation, tombant ou pouvant tomber sur la semaine :

1. Le lundi de Pâques.
2. Le mardi de Pâques.
3. Le lundi de la Quasimodo.
4. L'Ascension.
5. La fête du Saint Sacrement.

6. L'octave du Saint Sacrement, jusqu'à midi.
7. La Circoncision.
8. L'Epiphanie.
9. La fête de saint Julien.
10. La Chandeleur.
11. L'Annonciation.
12. La saint Jean-Baptiste.
13. Saint Pierre et saint Paul.
14. L'Assomption.
15. La Nativité de la sainte Vierge.
16. La Toussaint.
17. La Commémoration des Morts, 2 novembre (obligation seulement d'entendre la messe).
18. L'Immaculée-Conception.
19. Noël.
20. Saint Etienne.

(La fête patronale de chaque paroisse se célébrait le dimanche d'avant ou le dimanche d'après).

(Pour la ville du Mans, il y avait en outre : la Dédicace de la Cathédrale, saint Gervais et saint Protais, les reliques de saint Julien ou la saint Julien d'été, sainte Scholastique).

Les jours d'abstinence étaient aussi plus nombreux qu'aujourd'hui.

Outre le vendredi, il y avait le samedi de chaque semaine, excepté les samedis depuis Noël jusqu'à la Chandeleur inclusivement, — le jour saint Marc et les trois jours de rogations.

Quant aux jeûnes de Carême, des Quatre-Temps et des Vigiles, c'étaient les mêmes qu'aujourd'hui : — vigile de Noël ; vigile de la Pentecôte ; vigile de l'Assomption ; vigile de la Toussaint. — Il n'était pas plus question qu'aujourd'hui de la vigile de saint Pierre et saint Paul.

Résultat moral. — Pour être complète dans un homme, la moralité exige la réunion de beaucoup de vertus intimes et extérieures; dans une paroisse la moralité générale est aussi constituée par l'assemblage de plusieurs qualités. Deux faits cependant servent à en donner un témoignage irrécusable : c'est la multiplicité des naissances légitimes, et en même temps c'est la rareté des naissances illégitimes.

D'après les tableaux que j'ai donnés page 34, la moyenne des mariages au milieu du XVIIe siècle fut de 5,6/10 par an; la moyenne des naissances fut de 22,6/10 par an, ce qui fait un peu plus de quatre enfants par famille. En même temps depuis 1621 jusqu'à la fin du siècle je n'ai trouvé en tout que cinq naissances illégitimes.

Au milieu du XVIIIe siècle, la moyenne des mariages fut de 3,4/10 par an; — la moyenne des naissances fut de 19,6/10 par an, ce qui fait un peu plus de six enfants par famille. — En même temps, depuis 1700 jusqu'à 1730, il y eut trois enfants illégitimes ; mais l'un était venu d'ailleurs pour être ici en nourrice ; en 1733, deux filles illégitimes; l'une encore était étrangère à la paroisse ; en 1749, une autre naissance illégitime ; en 1759, trois naissances illégitimes; enfin depuis cette époque jusqu'à la Révolution, une seule naissance illégitime : total huit naissances illégitimes au compte de Maisoncelles pour une période de quatre-vingt-dix ans.

Les conclusions qui sortent de là ne sont sans doute qu'une approximation de la vérité exacte. Cependant on sent que des populations, qui ont ainsi vécu, étaient foncièrement chrétiennes. Ça été là le vrai et le grand succès de l'Eglise ; et comme le catholicisme renferme la plus complète civilisation, attendu qu'il fait connaître la valeur de toutes choses et met chaque chose à sa place, un pays chrétien est toujours un pays civilisé.

Suivant un mot de Donoso Cortès (1), ne confondons pas en effet « la culture intellectuelle avec la civilisation » : l'une n'est que l'éclat de l'esprit ; l'autre est la solution pratique des questions sociales.

VI

CHAPELLENIES

A côté du ministère curial, il y a toujours eu place, dans chaque paroisse, pour d'autres ministères plus restreints, sans que l'ordre religieux ait eu, en principe, à en souffrir : de là, sans parler des confréries qui ont pu exister ici comme ailleurs, mais dont je n'ai trouvé ni mention ni vestige, l'érection de cha-

---

(1) *Essai sur le Catholicisme.*

pellenies, ou prestimonies dont le nom est à peine connu aujourd'hui du public.

Plusieurs institutions de ce genre existaient à Maisoncelles.

Chapelle de la Jupellière. — La première, par l'antiquité, est la chapelle fondée par le seigneur de la Jupellière en faveur des membres défunts et vivants de sa famille.

En consultant les divers pouillés du diocèse, on trouve : dans celui du chapitre de la cathédrale du Mans, xvie siècle : « *Capella de Champfleury de Maisoncelles per Dom. de Arqueneyo et de Maisoncelles fundata p^r D^{us} de Maisoncelles.* »

Dans celui de 1772, au mot Jupellière : « Chapelle du château de la Jupellière; présentateur le seigneur de la Jupellière et Sa Grandeur confère. » Puis on ajoute : « Voir les *Insinuations* juin 1566, novembre 1583, mai 1666, février 1700, août 1703, janvier 1705, juin 1731, mars 1736, juin 1768. »

Au mot Champfleury, on lit : « En 1432, Pierre d'Arquenay, seigneur d'Arquenay et Maisoncelles, fonda une chapelle Saint-Jacques à Champfleury, dite la Charbonnerie. »

Evidemment il y a de la confusion dans ces détails sommaires de l'origine de la chapelle. La solution de la difficulté se trouve dans le fait rapporté précédemment, page 16. Pendant que le seigneur d'Arquenay possédait une chapelle à sa résidence de Champfleury, son fils, devenu, au commencement du xve siècle, par son mariage avec la dame de Maisoncelles, seigneur de cette paroisse, établit à son tour une chapelle qui put être un instant confondue avec celle de Champfleury, mais qui proprement était chapelle du château de la Jupellière.

Remontant donc à la première moitié du XVe siècle, elle était, comme bien d'autres du même genre, placée sous le vocable de saint Jacques; et bien que fondée en vue d'un intérêt particulier, elle était desservie, non pas au château même de la Jupellière, mais dans l'église paroissiale de Maisoncelles. La preuve c'est que plus tard le seigneur fit une autre fondation pour avoir des messes à son château. D'ailleurs y a-t-il si longtemps qu'a été construite la chapelle du manoir? Celle qu'on voit aujourd'hui, et qui ne se compose que d'un appartement pris dans une aile du château, est-elle bien celle qui exista primitivement?

Le chapelain était choisi et présenté à l'Evêque du Mans par le seigneur de la Jupellière; mais les pouvoirs venaient toujours du prélat.

« Les charges, dit le pouillé de 1772, consistaient en quatre messes par semaine, puis en une rente de vingt boisseaux d'avoine au seigneur de la Jupellière. Quant aux revenus, ils étaient de 600 livres, payés par le seigneur, plus la moitié des dîmes de la paroisse. »

C'était une place enviable; et de fait, elle fut toujours très recherchée. Assez souvent elle devint l'apanage des abbés de la noblesse. Par son antiquité, par ses ressources, semblables en partie à celles du curé, elle faisait du titulaire un vrai personnage;

aussi vulgairement donnait-on à ce haut chapelain le nom de prieur : c'est sous ce titre qu'un abbé de Montécler, au milieu du XVIIIe siècle, est en particulier désigné par quelques historiens. Dans ce temps, personne ne pouvait se méprendre sur la vraie portée d'une telle appellation, comme aujourd'hui encore nul ne s'y trompe. A parler en toute rigueur, et si le mot avait été vraiment de mise depuis la vieille disjonction de la paroisse d'avec Marmoutiers, c'est exclusivement au curé qu'il devait être réservé.

Quel a été le premier chapelain de Saint-Jacques de la Jupellière? On l'ignore.

Quatre-vingts ans plus tard le nom d'un des successeurs sort de l'oubli qui enveloppe les autres : c'est, en 1519, Me Pierre Chesnay ; il s'est signalé par une importante transaction avec le curé relativement au partage des dîmes; page 67, j'ai fait mention de l'acte et des conséquences qui en sont sorties.

Jusqu'au XVIIIe siècle, même défaut de renseignements.

En 1700, mourut un chapelain du nom de Nicolas de Grand-Haye, et à sa place fut nommé Me Jacques de Quatrebarbes, prêtre du diocèse du Mans. La présentation fut faite le 23 janvier 1700 par Hyacinthe de Quatrebarbes, marquis de la Rongère, commandeur des Ordres du Roi, chevalier d'honneur de Madame, seigneur de Maisoncelles, et demeurant au Palais-Royal. La prise de possession, par l'intermédiaire d'un fondé de pouvoirs, eut lieu le 12 mars suivant.

L'abbé de Quatrebarbes, qui ne paraît pas avoir séjourné à Maisoncelles, et qui, dès lors, devait faire remplir son office de messes par un autre prêtre, ne garda pas longtemps la fondation dont il était titulaire ; trois ans plus tard (1703) il mourut. Il était le frère de son présentateur.

Ce même messire Hyacinthe de Quatrebarbes, encore momentanément seigneur de Maisoncelles, usa une deuxième fois du privilège qui lui était ainsi dévolu, et présenta la chapelle de la Jupellière à l'abbé Charles d'Houllières, qui n'était pas encore prêtre, mais seulement clerc tonsuré (23 juin 1703).

Pourvu de toutes pièces requises, l'abbé d'Houllières, qui demeurait à la Jupellière même, vint, le 30 juillet suivant, prendre possession de sa chapelle, dans l'église paroissiale, devant le maître-autel et en présence de M. J. Boulay, curé de la paroisse. Il ne lui restait plus qu'à recevoir le sacerdoce, ce qui dut ne guère tarder, puisqu'un peu plus tard on le retrouve curé d'Entrammes.

Combien de temps garda-t-il sa chapellenie ? Je n'ai pas là-dessus de dates précises. Ce qui est incontestable, c'est qu'avant 1731 elle était passée aux mains de Me Jean Frin, prêtre, ancien curé du Bignon, puisque les *Insinuations* portent expressément que « le 11 mai 1731, messire Louis d'Houllières, chevalier, seigneur de la Jupellière et des châtellenies du Bignon et de Maisoncelles, demeurant ordinairement en sa maison, ville et paroisse de la Ferté-Bernard, actuellement à Paris, présenta la chapelle Saint-Jacques, vacante par la mort de Me Jean Frin, ancien curé du Bignon, à son frère, Me Charles d'Houllières, prêtre, curé d'Entrammes. »

On voit en outre, d'après cela, ce qu'était devenue la situation générale : d'abord la seigneurie de Maisoncelles était sortie de la famille de Quatrebarbes et rentrée dans la famille d'Houllières ; puis à son tour l'abbé Charles d'Houllières, tout en restant curé d'Entrammes, rentrait en possession de la chapellenie dont il avait été précédemment déjà chargé. A cette deuxième nomination, il ne vint pas au bourg prendre possession : la cérémonie eut lieu seulement à la chapelle de la Jupellière, et l'acte fut publié à l'église de Maisoncelles le dimanche 3 juin par M. Boulay, curé de la paroisse (1731).

Pendant cinq ans, cet état de choses resta le même. Mais, en 1736, mourut l'abbé Charles d'Houllières, et le 11 mars de cette année, la chapelle Saint-Jacques fut présentée par qui de droit à Me Joseph-François de Montécler, simple tonsuré ; le même jour, Mgr de Froullay, évêque du Mans, donna l'acte de collation, et le 17 mars, le jeune abbé, qui demeurait encore au collège royal de Laval, paroisse Saint-Tugal, vint prendre possession. La cérémonie eut lieu à la Jupellière. Le seigneur, messire d'Houllières, avait pour ce jour-là quitté sa résidence de la Ferté-Bernard et se trouvait en sa propriété de la Jupellière. Il fit ouvrir la chapelle, raconte le procès-verbal inséré aux *Insinuations,* et l'abbé de Montécler, en y entrant, présenta l'eau bénite au seigneur et à plusieurs autres assistants.

L'abbé de Montécler resta titulaire pendant trente-deux ans, jusqu'en 1768, époque de sa mort.

Après lui la chapelle fut donnée à Me René Delaunay, sieur de la Roche, qui demeurait dans le bourg de Maisoncelles, et qui déjà était chargé de la chapelle de la Luvinière. Un détail à noter dans cette affaire, c'est que, le siège épiscopal du Mans étant alors vacant, la collation fut faite par le Roi de France (1).

M. l'abbé Delaunay étant mort en 1770, le seigneur de la Jupellière et de Maisoncelles, Louis d'Houllières, demeurant en son château de Marthon, province d'Anjou, étant présentement en son château de la Jupellière, présenta la chapelle Saint-Jacques à Me François Huchedé, prêtre, vicaire de Contigné (10 octobre 1770), et le 15 décembre suivant, l'abbé Huchedé, sur brevet de Sa Majesté, le siège du Mans vacant, prit possession en présence de Julien Moisson, vicaire de Parné, et de plusieurs membres de la famille d'Houllières. L'acte fut publié à Maisoncelles le dimanche 16 décembre.

M. Huchedé fut le dernier titulaire de Saint-Jacques.

Son nom a déjà paru parmi les vicaires de Maisoncelles. On le retrouvera bientôt à propos d'autres fondations dont il cumula les charges, et enfin nous le verrons, à l'époque de la Révolution, remplir ici un poste de dévouement.

Chapelle des Estoudelleries. — A cet historique de la chapelle Saint-Jacques, je joins tout de suite celui de la chapelle des Estoudelleries, parce qu'assez souvent les chapelains de l'une le furent en même temps

---

(1) *Insin.*, 436, 455, LXIX, 24 juillet 1768.

de l'autre, et que l'acquit des messes marcha de pair.

A l'origine, les Estoudelleries (1) étaient une prestimonie chargée de six messes par an, et desservie dans l'église de Saint-Vénérand, à Laval. Le présentateur était le propriétaire de la maison de la Croix-d'Or, rue des Serruriers, même ville. Vers la fin du XVIIe siècle, le seigneur de la Jupellière étant devenu maître de ce petit bien, non-seulement acquit ainsi le droit de patronat, mais de plus fit célébrer les messes dans la chapelle seigneuriale de Maisoncelles.

En 1680, messire Louis d'Houllières avait nommé titulaire Me François de Poix, prêtre au Mans; le 13 mars, l'Evêque du Mans conféra, et le 16 mars, M. de Poix prit possession par l'intermédiaire de M. Fussot, prêtre sacriste de Maisoncelles, à qui il avait passé procuration.

En 1693, après la mort de M. l'abbé de Poix, messire Louis d'Houllières réserva les Estoudelleries pour son fils aîné, Louis. Afin d'être capable de recevoir ce titre ecclésiastique, Louis d'Houllières reçut la tonsure le 3 juillet; le même jour il fut présenté et pourvu par l'Evêque du Mans. Sa prise de possession eut lieu le 7 juillet 1693 par l'intermédiaire de Yves Jamet, prêtre à Arquenay, muni de la procuration nécessaire.

En 1695, l'abbé Louis d'Houllières renonça à cette prestimonie et elle passa aux mains de son frère, Charles d'Houllières, dont il a été question au sujet de la chapelle Saint-Jacques, et qui prit possession

(1) Notes de M. Angot.

le 22 octobre 1695 par l'abbé Dudomaine, prêtre habitué à Maisoncelles, muni de la procuration nécessaire.

Le 20 janvier 1715, le titulaire des Estoudelleries était Henri de la Lande, clerc tonsuré, demeurant à Saint-Martin-de-Villenglose.

Depuis lors, la série des chapelains m'échappe, faute de documents.

Chapelle de la Soucherie. — Elle fut fondée dans la deuxième moitié du xviie siècle par le seigneur de la Jupellière, qui en resta le présentateur. Comme toujours, et de droit, l'Evêque du Mans était collateur.

Le pouillé de 1772 dit que les revenus étaient de 200 livres, et les charges, deux messes par semaine, desservies en la chapelle du château de la Jupellière. L'une devait être dite le dimanche.

En 1703, le titulaire fut l'abbé Charles d'Houllières, déjà nommé à la chapelle Saint-Jacques par messire de Quatrebarbes. Ces deux belles fondations revenaient ainsi aux descendants de la famille (1).

En 1715, le chapelain était Louis de la Lande, déjà cité pour la chapelle des Estoudelleries. On sait qu'il n'était ni prêtre, ni même engagé dans les Ordres; il renonça à la cléricature en 1718 et se maria. La chapellenie, devenue vacante par le fait même, passa, après toutes formalités requises, entre les mains de M° Jean-François de la Porte, clerc tonsuré du dio-

---

1) *Insin.*, XLIII, 357.

cèse du Mans. Lui-même vint prendre possession le 27 mai 1718, dans la chapelle du château de la Jupellière, en présence de J. Frin, curé du Bignon, et de Gabriel Hiron, vicaire de Maisoncelles.

Peu de temps après, M. l'abbé de la Porte reçut le sacerdoce et resta chapelain pendant cinquante-huit ans, jusqu'à 1776, époque de sa mort.

A cette date, messire d'Houllières nomma à la chapelle des Soucheries Mᵉ François Huchedé, déjà en possession de la chapelle Saint-Jacques: Mgr de Grimaldi, évêque du Mans, conféra, et, le 22 avril 1776, M. Huchedé alla prendre possession dans la chapelle de la Jupellière, en présence de Jean-Charles-Louis d'Houllières, seigneur de la paroisse, et de F. Simon, maître de poste à Meslay.

Chapelle de la Luvinière. — C'était une très importante institution, remontant au commencement du XVIᵉ siècle, et faite dans un but d'utilité publique. Aussi je crois devoir transcrire intégralement l'acte de fondation tel que le donne une copie gardée aux archives du presbytère :

« Extrait des minutes du secrétariat de l'Evesché du Mans par moy, secrétaire, soussigné.

» Saichent tous présents et à venir comme ainsy soit que de longtems et même au mois d'octobre l'an mil cinq cent onse, messire Macé Guérin, prêtre, eut désir de fonder une chapelle et pour la fondation d'icelle eut donné et lessé le lieu et appartenance de la Lieuvinnière avecque cinq journeaux de terre nommés le Bignonnet, et deux journeaux de bois taillis, et eut icelles choses fait indemner par le sieur de la Bigottière dont toutes les choses sont tenues, à la charge de dire par chacun dimanche une messe matinal, et par chacun premier jour du mois avecque prières et oraisons pour les trépassés en l'église paroissiale de Maisoncelles, et pour ce que alors ledit Guérin n'estait seigneur de tout ledit lieu et en devait quelques rentes que depuis il a amorties, et aussy que ladite messe estre ainsy ditte serait au préjudice du curé dudit lieu, ce qui ne serait souffert; pour ce est-il que en notre cour de Laval en droit par devant nous personnellement établi ledit messire Macé Guérin, prêtre, soumettant luy, ses hoirs, avecque tous et chacuns ses biens meubles et immeubles présens et avenir au pouvoir, ressort et juridiction de notre ditte cour et de toutes autres, si métier est; confesse de son bon gré, pure, franche et libérale volonté sans contrainte, lequel après qu'il a considéré que tout le bien qu'il a, luy est venu de l'église, voulay y en remettre partie pour prier Dieu pour luy et ses amis, et derechef dujourdhuy voulu et ordonné estre dit et célébré à toujoursmais une messe par chacun dimanche en ladite église de Maisoncelles, laquelle sera dite au dimanche matin s'il plaist au curé dudit lieu, sinon le chapelain la dira après la grande messe ou à telle heure que voudra ledit curé, et semblablement tous les premiers jours des mois de l'an, par ainsy que si le premier jour du mois chet au dimanche, le chapelain ne sera tenu en dire qu'une; et pour la fondation, dotation et entretien il a donné, quitté, ceddé et transporté, et par ces présentes donne, quitte, cedde et transporte à toujoursmais par héritage le lieu et appartenance de la Lieuvinnière tout ainsy qu'il se poursuit et comporte avecque les cinq journeaux de terre nommés le Bignonnet et deux bois taillis, l'un nommé le bois des Hayes et l'autre le Pont-Lochard, joignant d'un côté le bois dudit Pont-Lochard et d'autre les terres du lieu de la Fourrerie. Ledit lieu de la Lieuvinnière, composé de maisons à demeure, grange, étable, pressoirs, vergers, jardins et terres labourables, contenant le tout trente journaux de terre labourable et sept hommées de pré. Le tout au fief de la Bigottière (1) et indemné de luy à la charge de luy payer par chacun an seize sols par une part, deux sols et dix-huit deniers par autre part. et à muance de chapelain de luy faire foy et hommage et payer cent cinq sols tournois pour finaison de rachapt pour toutes charges et devoirs. Et davantaige a baillé et lessé ledit Guérin à laditte chapelle et chapelain une foy et hommage que luy doit Alexandre Guérin pour raison de cinq journaux de terre qu'il a eu à part et à divis dudit lieu de la Lieuvinnière pour l'amortissement de quelques rentes et part qu'il prétendait audit lieu à icelle charge, et de luy payer deux sols de devoir au fief et seigneurie sur lesdits cinq journaux. — Et outre afin que ledit curé et paroissiens de Maisoncelles souffrent laditte messe estre ainsy ditte en laditte église, ledit Guérin leur a donné, quitté, cedé et transporté par moitié la

---

(1) Les seigneurs de la Bigottière à cette époque étaient : nobles personnes Ambroys Guyart et Ambroyse Maignen, son épouse. *Liv. des fond.*, 3, fol. 319.

somme de sept sols six deniers tournois qu'il a droit d'avoir sur un jardin qu'il a baillé à Jeufroy Blanchouin à icelle rente, qui est joignant et entre les jardins du presbitère et le cymetière dudit lieu, ou pour iceluy jardin de partir moitié par moitié entre le curé et paroissiens. Si ainsy estait que ledit Blanchouin fut défaillant par deux ans de leur payer laditte rente, ou qu'il leur en fit exponse à la charge de le faire decretter ou indemner au seigneur de Maisoncelles et de luy en payer les charges et devoirs anciens qu'il doit. Et a prié et requis ledit Guérin, fondateur, à très révérend père en Dieu Monseigneur l'Evêque du Mans ou à Messieurs ses Vicaires mettre et apposer son decret, autorité et assentiment à ces présentes, et ériger ladite chapelle en bénéfice perpétuel, auquel il a laissé le droit de collation; et en a retenu à luy sa vie durant, et en après, à son neveu Me Jean Guérin et à son héritier principal, et aux curé et sieur de la Bigottière, et procureur de Maisoncelles, le droit de nomination et présentation; et tout ainsy qu'il est contenu es lettres qui en furent passées audit mois d'octobre, signé Giquel, qui demeurent en leur force et vertu fors en ce que ces présentes leur dérogent. Et en y appausant son décret, ledit fondateur a prié luy être fait collation de laditte chapelle, et par ces présentes se nomme et présente pour cette fois, toutes lesquelles choses est l'acquet. Et quant à tout ce que dessus est dit tenir, faire et accomplir et que à l'encontre de ces présentes ne viendra ledit Guérin ou fera venir par luy ny autre, en renonceant ainsy comme de fait il a renoncé à venir à l'encontre de ces présentes en tout ou en partie soit par applaigement, contrapplaigement, opposition, appellation ni autrement; mais lesdites choses ainsy baillées a promis garantir, sauver, délivrer et deffendre au chapelain et à ladite chapelle vers tous et contre tous, a obligé ledit Guérin par hippotèque universel luy, ses hoirs avec tous et chacuns sesdits biens, et s'en est lié et abstraint par la foy et serment de son corps sur ce donné en notre main, dont nous l'avons jugé par les jugement et condamnation de notre dite Cour et sous les sceaux établis aux contrats d'icelle cy mis en témoins de vérité le dousiesme du mois d'aoust l'an mil cinq cent dix-huit, en présence de vénérable et discrette personne Me Ambroise Amy, prêtre, doyen de Sablé, Pierre Gommer, clerc, messire Lancelot Boisrichard, François Beauchêne et autres tesmoins à ce requis et appellés. Et est signé ledit Guérin en la minute ainsy signée : J. Congnard et scellée en quièce double de cire verte.

» Je soussigné, secrétaire de Monseigneur l'Illustrissime et Révérendissime Evêque du Mans, certifions à tous qu'il appartiendra que l'Extrait des autres parts est véritable et conforme à l'original déposé au secrétariat dudit évêché. Au Mans, le trente octobre mil sept cent soixante-dix.

» ROLLAND, *secrétaire.* »

D'après cette pièce, tout est clair : le but de la fondation est de favoriser les paroissiens de Maisoncelles en leur procurant tous les dimanches une première messe.

Le titulaire du bénéfice de la Luvinière est nommé de concert par les héritiers du fondateur tant qu'il en survivra, par le seigneur des Bigottières, par le curé de la paroisse et le procureur de la fabrique. Le prêtre élu reçoit ses pouvoirs de Mgr l'Evêque du Mans.

Les charges sont faciles à remplir : une messe chaque dimanche et une autre messe le premier jour de chaque mois, à dire dans l'église paroissiale.

Quant aux revenus de la Luvinière, le pouillé de 1772 les estimait à 300 livres.

Le premier chapelain de la Luvinière fut le fondateur même en 1518, M° Macé (abbréviation de Mathieu) Guérin, prêtre, demeurant au bourg de Maisoncelles. D'où était-il venu? Combien de temps a-t-il vécu? Est-il mort à Maisoncelles, et repose-t-il dans l'église paroissiale? Sur tous ces détails, les documents se taisent. Mais son nom du moins ne doit pas être oublié, car sa fondation était la seule qui eût en vue le bien général de la paroisse ; et à cette époque où les communications étaient si difficiles, assurer une première messe le dimanche, c'était rendre un service considérable à toute la population rurale.

Quant aux chapelains successeurs, qui ont hérité du titre et de la fonction, leurs noms sont inconnus pendant toute la durée du XVIe siècle.

Mais à partir du XVIIe siècle, l'histoire locale commence à les signaler à peu près régulièrement. Ainsi, en 1611, mourut un titulaire du nom de Adrien Benoist.

Devenue ainsi vacante, la chapelle de la Luvinière

(elle n'a jamais été placée sous le vocable d'un saint) fut pour la première fois l'objet de plusieurs compétitions. D'un côté, en effet, le curé de Maisoncelles, le fameux Olivier Maryon, et avec lui, le seigneur des Bigottières, M. P. de Champ-Tmon, présentèrent pour chapelain Mᵉ Pierre Rouillard, prêtre, déjà compromis pour sa connivence simoniaque avec le curé ; et, d'un autre côté, un héritier du fondateur, nommé Jacques Benoist, présenta comme chapelain Martin Benoist, de la paroisse de Dollon. En fin de lutte, la place resta à ce dernier, qui du reste avait déjà pris possession le 22 septembre 1611.

En 1628, après le décès de Martin Benoist, le successeur fut Mᵉ Jacques Fortin, nommé par Jacques Fortin qui, par sa mère Anthoinette Benoist, se rattachait, paraît-il, à la descendance des Guérin, et qui dès lors participait au droit de présentation. Le curé, dont le concours était aussi requis, ne fut-il pas consulté ? Toujours est-il que quand le fondé de pouvoir du titulaire Fortin, un notaire du Mans, nommé Chantelou, vint le 7 juillet 1628 pour prendre possession, il trouva l'église fermée. « Après refus qui lui a été fait de lui faire ouverture, racontent les *Insinuations*, néanmoins il s'est agenouillé devant la grand'porte, priant Dieu ; ensuite il se rendit au lieu et métairie de la Luvinière, dépendant du temporel de ladite chapelle ; entra en la maison et jardin dud[t] lieu où il fit tous autres actes de possession ; sur lequel lieu il trouva et appréhenda Michel Pinson et Marie Peslier, détenteurs ou fermiers, auxquels il déclara ladite possession et fit défense de ci-après délivrer les fruits d'icelui lieu à autres gens qu'à lui Fortin, à peine de payer deux fois ». — Les témoins, accompagnant le notaire, étaient Patrice Blandet, prêtre, et Guillaume Blandet.

Après M⁰ Jacques Fortin, mais à une date que je ne saurais préciser, le titulaire de la Luvinière dut être M. Pierre Rouillard, déjà connu ; car les *Insinuations* rapportent qu'en 1650, « la chapelle se trouvait vacante par irrégularité de M. Pierre Rouillard, contre lequel sentence aurait été donnée en l'officialité du Mans ; et, vu cette circonstance, une Renée Guérin, veuve J. Verger, demeurant à Maisoncelles, et membre de la famille du fondateur, présenta, pour être chapelain, Mᵉ Jean Lefaucheux prêtre habitué en l'église de Saint-Tugal. » Pourvu de toutes pièces officielles, et procédant loyalement, cet abbé Lefaucheux vint, le 9 juillet 1650, prendre possession en présence de Martin Verron, prêtre habitué à Maisoncelles.

En 1661, la chapelle était vacante. L'élection d'un nouveau titulaire donna lieu à un fait qu'on a déjà vu, qu'on reverra encore, et dont le retour était presque inévitable : je veux parler de la multiplicité des compétiteurs. D'après les termes de la fondation, en effet, le choix du chapelain devait être fait par les héritiers Guérin, tant qu'ils subsisteraient, par le seigneur des (ou de la) Bigottières, par le curé et par le procureur fabrical. Or, supposez un défaut d'entente entre tous ces personnages, et voilà tout de suite trois ou quatre candidats en présence, se disputant le bénéfice ecclésiastique. C'est précisément le pénible résultat devant lequel nous nous trouvons en ce moment. Du côté des Guérin, plusieurs familles se portèrent comme appartenant à la descendance, et chacune envoya son élu. Ainsi, en mars 1661, Patrice de Vauguion, de la Couture au Mans, fils de Thomas de Vauguion et de Geneviève Benoist, issue elle-même des Guérin, nomma Jacques de Vauguion, clerc tonsuré, demeurant au Mans, lequel prit sans retard possession par un fondé de pouvoir. — Le 23 avril, même année, Jacques Gaignard, issu de Guérin, nomma aussi son fils Jacques Gaignard, qui vint personnellemant prendre possession le 1ᵉʳ mai suivant, et alla à la Luvinière, « éteignant le feu, rompant de petites branches, toutefois sans avoir rien détérioré », raconte le procès-verbal des *Insinuations*. — Le 24 avril, même année, une Marie de Vauguion, se disant fille et héritier de Guérin, demeurant à la Couture, présenta à son tour Michel Boiton ou Boisseau, chapelain du Gué-de-Maulny. Tenace dans la revendication et l'usage de son prétendu droit, elle ne craignit pas, au mois de décembre 1664, après la mort de son Michel Boisseau, de faire une nouvelle tentative et elle présenta Jacques de Vauguion déjà cité. C'était trop tard cette fois : la Luvinière avait alors un paisible possesseur.

De leur côté, le curé de Maisoncelles, M. Martin, et le seigneur des Bigottières, qui était alors messire de Bouillé, comte de Créance, demeurant en son château de Champfleury, attendu, disaient-ils, que la ligne de J. Guérin est faillie, présentèrent Mᵉ Jacques Esnault, prêtre, curé de Thorigné, lequel, par un fondé de pouvoirs, prit possession de la Luvinière le 25 avril 1661.

Ce n'est pas tout ; le même jour, 25 avril 1661, M⁰ Ambroise Arthuis, prêtre et prieur des Chaires, en vertu d'une provision de Mgr l'évêque du Mans, députa Mathurin Legendre, marchand à Maisoncelles, pour prendre possession en son nom. Nouvelle intronisation qui eût l'air de faire impression sur le curé, puisqu'il publia l'acte le 1ᵉʳ mai.

Enfin, le 23 mai 1661, apparût un dernier compétiteur, qui se dit patronné par un héritier de Guérin, et dont le nom était Jacques Gouault, clerc tonsuré, demeurant à Paris, « en la maison où pend pour enseigne l'image de saint Elloy, place Maubert (1) ».

De tous ces concurrents, ce fut Jacques Gaignard qui resta maître de la place ; du moins c'est son nom seul qui de temps en temps paraît sur les registres paroissiaux. Un peu plus tard, un grave évènement attesta qu'il était regardé par tout le monde, comme paisible possesseur. En 1687, sous je ne sais quel prétexte, il ne disait plus la messe le dimanche matin. Injustement frustrés du privilège dont ils jouissaient depuis plus de cent soixante ans, les paroissiens intentèrent un procès au prêtre inexact ; et gain de cause leur resta pleinement. La cour de Laval les autorisa à appeler tel prêtre que bon leur semblait pour dire les messes de la fondation, et à prendre les honoraires dûs aux prêtres étrangers sur les produits et revenus de la Luvinière (2). La leçon

(1) *Insinuations.*
(2) Archives du presbytère.

profita à M. l'abbé Gaignard, et depuis lors jusqu'à la fin de sa vie il remplit fidèlement sa fonction. Il mourut à Maisoncelles en 1706, et fut enterré dans l'église, comme je l'ai dit précédemment.

Son successeur fut M. André Martin, prêtre, vicaire de Forcé, présenté par des héritiers Guérin qui demeuraient à Bonchamps. M. l'abbé Martin vint, le 19 avril 1706, prendre possession en baisant le grand autel, et l'autel de la sainte Vierge. Il ne fut que deux ans chapelain.

Après la mort de M. Martin, en 1708, la chapelle fut présentée par René Foucault de Marpalu, seigneur des Bigottières, à M. Nicolas Dubois, prêtre, demeurant à Laval ; et le 15 juillet, le titulaire vint prendre possession en présence de P. Lemoine, sieur de Juigny, demeurant à Soulgé, et de P. Dubois, tissier à Maisoncelles, « lequel commençant à signer, disent les *Insinuations*, a été empêché par le sieur curé de Maisoncelles », et le dimanche 22 juillet, ce dernier, sommé de faire la publication, s'y refusa. Cette petite résistance qui, en fait, ne déposséda pas M. Dubois de son titre, avait surtout pour but, ce me semble, de rappeler au seigneur des Bigottières que le concours du curé était toujours nécessaire en cette affaire de la Luvinière.

En 1719, après la mort de M. Dubois, la chapelle passa aux mains de M. François Fréard de Bretignolles, curé de Grenoux, plus tard curé, je crois de la Trinité, et en même temps titulaire de la chapelle Saint-Avertin, en Longuefuye.

En 1743, mourut M. F. Fréard, curé de la Trinité.

et à sa place, comme chapelain de la Luvinière, fut présenté par Mme Foucault des Bigottières, Me René Delaunay, prêtre du diocèse de Rennes, demeurant à Laval. Ayant reçu ses lettres de provision de Mgr l'Evêque du Mans, l'abbé Delaunay vint prendre possession le 11 mars 1743, dans l'église de Maisoncelles en présence de Jacques Letessier, curé de la paroisse, et de Olivier Couannier, curé du Bignon. Il garda sa charge, à laquelle plus tard il joignit la fonction de chapelain de Saint-Jacques et des Bigottières, jusqu'en 1770, époque de sa mort.

A cette date, et à l'occasion du choix d'un nouveau titulaire, il se produisit entre les présentateurs un défaut d'entente qui aurait pu mettre le feu aux poudres, mais qui, grâce au curé, conciliant ce jour-là, n'eût pas de suite. Au mois d'octobre 1770, M. Leverrier, curé de Maisoncelles et Jean Leclerc, laboureur au lieu de la Cour, procureur fabrical, co-présentateurs avec le seigneur des Bigottières, firent intimer Me Claude Foucault, et dame Foucault de se trouver à issue de la grand'messe pour procéder à ladite présentation; lesquels ne comparaissant pas, ont présenté Me Julien-Bertrand Moisson, prêtre, vicaire de Parné. — Dans les mêmes jours, les susdits Foucault avaient, de leur seule initiative, présenté la Luvinière à Me Jean Laigle-Duparc, prêtre, vicaire de la Trinité. Informé du fait, le curé de Maisoncelles alla le 21 octobre à Laval, se fit donner lecture de la présentation faite à M. Duparc, puis s'excusa de celle qu'il avait faite d'après l'avis de messire L. d'Houllières, la rétracta et agréa celle faite par Me Foucault.

Le procureur fabrical agit comme le curé ; et Mᵉ Duparc, fort d'une unanimité si heureusement retrouvée après coup, vint le 5 novembre prendre possession dans l'église de Maisoncelles, à l'autel de la Vierge, en présence de Mᶜ Foucault, qui déclara que « s'il avait présenté seul, c'est qu'il n'était instruit, et qu'il reconnait ce droit au sieur curé avec lui. »

Tels sont les détails que donnent les *Insinuations*, mais qui ne concordent pas avec les faits attestés par les registres paroissiaux et les archives du presbytère. D'après ces documents, il est incontestable que M. Moisson était ici, en 1771 et 1772, reconnu comme vrai chapelain de la Luvinière. Au fond, je crois qu'une fois de plus il y a eu compétition, et que le curé, après avoir diplomatiquement fait tant de concessions au seigneur des Bigottières, mit à profit les bonnes dispositions de ce dernier, et réussit à faire passer son candidat, M. Moisson, auquel il tenait singulièrement. La suite de cette petite histoire le démontrera avec assez de netteté.

Durant un ou deux ans au plus, M. Moisson acquitta personnellement les messes dont il était chargé. Ayant, vers 1772, accepté un vicariat à Ahuillé, il fit dire les messes par des réguliers de Laval. Jusque-là rien d'anormal ; mais, en 1773, la fondation n'était plus du tout desservie : ni titulaire, ni suppléant ne venaient dire la première messe du dimanche, si bien qu'à la fin de cette année, les habitants de Maisoncelles, comme leurs ancêtres un siècle auparavant, en appelèrent à qui de droit pour forcer M. Moisson de remplir les charges de son bénéfice.

La procédure fut longue, grâce à une quantité d'incidents que souleva le défendeur, grâce aussi à l'appui injustifiable que le curé donna aux résistances de son confrère ; dans l'intervalle, les paroissiens ne pouvant se résigner à perdre l'avantage de leur première messe du dimanche, firent venir divers religieux de Laval, et la fabrique, endossant le paiement des honoraires, opéra d'assez forts déboursés. Mais la sentence définitive, condamnant M. Moisson et M. Leverrier à rembourser les habitants fut enfin rendue le 25 janvier 1779. Il était temps Tout néanmoins ne se termina réellement qu'en 1782 et 1783, par une saisie judiciaire faite sur les revenus de la Luvinière, pour la part de M. Moisson, et sur la pension due par M. Cormier à M. Leverrier, pour la part de ce dernier.

En 1783, comme l'attestent les registres paroissiaux, M. Moisson avait quitté Ahuillé et demeurait à Maisoncelles. Pensons que, depuis lors, il aura exactement rempli son office de bénéficier.

Chapelle de la Bigottière. — Voici sur son origine les détails donnés par les *Insinuations* (1) :

« Le 28 septembre 1697, devant Sébastien Chevalier, notaire royal à Laval, vénérable et discret maître René Charlot, prêtre, chanoine de Saint-Tugal, et René Foucault, seigneur de Marpalu, conseiller du Roi, lieutenant général en l'Election de Laval, déclarent léguer pour la fondation de deux messes dans

(1) XLII, 78.

la chapelle de la terre seigneuriale des Bigottières en Maisoncelles, le mardi et le vendredi, la somme de 50 livres à partir du 1er novembre prochain, hypothéquée sur 24 livres 10 sols dus audit Charlot sur une maison en la rue du Marché-aux-Porcs à la place du Gast, et sur une rente de 25 livres 10 sols due audit seigneur de Marpalu sur le lieu de la Henneriays en Astillé ; et ont consenti que D^{lle} Ursule Charlot, fille majeure demeurant à Laval, paroisse de la Trinité, participe aux mérites desdites messes, y contribuant d'une somme de 300 livres à payer après son décès au seigneur de Marpalu. Le calice, les ornements, le vin seront fournis par le seigneur de Marpalu. »

Un peu plus tard, messire René Foucault, propriétaire des Bigottières, craignant que ces deux rentes ne fussent pas exactement payées, les remplaça par une rente plus solide de 50 livres, assise sur la Fourrerie, en Maisoncelles. (Acte passé devant Heaulmé, notaire à Laval, 2 décembre 1697.)

Dans ces conditions, la fondation était rigoureusement acceptable ; et l'Evêque du Mans, Mgr de la Vergne, donna le décret de confirmation le 21 avril 1698.

Le présentateur était le seigneur des Bigottières, et l'Evêque du Mans, collateur.

Cette chapellenie, on le voit, est la moins ancienne de toutes celles qui ont été érigées sur le territoire de Maisoncelles. En revanche, il y eut, dès l'origine, une chapelle bâtie près du manoir des Bigottières, et encore subsistante, pour l'acquit de la fondation.

On ignore quel fut le premier chapelain des Bigottières, et je me demande même s'il y en eut un, tant la situation était peu brillante. Quoiqu'il en soit, vingt ans plus tard, M. René Foucault augmenta sa fondation d'une rente de 100 livres, mais à la condition que la messe serait, en outre, dite les dimanches et fêtes aux Bigottières (22 février 1720). La même année, au mois de septembre, dans le but bien évident de rehausser de plus en plus l'importance de sa chapelle, il fit une démarche autrement grave : il demanda à éteindre la chapelle de la Luvinière, et à en incorporer les fruits à celle des Bigottières. Les raisons alléguées par lui ne manquaient pas d'un certain semblant de vérité : « C'était, disait-il, en faveur
» des habitants des paroisses voisines qui pourraient
» plus facilement aller aux Bigottières que dans les
» bourgs; et à cause en même temps des vieillards,
» femmes et enfants qui perdent souvent le saint
» sacrifice de la messe, outre que l'hiver il y a des
» eaux et mauvais passages. » Le curé de Maisoncelles, dont l'avis en pareille matière était nécessaire, ne trouva pas d'inconvénients à laisser se former un second centre religieux dans sa petite paroisse; et au lieu de faire entendre à tous ses seigneurs que le plus pratique et le meilleur moyen était, avec leurs grandes richesses, de faire des chemins qui auraient amené tout le monde à l'église, il donna son consentement au projet, tout en réservant une première messe chaque dimanche dans l'église paroissiale. De son côté, le chapelain de la Luvinière, qui n'avait qu'à gagner à cette adjonction, ne fit pas d'opposi-

tion, et l'Evêque du Mans, vu cet accord, porta de suite le décret d'union qui rattachait la chapelle de la Luvinière à celle des Bigottières. « Mais, observe le pouillé du diocèse, le décret épiscopal n'a pas été homologué. »

Peu après, et en vue du service régulier auquel sa chapelle pouvait être désormais destinée, le seigneur des Bigottières fit construire, non loin du manoir et à l'usage du chapelain, une petite maison à un étage, nommée la Maison-Neuve, et tout à fait dans le genre de ce qu'on appelait autrefois un logement convenable, c'est-à-dire avec deux chambres à cheminées, un cabinet, une cuisine, un grenier sur le tout, un puits, une cave, un bas-cellier et un four.

En fait, tout ce beau projet ne paraît pas avoir été mis à exécution. Le seigneur des Bigottières, le premier, négligea d'user de son droit de présentation, « si bien que la chapelle, en 1724, disent les *Insinuations*, était vacante *a multis annis*, depuis nombre d'années, et que l'Evêque du Mans *jure devoluto* la donna à M⁰ de Gruel, fils de Louis de Gruel, écuyer, et de Marie Le Pannetier, de la paroisse de Charné-en-Ernée, qui prit possession le 27 mars 1725 par un représentant. » Ce mandataire, après avoir accompli sa mission aux Bigottières, en entrant par la seule porte de la chapelle, en baisant l'autel, et en sonnant la cloche, crut devoir aussi aller à l'église paroissiale de Maisoncelles faire la même cérémonie, sous prétexte que la chapelle de la Luvinière se desservait ordinairement au grand autel, et qu'il en était en même temps le titulaire. A cette heure pourtant le vrai chapelain, comme on l'a vu, était M. Fréard.

D'autre part, si Mme veuve de Marpalu était encore aux Bigottières au mois de décembre 1737, avec un chapelain du nom de René Delaunay, comme l'atteste l'acte notarié d'une constitution de rente établie alors par cette dame en faveur de la fabrique, c'était la fin du séjour des Foucault dans ce pays ; la famille se retira à la Fauconnerie, en Argentré-sous-Vitré ; le manoir, en 1756, servit de résidence à un notaire du nom de Gougeon ; et, à l'époque de la Révolution, c'était un Hirbec qui l'habitait comme fermier du seigneur.

Enfin la Maison-Neuve, réservée pour un prêtre, reçut de bonne heure une autre destination ; dès 1742, elle était occupée par un charpentier ; de sorte, peut-on conclure, que les chapelains des Bigottières, à l'exemple de leurs collègues de la Jupellière et de la Luvinière, non-seulement résidèrent le plus souvent dans le bourg, mais en vinrent vraisemblablement à célébrer leurs messes de fondation dans l'église paroissiale.

Le dernier titulaire de la chapellenie des Bigottières fut Me René Delaunay, sieur de la Roche, qui apparut ici pour la première fois en 1737. On se rappelle qu'en 1743 il fut en outre pourvu de la chapelle de la Luvinière ; et de plus encore, en 1768, il fut chargé de la chapelle Saint-Jacques de la Jupellière. Il avait sa résidence au bourg, dans la maison de la Bourgeoiserie, et c'est là qu'il mourut le 10 octobre 1770, à l'âge de 67 ans 1/2. Il fut inhumé dans le cimetière, en présence des seigneurs de la Jupellière, de

Jacques Gougeon de la Bourgonnière, notaire de Maisoncelles, et de Pierre Beauvais, fermier. L'acte de sépulture est signé : Guillotain, curé du Bignon ; Gougeon ; F. Huchedé, vicaire de Contigné ; Bescher, prêtre ; J. Neveu ; Véron, prêtre ; Louis d'Houllières ; F. Cosnard ; P. Beauvais ; M. Hareau, prêtre ; Leverrier, curé de Maisoncelles ; Bommier, vicaire.

A un point de vue et dans une certaine mesure, ces chapellenies ou prestimonies caractérisent l'état de l'Eglise dans le passé ; mais tout cela, il faut en convenir, servait peu au développement de la piété dans la paroisse. Bien que les seigneurs fussent libres d'employer ainsi une partie de leurs revenus, ils auraient eu cependant plus de mérite, en s'oubliant eux-mêmes, à les appliquer soit à la fondation de quelque école, soit à la reconstruction de la Maison de Dieu !

VII

MAISONCELLES AU POINT DE VUE CIVIL

Sous l'ancien régime, l'autorité civile dans les paroisses était dévolue au seigneur de la paroisse, à un procureur syndic nommé à époques régulières par les paroissiens, et enfin à trois ou six, et même neuf membres de municipalité, lorsqu'il y avait plus de deux cents feux (1) dans la localité. Ces membres étaient aussi électifs.

(1) Autrefois on ne comptait pas par individus, mais par foyers.

La seigneurie de Maisoncelles appartint d'abord au seigneur d'Arquené, que plusieurs actes désignent en même temps comme seigneur de notre paroisse. A partir du milieu du xve siècle, le titre avec les privilèges passa dans les mains du maître de la Jupellière, c'est-à-dire dans la famille d'Houllières, qui depuis lors jusqu'à la Révolution garda cette terre en sa possession, tout en n'exerçant pas de fait la seigneurie, dans quelques intervalles très courts.

L'autorité du seigneur de paroisse est difficile à définir : d'après les historiens qui ont plus spécialement éudié ce sujet elle paraît avoir consisté, surtout après les temps féodaux, en un rôle de haute suveillance plutôt que d'administration active et journalière. Au xviie siècle, cette prépondérance diminua encore : le cardinal de Richelieu, dans le but de fortifier l'autorité royale, se plut à abattre presque complètement la puissance des nobles ; il fit même raser beaucoup de leurs châteaux, et rattacha plus directement les paroisses au roi. Ainsi réprimés, les seigneurs ne possédaient plus guère que certains petits droits lucratifs, tels qu'on les a vus stipulés dans les remembrances du xviiie siècle, et d'autres droits purement honorifiques accordés dans l'église.

Le droit canon concède toujours des privilèges aux patrons, même laïques, des églises. *Inter jura honorifica hæc vulgariter recensentur, honor scilicet processionis, thuris, precum, sedis, aquæ benedictæ et*

---

par feux, par familles. Avant tout, en effet, un pays se compose de familles.

sepulturæ..... Inter jura honorifica recensetur etiam jus stemmatis gentilitii in ecclesia patronata affigendi (1), c'est-à-dire privilège d'avoir une place spéciale en procession, d'être encensé et aspergé à part, d'être recommandé au prône, d'occuper un banc réservé, et de faire apposer ses armoiries sur l'église. Mais comme le seigneur de la Jupellière n'était pas patron de l'église, je ne crois pas que ces faveurs lui aient été accordées : on se rappelle comment l'un des membres de la famille d'Houllières acquit même son droit de banc ; et dans les fresques de l'église, où les armoiries du seigneur d'Arquené sont mêlées à d'autres armoiries indéterminées, on ne voit pas une seule fois l'écusson des d'Houllières.

La seigneurie de paroisse à Maisoncelles avait encore d'autres limites : je veux dire que tout le quartier de Soulou, de la Vilaine, du Pont-Lochard, suivant le récit de M. de la Beauluère, relevait de la baronnie d'Entrammes ; d'un autre côté, le seigneur des Bigottières, dont le fief était vassal de la châtellenie de Meslay, avait aussi son territoire dont je ne connais pas l'étendue précise, de sorte que, si le curé de Maisoncelles avait à compter avec trois seigneurs qui pouvaient bien ne pas être toujours d'accord, le seigneur de la Jupellière, lui, n'exerçait la faible part d'autorité civile qui lui restait que sur le bourg, les alentours du bourg, et toute la partie de la paroisse qui avoisinait son château. En revanche, il

---

1. Soglia, tom II, p. 208.

étendait sa juridiction sur le Bignon, dont il était aussi le seigneur.

Malgré la centralisation commencée si vigoureusement par Richelieu, les assemblées communales étaient toujours générales, composées de tous les habitants ou manants, et se tenaient en plein air, à côté de l'église, sous les arbres de la place. Sully, en 1608, avait ordonné, à cette fin, de planter deux ormeaux devant les églises. C'était l'application bonne et régulière du suffrage universel. — Dans ces assemblées, on discutait les affaires publiques, on votait les fonds pour l'entretien de la nef de l'église, pour le paiement du *va-de-pieds*, ou facteur, pour l'horloge, pour la réparation des chemins, etc. Pas de budget ; des votations publiques et des redditions de compte publiques. Les fonds des municipalités se composaient de valeurs de bois, de biens communaux, d'impôts et d'emprunts. C'était aussi dans les assemblées qu'on choisissait le procureur syndic et les autres agents. Le procureur syndic n'avait d'autre autorité que celle qu'il tirait de son mandat; son rôle dans la paroisse ou communauté, suivant le mot propre, ressemblait à celui du procureur fabrical dans la fabrique (1).

On le voit, à cette époque il n'y avait ni mairie, ni registre de délibération. Quant aux actes de naissance, de mariages, de sépultures, ils étaient rédigés et gardés par les curés.

Aucun document ne m'indique, même approxima-

---

(1) *Le village sous l'ancien régime*, par Rabeau, *passim*.

tivement, dans quelle mesure Maisoncelles contribuait aux charges de l'Etat ; aussi, pour donner une idée de cet ancien régime communal, suis-je réduit à prendre des indications générales dans l'écrivain auquel déjà j'ai emprunté plus d'un détail précédent.

La taille était un impôt établi sur le produit de la propriété, du travail et de l'industrie de chaque habitant. Il y avait la taille communale, discutée et consentie par les paroissiens, acquittée par tous sans exception ; puis la taille royale, inégalement répartie, déterminée sans leur consentement, et dépensée sans leur aveu. C'était là que se faisaient les injustices : il y avait trop d'exempts, et les collecteurs évaluaient arbitrairement les biens des contribuables.

Necker, dans son livre de l'*Administration des finances*, dit que l'habitant, dans la généralité de Nancy (1) payait 12 livres 9 sols par tête ; à Châlons 26 livres 16 sols ; en Bourgogne, 19 livres 14 sols ; dans l'Isle-de-France, 64 livres.

La Corvée était une prestation en nature, rendue pour l'entretien des routes et la construction des ponts. A la fin du XVIIe siècle, l'Etat, qui jusqu'alors n'avait demandé qu'une contribution pécuniaire, exigea aussi des corvées royales ; c'est avec ces corvées, qui pesaient principalement sur les campagnes, qu'on fit ces belles routes, bordées d'arbres, à l'entrée des villes. Les corvées étaient dues par les hommes jusqu'à 70 ans, par les femmes jusqu'à 60. Cha-

(1) Sous Louis XIV la France était divisée en dix-neuf généralités.

que personne donnait en moyenne douze journées par an. Les voitures, les bestiaux servaient aussi au travail des corvées.

Quant au service militaire, on s'en exemptait au xv⁰ siècle en payant 5 sous tournois par an. Sous Louis XIV, la milice devint un impôt pour les campagnes. Chaque paroisse devait fournir au moins un milicien, désigné par l'élection ou le sort, et pris parmi les célibataires ou veufs sans enfants. La durée de ce service, créé par Louvois en 1688, était de deux à six ans. Les paroisses devaient payer l'habillement du milicien, lui donner de l'argent, et même contribuer aux frais de l'équipement du bataillon. De plus, les campagnes devaient loger les soldats en temps de guerre.

Au total, les impôts étaient certainement très lourds.

Sans doute ils sont inévitables, ils sont nécessaires même : un gouvernement quel qu'il soit, ne peut s'en passer. Mais il ne doit en prélever que ce qu'il faut ; il doit les répartir équitablement, suivant l'importance des services sociaux. Or, en cette matière, et en même temps sur d'autres points non moins graves, le désordre s'était introduit peu à peu. « Il » était devenu tel, à la fin du siècle dernier, a dit un » illustre orateur catholique (1), il était si universel- » lement senti, qu'un désir immense de justice était » dans les cœurs, en haut chez ceux qui pouvaient la

---

1. M. le comte Albert de Mun, député. — discours prononcé au banquet de Saint-Mandé le 21 février 1886.

» donner, en bas chez ceux qui aspiraient à la rece-
» voir..... Il y a cent ans, une longue et persistante
» corruption avait envahi le vieux corps de la France :
» la tête puissante et chargée de gloire, attirait à elle
» le sang de tous les membres; la vie ne circulait
» plus. La distinction des classes et les privilèges
» qu'elle entrainait, ne trouvaient plus, dans l'accom-
» plissement d'un devoir social ni dans l'exercice
» d'une charge publique, leur raison d'être et leur
» justification; les liens de la nation se rompaient
» peu à peu, avec la solidarité formée par l'échange
» des obligations réciproques. Le peuple, chargé
» d'impôts, souffrait dans l'isolement où le laissait
» l'oubli de ses protecteurs; les privilégiés eux-mê-
» mes étaient mal à l'aise dans une condition dont
» beaucoup ne connaissaient plus les devoirs.

» L'*Encyclopédie* se saisit de cette situation ; et,
» tandis qu'elle voulait la ruine du christianisme, elle
» n'eût sur les lèvres, elle n'écrivit sur son drapeau,
» qu'un mot, qu'une idée qui remplit tout le XVIIIe siè-
» cle et qui l'environne encore aujourd'hui d'une
» trompeuse auréole : la justice! la réforme, le ren-
» versement des abus, la pitié pour les opprimés !
» Sincérité chez les uns, masque chez les autres,
» voilà ce qui entraine, voilà ce qui passionne. Les
» grands se livrent les premiers à ces généreuses ar-
» deurs ; les petits prêtent l'oreille à ces accents
» nouveaux, et y découvrent, dans leurs cœurs souf-
» frants, de puissants et terribles échos. Le rêve de
» la justice s'est levé dans l'âme du peuple : il ne s'y
» éteindra plus !.... »

Ainsi dirigé par Voltaire et ses disciples, le grand mouvement de réformation politique, va se détourner de son but, et devenir la Révolution.

Et la Révolution, en quelques années, viendra à bout de son œuvre.

DEUXIÈME PARTIE

MAISONCELLES

Depuis le 4 Août 1789 jusqu'au Concordat

I

MAISONCELLES AU POINT DE VUE CIVIL

Je commence par le récit des faits politiques et administratifs, parce que, si la Révolution qui s'opéra dans notre pays ne put, malgré tous ses efforts, modifier la constitution divine de l'Eglise, elle créa cependant pour les chrétiens de France une situation nouvelle dont l'autorité ecclésiastique dut tenir compte.

Il importe donc de saisir, au moins dans une vue générale, tous ces changements de vie civile, avant de reprendre la suite de l'histoire religieuse de la paroisse.

1. Les Etats-Généraux du royaume, composés de douze cents membres, parmi lesquels la députation du clergé comptait quarante-sept évêques, trente-cinq abbés ou chanoines, et deux cent huit curés, s'étaient réunis à Versailles le 5 mai 1789. Presque immédiatement le groupe des six cent vingt et un membres du Tiers-Etat, qui n'était rien, avait-on dit

faussement, et qui devait être tout, se transforma en Assemblée nationale, osant ainsi se déclarer investi des droits de la souveraineté, comme si le trône eut été vacant. Après une faible résistance de quelques semaines, cinquante-sept ecclésiastiques se réunirent au Tiers-Etat ; quarante-sept membres de la noblesse suivirent leur exemple, — et enfin le 27 juin, le Roi, qui ne voulait pas, disait-il, qu'un seul homme pérît pour *sa querelle,* donna l'ordre aux membres du clergé et de la noblesse restés fidèles, de se joindre, eux aussi, aux députés du peuple. Dès lors, l'Assemblée nationale fut complète, et la révolution en politique fut entière (1).

Au début de cette nouvelle période, dans la nuit du 4 août 1789, l'abolition des droits seigneuriaux fut spontanément déclarée par la noblesse; de son côté, le clergé demanda que ses dîmes fussent converties en rentes pécuniaires; toutes les franchises, tous les privilèges furent abandonnés. C'était une rage d'abdication du passé et d'élan vers une prétendue liberté.

Le 2 novembre de la même année, l'Assemblée, devenue constituante, décréta que les biens du clergé seraient mis à la disposition de la Nation, à la charge par celle-ci de pourvoir d'une manière convenable : 1° aux frais du culte; 2° à l'entretien de ses ministres, et 3° au soulagement des pauvres. Le même décret fixa au chiffre de 1200 fr., non compris le logement et le jardin, le minimum de la dotation des curés.

---

(1) Chantrel, *Histoire contemporaine,* p. 40, 41.

Pour le moment, je ne fais qu'enregistrer le fait; plus tard j'y reviendrai.

Le 15 janvier 1790, la France fut divisée en quatre-vingt-trois départements; chaque département en plusieurs districts et en communes. — La Mayenne forma un département, et Maisoncelles fut attaché au district de Laval.

Sous ce régime nouveau, chaque municipalité devait se composer d'un maire, d'un syndic, de huit membres et de dix-huit notables. Il suffisait de payer 2 livres 5 sous d'impôt pour être électeur, et 7 livres 10 sous pour être éligible. — Beaucoup de ces élections, paraît-il, se firent dans les églises, et au début on choisit pour membres de la municipalité les personnages les plus honorables. Ni à la mairie de Maisoncelles, ni aux archives de Laval, je n'ai trouvé de pièces indiquant comment les choses se passèrent ici. Mais ce qui est certain, c'est qu'à partir de cette époque la paroisse fut soustraite à la puissance du seigneur de la Jupellière, du baron d'Entrammes et du seigneur des Bigottières. Maîtresse pour la première fois de choisir son chef civil, ce fut un M. Pierre Beauvais qu'elle nomma maire; c'est lui du moins qui paraît le premier avec ce titre, et c'est lui qui, en cette qualité, vint, le 3 novembre 1792, clore et arrêter les registres tenus jusque-là par le curé. Quant aux autres membres de la municipalité, leurs noms n'ont pas été gardés. Seul, un Jean Brillet apparaît de temps en temps comme secrétaire de la municipalité, et en même temps comme chargé de recevoir les actes civils, à partir surtout de 1792.

Cette première période politique, commencée le 4 août 1789, continuée le 1er octobre 1791 par l'Assemblée législative, se termina le 21 septembre 1792.

II. De nouvelles élections avaient eu lieu, et l'Assemblée, sortie pour la deuxième fois du suffrage universel, prit le nom de Convention; c'était une assemblée de sept cents membres s'arrogeant le pouvoir législatif et le pouvoir exécutif. La Convention dura trois ans, jusqu'à octobre 1795. Ce fut un régime d'effroyable tyrannie. Dès la première séance, l'abolition de la Royauté fut proclamée et la République fut inaugurée.

A Maisoncelles, le maire fut encore quelque temps M. Pierre Beauvais. Après lui, en 1793, ce fut un René Brillet; son frère, Jean Brillet, était secrétaire. A cette époque, le gouvernement députait dans chaque commune un agent national, dont on devine la mission secrète. Ce rôle fut rempli à Maisoncelles par un nommé Louis Bruneau. Quels ont été leurs actes d'administration? Rien de bien tranché n'en est resté. Au fond, je crois que leur action, vu les circonstances, a été satisfaisante, car on a toujours gardé ici bon souvenir de la famille Brillet, comme des anciens représentants de la famille Beauvais. Du reste, Maisoncelles n'était pas d'humeur à subir, encore moins à se donner une municipalité trop brouillonne ou révolutionnaire. — La preuve en est fournie par deux faits que raconte Dom Piolin dans son *Histoire de l'Eglise du Mans* : Dans la Mayenne, le tirage au sort de 1793, impôt du sang auquel on n'était pas encore habitué, rencontrait généralement une vive résistance de la part des populations; mais, le 19 avril de cette même année, un nommé Lamothe, officier municipal à Maisoncelles, fut spécialement accusé d'avoir favorisé autour de lui le mouvement insurrectionnel, et il fut révoqué de sa fonction, en même temps que le maire du Bignon et les municipaux de Montigné, Parné et Nuillé-sur-Vicoin, coupables du même incivisme, suivant le mot d'alors. De plus, vers ce même temps, un curé intrus de Parné, du nom de Letenneur (Charles), et étranger au pays, se mit à la tête des gardes nationaux de sa paroisse et vint désarmer les communes de Maisoncelles, du Bignon, d'Entrammes et de Forcé. On ne brûlait donc pas ici d'un grand amour pour la République.

A cette époque se produisit la Chouannerie, beaucoup moins importante que l'héroïque soulèvement de la Vendée, mais inspirée par les mêmes motifs de répulsion contre la tyrannie et l'impiété.

C'est le jour de l'Assomption 1792 que la Chouannerie du Bas-Maine éclata, dans le bourg de Saint-Ouën-des-Toits, à la parole de Jean Cottereau, surnommé Jean Chouan. Il n'entre pas dans mon plan de raconter tout ce qui concerne cette vaillante prise d'armes : je signalerai seulement les faits qui touchent à Maisoncelles soit par leur théâtre, soit par le nom de leurs auteurs (1).

Le 23 octobre 1793, la grande armée vendéenne était à Laval. A elle vinrent se joindre près de cinq

---

(1) Extrait des *Lettres sur la Chouannerie*, par M. Duchemin-Descepeaux, *passim*.

mille hommes de la Mayenne, formant un corps à part, sous le nom de Petite-Vendée, et sous la conduite d'Antoine-Philippe de la Trémouille, prince de Talmont.

Ce même jour, parut à la Croix-Bataille une armée républicaine de vingt-cinq mille hommes. Le combat fut acharné, mais la victoire définitive resta aux Vendéens, qui séjournèrent dix jours à Laval. De là nos héros allèrent à Granville, revinrent ensuite sur Angers et se rendirent au Mans. C'est là que, le 12 décembre 1793, ils furent vaincus et mis en déroute par les troupes de la République.

Nos paysans mayennais, qui étaient à cette bataille du Mans, rentrèrent désespérés dans leurs foyers. Avec eux revinrent un bon nombre de Vendéens, qui trouvèrent un gîte dans les fermes de la rive gauche de la Mayenne, c'est-à-dire dans tout ce pays d'Entrammes, de Parné, de Maisoncelles, de Villiers, etc. L'hiver était rigoureux; plus de mouvement dans les campagnes; la terreur régnait partout. Ceux qui, en 1870 et 1871 ont vu l'envahissement du pays par les Prussiens, peuvent aisément se figurer quel devait être alors l'aspect de nos contrées.

Sur cette rive gauche de la Mayenne, la Chouannerie ne se déclara pas aussi vite, et ne fut jamais ni aussi nombreuse, ni aussi ardente que de l'autre côté de l'eau. Bien peu de paysans mariés prirent les armes; c'est le proverbe : *Un homme marié doit délaisser les gars, se ranger à la maison et être détenu sur son lieu.* D'ailleurs, les Chouans de la rive gauche n'eurent jamais de chef général. Cependant, dès le mois de mars 1794, à la voix du jeune M. de la Raîtrie, de Mayenne, qui, après la déroute du Mans, était venu à Bazougers se cacher dans une ferme que possédait son père, un certain nombre de jeunes gens se soulevèrent. A Soulgé, Bonchamp, des compagnies se formèrent aussi. Parné fournit son contingent sous la direction de Malines. D'un autre côté, Francœur levait une petite bande à Ruillé, tandis qu'à la Massonnière, village du Bignon, une nouvelle troupe se formait et se réunissait en mai et juin 1794 sous la conduite des trois frères Corbin. Mais, chose étonnante, pendant que tout autour on remue, on s'agite, personne ne bouge à Maisoncelles, sauf pour essayer, dans une pensée de tactique déplorable, d'incendier l'église paroissiale. Il n'y a jamais eu ici de capitaine de paroisse, et je ne sache pas que ceux, assez nombreux, qui se disaient Chouans, se soient enrôlés avec leurs intrépides voisins. Cette abstention est un trait de mœurs : aujourd'hui comme autrefois les habitants aiment ici à vivre entre eux, sans être dérangés; et en cas de difficultés, surtout s'il y a à craindre l'apparition du gendarme, tout le monde fait le mort !

Quoiqu'il en soit, ce soulèvement partiel était sérieux, tant et si bien que le 6 juillet 1794, quand ces jeunes gens se réunirent à Astillé avec leurs camarades de *l'autre côté de l'eau,* sous la conduite du célèbre Jambe-d'Argent, ils formèrent un bataillon de cinq cents hommes.

Le coup de main tenté pour chasser les Républicains d'Astillé n'avait pas réussi; le soir, Jambe-d'Argent congédia la plupart de ses hommes et n'en garda que cent avec lui. Après avoir soupé à la Rongère, il vint, avec sa petite troupe, passer la nuit dans les bois de Bergault. Il s'agissait pour le lendemain de déloger le poste républicain établi à Parné. Cette fois le coup réussit à merveille.

Qu'on ne dise pas que ce fait, et d'autres semblables, ont été un mince succès : la guerre incessante entreprise par les Chouans eut un autre résultat général très important : c'est qu'elle fit cesser en beaucoup d'endroits les cantonnements de soldats établis çà et là par la République; et les paysans, n'ayant plus à redouter les perquisitions des bleus, purent, cette année, faire en paix leur récolte. Est-ce à cela, ou à leur attitude réservée, pour ne pas dire effacée, que les habitants de Maisoncelles durent de ne pas voir leur bourg occupé militairement? Toujours est-il qu'en 1794 ils étaient préservés de la charge d'avoir au milieu d'eux un poste de soldats : la preuve positive en est fournie par cet acte de décès dont j'ai pris copie aux archives du greffe de Laval :

« ..... 5ᵉ jour de thermidor an II (c'est-à-dire 24 juillet 1794), Francis Ferrand, cultivateur à la Sellerie, vient déclarer en la salle publique de la maison commune qu'il a trouvé un homme dans le chemin proche la Petite-Lande, lequel était mort. Jean Brillet, secrétaire, accompagné de Louis Bruneau, agent national, et suivi de onze témoins, s'est transporté au lieu indiqué, et tous se sont assurés de la mort du citoyen François Lefaucheux, cultivateur, époux (42 ans) d'Etiennette Guesdon, domicilié à la Pommerais..... *A éte ensuite délibéré, vu la nuit, neuf heures du soir, qu'il étet à propos de le lever et le faire transmuer en la si devant église de la commune de Maisoncelles, ce qui a été exécuté sur le champs. Vers les six heures du matin les Républicains gardes nationaux camptonné à Melay et au Bignion se sont transporté audit bourg de Maisoncelles là où ils ont fait la vérification du cadavre et ont sommé la municipalité de le faire antairer sur le champs, ce qui a été exécuté et jay dressé le présent acte.*

» J. BRILLET. »

Ainsi, quinze jours après le fait d'armes de Parné, qui avait dû tant irriter les Républicains, on laissait encore Maisoncelles tranquille, tandis que le Bignon supportait toujours un cantonnement militaire.

Un peu plus tard, dans cette même année 1794, il y eut une nouvelle réunion de Chouans à Bergault. L'espérance d'organiser le mouvement, jusque-là toujours trop divisé, et de le faire servir à de grands faits, paraissait certaine. Mais alors arriva à Laval le général Hoche, et sa tactique eut bien vite raison de l'insurrection royaliste, où il y avait plus de bonne volonté que d'entente. L'officier républicain recourut d'ailleurs à une habileté dont on peut contester le caractère loyal : il jeta dans les campagnes des bandes de faux Chouans ou de traîtres achetés par lui, et ces hommes, décorés de cocardes blanches, passant partout, découvrirent les dépôts d'armes des insurgés, éventèrent les plans des chefs de paroisse, et surtout réussirent à si bien semer la défiance sur leurs pas, que l'action des vrais Chouans fut entièrement paralysée.

De guerre lasse, la pacification fut convenue à Bazougers au mois de mai 1795, et la Chouannerie cessa sur cette rive gauche de la Mayenne, après n'avoir guère duré qu'un an.

Elle se prolongea un peu plus longtemps de l'autre côté de l'eau ; mais tout enfin se termina en juin 1796.

III. La République, dans sa seconde phase, prit le nom de Directoire. D'après la constitution nouvelle, le législatif appartenait à deux corps, le conseil des Cinq-Cents et le conseil des Anciens. L'exécutif était confié à cinq directeurs. Le Directoire dura depuis la fin d'octobre 1795 jusqu'au 10 novembre 1799.

Une nouvelle division administrative eut lieu en 1796 ; à cette époque, Parné devint chef-lieu de canton et Maisoncelles y fut attaché. C'est en raison de ce lien que nous verrons plusieurs époux de Maisoncelles aller se marier civilement à Parné.

IV. La troisième phase de la République fut le Consulat, qui commença en novembre 1799 et finit le 18 mai 1804. D'après la constitution de cet an VIII, le pouvoir était remis à trois consuls, dont le premier, Bonaparte, devint bientôt maître du gouvernement. Au-dessous, il y avait le Sénat et le Corps législatif.

Sous le Consulat, le pays reçut une nouvelle division. Le département de la Mayenne eut trois arrondissements. Meslay devint chef-lieu de canton et Maisoncelles fit partie du canton de Meslay. A la tête de chaque département fut nommé un préfet. Les maires des communes étaient aussi au choix du gouvernement.

Depuis que le nouvel état de choses existait, il y avait ici, comme pour toutes les autres municipalités, une maison commune avec salle publique ; première mairie servant de centre aux représentants du pouvoir républicain et de dépôt pour les actes civils. Mais où était située cette mairie ? Que sont devenues les premières délibérations de la municipalité ?

Je viens de parler d'actes exclusivement civils : c'était vraiment du neuf pour tout le monde. Non pas que les choses religieuses et les choses civiles fussent confondues jusqu'à cette heure ; loin de là elles étaient en fait, comme elles le sont toujours par leur nature, complètement distinctes. Mais jusqu'à cette époque, l'Etat reconnaissait Dieu et Jésus-Christ au-dessus de lui ; savait que sa mission, en se chargeant du soin des choses temporelles, était de favoriser chaque Français dans sa marche vers les destinées éternelles ; et, tout en luttant parfois avec l'Eglise sur certains points d'administration, ne laissait pas en général d'écouter les enseignements de l'autorité supérieure qui représente Jésus-Christ. Voilà, en dehors même de ses vues et de son action politiques, ce qui caractérisait spécialement l'ancien régime. Aussi, à cette époque, nul ne concevait qu'un enfant vînt au monde sans être immédiatement relié à Dieu par le baptême ; qu'un homme et une femme pussent s'unir ensemble et fonder une famille sans le concours du prêtre ; qu'un Français mort fût enfoui sans croix ni prières. Naître, se marier et mourir, c'était parcourir une carrière avant tout chrétienne, la seule qui soit bonne, la seule qui alors fût protégée par l'Etat.

A partir de 1792, la République, endossant tout de suite, comme si cela eût été de son essence, une théorie opposée, la théorie de la Révolution, prend et mène les choses du pays dans un tout autre sens. Elle ne s'occupe ni de Dieu, ni des destinées éternelles des citoyens; si un jour elle décrète l'existence d'un Etre suprême et commande des fêtes en son honneur, ce sera une impiété de plus, pas autre chose. Pour elle, les hommes ne sont que des citoyens qu'elle soumet exclusivement à son pouvoir : l'enfant qui naît, ce n'est pas un chrétien à former; c'est simplement un Français qu'elle va numéroter, et pour qui elle ouvre un registre, non plus de baptêmes, mais de naissances. Le mariage, à ses yeux, est bon quand un agent municipal a permis à Monsieur et à Mademoiselle de quitter leurs familles et d'aller vivre ensemble; et elle crée le mariage civil! On connaît le mariage naturel et le sacrement de mariage. Mais que peut bien être un mariage civil? Cela sonne comme sœur laïque ou prêtre civil! La mort enfin n'est qu'une disparition fatale : plus de mention de sépulture où se trouve l'espoir d'une résurrection, mais un décès à la suite duquel vont surgir diverses mutations de biens ou d'états de personnes. C'est dans ces nouveaux actes purement civils que se trahit et s'affiche la pensée fondamentale de la Révolution. Si elle n'eût été qu'une modifica tion dans la constitution du pouvoir civil, elle n'eût pas été pire que bien d'autres crises qui se trouvent dans l'histoire de France. Mais elle a voulu couper tous les liens qui joignaient notre pays à l'Eglise, à Jésus-Christ et à Dieu ; et voilà ce qui la rend redoutable et condamnable.

II

MAISONCELLES AU POINT DE VUE RELIGIEUX

Le 2 novembre 1789, l'Assemblée constituante, je l'ai déjà dit, avait décrété que les biens du clergé seraient mis à la disposition de la Nation. C'était toucher à l'Eglise, par son côté temporel, il est vrai ; mais enfin c'était, de la part de l'Etat, sortir de sa sphère propre et introduire dans la situation publique de l'Eglise en France un changement profond, ce qui ne pouvait avoir lieu sans l'agrément du Pape. Les évêques et les curés présents à l'Assemblée n'avaient pas, par eux-mêmes, assez de pouvoirs pour confirmer ce nouvel état de choses. Leur participation à un acte si grave n'eut qu'un funeste résultat : ce fut d'induire en erreur le public chrétien sur la légitimité et la valeur de cette spoliation de l'Eglise. Voilà du moins ce qui m'explique pourquoi tant de prêtres dans les paroisses ne firent aucune difficulté pour dresser l'inventaire de leurs biens, et comment des familles, jusqu'alors honnêtes, ne crurent pas se souiller les mains, en acquérant des biens nationaux.

Première attaque contre l'Eglise. — Une fois posée, cette question de la vente des biens ecclésiastiques alla vite en exécution.

D'abord on demanda par les municipalités (pourquoi pas par l'intermédiaire des fabriques ?) un relevé de cette fortune ecclésiastique ; puis, sans retard, commença la vente.

A Maisoncelles, les biens d'Eglise étaient assez considérables :

1° Il y avait d'abord la dotation immémoriale de la cure. Le 10 février 1790, M. Cormier, curé, rédigea consciencieusement le tableau de ses biens meubles et immeubles, avec, en même temps, l'énumération de ses charges, et remit le tout aux officiers municipaux de sa paroisse. J'ai déjà eu plus d'une fois l'occasion de signaler ces pièces importantes ; c'est même un peu avec leur aide que j'ai pu reconstituer l'ancien domaine de mes prédécesseurs.

Or, d'après mes recherches dans les registres des domaines nationaux, aux archives de Laval, dès le 13 janvier 1791, on voit en adjudication, à Laval, le Buisson, dépendant de la cure de Maisoncelles, tel qu'il se poursuit et comporte. Cette première portion du domaine curial fut adjugée à Etienne Lemonnier de Lorière, demeurant à Avénières, pour la somme de 3.000 livres.

Le Directoire du département (décembre 1790) avait bien intimé à toutes les municipalités l'ordre d'envoyer des commissaires pour assister à la vente des biens nationaux situés dans leur territoire. Mais ni ce jour-là, ni plus tard, aucun habitant de Maisoncelles ne voulut, même par une simple présence, autoriser ce dépouillement ecclésiastique ; aucun non plus, tel a été du moins jusqu'ici le résultat de mes recherches, n'a été acquéreur de bien national, en première main.

Le 10 mars 1791, une nouvelle portion du domaine curial fut mise en vente ; elle se composait :

1° D'un pré d'une hommée ;

2° Une petite coulée de pré d'un quart d'hommée ;

3° Un taillis d'un arpent ;

4° Huit journaux de terre en trois pièces se joignant et appelées les Landes ;

5° Une portion de pré dans le pré de la Rouillère de deux hommées séparées par des bournes ;

6° Une pièce de terre, le Quartier, contenant un demi-journal ;

7° Un pré proche le bourg, de trois quarts d'hommée, nommé la Tuerie ;

8° Deux portions de pré non closes dans les Grands-Jardins, proche le bourg.

Tous ces biens, après plusieurs enchères, furent en bloc adjugés à René Hirbec, de Villiers-Charlemagne, pour 4,500 livres.

Quant au grand pré, voisin du presbytère et devenu propriété de M. de Lorière, je ne sais quand et comment il a été distrait du domaine de la cure.

Dépossédé si promptement de la plus grande partie de ses ressources territoriales, M. le curé Cormier garda au moins encore un abri dans sa maison presbytérale. Elle ne fut certainement pas aliénée à cette époque; elle ne le fut pas non plus dans les années suivantes; la preuve, c'est qu'au mois de juin 1801 elle était encore, avec les presbytères de Gesnes et de Montsûrs, aux mains du gouvernement ; et à cette date le Domaine national l'afferma à M. Louis Beauvais. Voici sur ce sujet la pièce authentique conservée aux archives du presbytère :

« *Procès-verbal d'adjudication.* — Aujourd'hui sept messidor, l'an neuf de la République française.

» Nous, maire et adjoint de la commune de Soulgé, réunis dans la salle de notre mairie où était présent le receveur du Domaine national de cette commune, en conséquence des affiches apposées aux lieux ordinaires et accoutumés indiquant pour ce jour l'adjudication du bail à loyer des objets énoncés ci-dessus au formulaire dont il a été donné lecture, avons annoncé que tout citoyen serait admis à surenchérir pourvu qu'il ne soit point en état d'ivresse, et qu'il présente bonne et suffisante caution ; avons prévenu l'assemblée que la maison presbytérale de Gesnes étant réservée pour un instituteur, il ne sera affermé que la grange et écurie en dépendant...; après quoi, procédant à l'adjudication de la maison presbytérale de Maisoncelles comprise au n° 2 de l'affiche du 15 du mois dernier, nous avons fait allumer un premier feu pendant la durée duquel il a été offert trente francs. Pendant la durée du second feu il a été offert trente et un francs par le citoyen Louis Beauvais, de la commune de Maisoncelles. Pendant le troisième feu, n'ayant été surenchéri, nous, maire de la commune de Soulgé, pour et au nom de la République française, en présence du receveur de l'enregistrement, avons adjugé le bail dudit presbytère à la somme de trente-un francs aux charges du formulaire, au citoyen Louis Beauvais, demeurant commune de Maisoncelles....

» Fait et arrêté par nous, maire et adjoint susdits, lesdits jour et an que dessus. La minute, signée Ledauphin, receveur de l'enregistrement; François Breton, adjoint; Besnier, maire, est enregistrée à Soulgé le 8 messidor an IX. — Reçu un franc quatre centimes pour le bail; cinquante-deux centimes pour le cautionnement; et seize centimes à titre de subvention de guerre.

» Signé : Ledauphin.

» Pour expédition conforme :

» François Breton, adj^t; Besnier, maire. »

Ce document, ce me semble, est décisif. Quant à l'intervention de Louis Beauvais dans cette affaire de location, elle lui fut dictée, j'aime à le croire, par la pensée de mettre et de laisser là, chez lui, le curé de la paroisse, qui bientôt allait être un allié de sa famille, M. l'abbé Meignan.

Le bail ne parle textuellement que de la maison presbytérale; mais, à mon avis, il faut y joindre les servitudes, le jardin et le verger; car nulle part je ne vois la vente particulière de ces accessoires; et d'ailleurs, en raison de la situation topographique, il était presqu'impossible de les séparer du corps de bâtiment principal.

2° Un autre bien d'Eglise, c'était la ferme de la Battrie, appartenant aux moines du Port-Reingeard. La métairie, affermée à cette époque pour 747 livres, y compris les clozes ménagères (1), au sieur Pierre Beauvais, fut vendue le 23 mars 1791 et adjugée à Laval, à Joseph Guittet-Desnoës, bourgeois à Laval, pour 18,000 livres.

3° Il y avait encore la métairie de la Vilaine, qui appartenait aux moines de Toussaint, à Angers.

Je ne sais à qui elle fut adjugée.

4° Il y avait, en outre, la Luvinière, cette importante et vieille fondation destinée à payer un prêtre pour une première messe les dimanches. La métairie fut vendue à je ne sais qui.

5° L'Etat voulut aussi mettre la main sur la terre de la Soucherie, attachée à une chapelle de la Jupellière; mais M. d'Houllières fit opposition à cette vente, et il y eut un sursis jusqu'à la présentation des titres dans la quinzaine. J'ignore quel a été le résultat final de cette contestation entre un propriétaire particulier et le gouvernement.

6° Les quelques biens-immeubles que possédait la fabrique furent aussi saisis et vendus. Je ne sais qui s'en rendit acquéreur. Mais rien ne prouve, n'indique même que l'église paroissiale ait été aliénée.

---

(1) Inventaire dressé par les officiers municipaux d'Entrammes, 10 mai 1790. — Archives départementales.

Cette mauvaise mesure du pouvoir constitutionnel n'ayant pas réussi à remettre l'équilibre dans les finances publiques, on alla plus loin encore, et on chercha à s'emparer des objets mêmes du culte. Dès le 29 août 1791, parut une loi qui ordonnait que les vases, meubles et ustensiles de cuivre et de bronze des chapelles et des églises supprimées fussent envoyés aux divers hôtels des monnaies pour être convertis en pièces de monnaie.

Il n'y avait plus à s'y tromper : c'était vraiment une œuvre de spoliation qui se continuait de parti-pris. L'exécution n'alla pas si vite que pour la première vente ; les agents du gouvernement furent obligés d'envoyer des circulaires pour chauffer le zèle des municipalités. Mais quand, aux archives départementales, on parcourt l'enregistrement de ces états d'inventaires, on sent avec quel plaisir le procureur syndic, à Laval, constate que plusieurs églises ont *obéi à l'invitation qui leur était faite de sacrifier la superfluité de vases d'or et d'argent*. Il cite comme des églises généreuses : la Gravelle, Parné, Astillé, Montigné, Entrammes et la Providence de Laval qui, au 1er février 1793, avaient déjà, à elles seules, fourni 44 marcs d'argent au total. Puis, ce qu'il y a encore de curieux, c'est que cette nouvelle comptabilité était tenue avec un ordre parfait. Certes, tout en affichant un certain respect, et en parlant de *notre sainte religion (sic)*, on savait méthodiquement la dépouiller.

Maisoncelles ne se pressa pas de remplir la loi du mois d'août 1791 ; je ne trouve pas même d'inventaire dressé à cette époque. Il fallut que vînt la loi du

10 septembre 1792, qui confisquait absolument l'argenterie des églises; et alors la municipalité se résigna à faire, le 14 octobre 1792, un inventaire complet que j'ai déjà signalé. Je dis un inventaire, mais rien de plus; la preuve, c'est que, deux ans plus tard, le 19 pluviôse an II (8 février 1794), quand Maisoncelles, poussé à bout, dut enfin, à son tour, faire partir pour Laval l'argenterie de l'église, on trouve, dans le nouvel inventaire rédigé à cet effet, les mêmes objets que dans le premier.

C'est donc à cette dernière date qu'eut lieu le dépouillement total de notre église; dès lors, elle changea de destination et, comme dans beaucoup d'autres localités, devint très probablement le lieu de réunion des électeurs de la commune. On se rappelle que le maire, M. Brillet, le 5 thermidor an II (24 juillet 1794), en y faisant déposer un soir le cadavre d'un homme, l'appelait sans façon *la ci-devant église.*

En train de céder, les officiers municipaux poussèrent la docilité jusqu'à fouiller le *trésor de la fabrice* « dans lequel, dirent-ils, nous avons trouvé 124 livres
» 16 sols 6 deniers; sur laquelle somme nous avons
» payé 34 livres 6 deniers au percepteur des contri-
» butions foncières. Reste celle de 90 livres 15 sous
» que nous vous envoyons en vous priant de vouloir
» bien nous en accuser la réception, et même si vous
» jugiez à propos, une décharge. S'est de la part de
» vos concitoyens les officiers municipaux de Mai-
» soncelles (1) ».

---

(1) Même inventaire que ci-dessus, p. 59. Cet extrait en est la fin.

Du reste, quelques mois auparavant, ils s'étaient fait la main en allant dévaliser la chapelle des Bigottières ; voici là-dessus le résumé d'une pièce que j'ai trouvée aux archives départementales : « L'agent national de la commune de Maisoncelles, nommé Bruneau, accompagné de deux officiers municipaux, A. Brillet, maire, et J. Brillet, secrétaire, s'est transporté, avec deux citoyens couvreurs, au ci-devant château de la Bigottière, et les a requis de descendre les plombs qui sont sur la ci-devant chapelle. Ces plombs descendus pesaient 432 livres : puis, de suite sur réquisition, ont été conduits par Jean Périer, métayer à la Motte, à Laval, pour être joints aux chiffons (*sic*) rassemblés au magasin du district.

» 5 prairial an II de la République.

» Signé : BRILLET, maire ; BRUNEAU, agent ; J. BRILLET, secrétaire. »

Tout cela évidemment se faisait sous la pression néfaste de ce Bruneau. Mais quel temps que celui où un seul homme, peut-être étranger au pays, suffisait pour terroriser tout une paroisse !

Deuxième attaque contre l'Eglise. — Si grave qu'elle fût, la spoliation des biens ecclésiastiques n'était, à un point de vue, qu'une large déchirure dans le manteau de l'Eglise ; même ainsi dépouillés, évêques et prêtres restaient toujours ce qu'ils étaient, et gardaient toujours leurs mêmes troupeaux. La *constitution civile* du clergé attaqua plus profondément la religion ; c'était une désorganisation complète de toutes les juridictions religieuses jusqu'ici reconnues et établies.

Cette élaboration de l'Assemblée constituante supprimait les cent trente-cinq évêchés existant alors en France, et en créait un tout neuf dans chaque département, ce qui faisait seulement quatre-vingt-trois évêchés. De plus, elle statuait que ces nouveaux évêques, au lieu d'être nommés conformément au vieux Concordat de Léon X, seraient choisis par les électeurs civils, et demanderaient leurs pouvoirs, non pas au Pape, mais au Métropolitain ou au plus ancien évêque de la province. Enfin, elle réglait que les curés seraient nommés, à leur tour, par les électeurs civils. Evêques et curés ainsi nommés devaient prêter serment à ladite constitution.

A cela, dit un historien (1), l'Assemblée constituante avait autant de droit et de pouvoir que les rescrits de Néron, de Dioclétien et du Grand-Turc à régler la juridiction des apôtres et de leurs successeurs.

Lorsque cet ensemble d'innovations sacrilèges fut présenté à la sanction du Roi, sa conscience en fut épouvantée, et les catholiques espérèrent que Louis XVI refuserait de s'associer à une loi impie. De toutes parts le clergé et les fidèles s'émurent. Partout on fit des neuvaines, des jeûnes, des prières, en vue du salut de la foi et de l'Eglise de France.

De son côté, Louis XVI avait secrètement consulté le Souverain Pontife sur cette constitution civile du

---

(1) Rorhbacher. — Tom. XIV, p. 300 et suivantes.

clergé, et il l'avait respectueusement adjuré d'examiner si des concessions n'étaient pas possibles ou opportunes, Pie VI avait répondu : « ..... Nous sommes spécialement chargé du devoir, non plus de vous rappeler vos obligations envers Dieu et envers vos peuples, car nous ne croyons pas que jamais vous soyez infidèle à votre conscience, ni que vous adoptiez les fausses vues d'une vaine politique ; mais, cédant à notre amour paternel, *de vous déclarer et de vous dénoncer de la manière la plus expresse que si vous approuvez les décrets relatifs au clergé, vous entraînez par cela même votre nation entière dans l'erreur, le royaume dans le schisme,* et peut-être vous allumez la flamme dévorante d'une guerre de religion..... Votre Majesté a dans son conseil deux archevêques, dont l'un, pendant tout le cours de son épiscopat, a défendu la religion contre les attaques de l'incrédulité ; l'autre possède une connaissance approfondie des matières de dogme et de discipline. Consultez-les ; prenez avis de ceux de vos prélats, en grand nombre, et des docteurs de votre royaume, distingués tant par leur piété que par leur savoir. Vous avez fait de grands sacrifices au bien de votre peuple ; mais, s'il était en votre disposition de renoncer même à des droits inhérents à la prérogative royale, vous n'avez pas le droit d'aliéner en rien ni d'abandonner ce qui est dû à Dieu et à l'Eglise, dont vous êtes le fils aîné..... Donné à Rome, à Sainte-Marie-Majeure, le 10 juillet 1790, la 16e année de notre pontificat. »

Les deux archevêques ainsi désignés, étaient Mgr

de Pompignan, archevêque de Vienne, et Mgr de Cicé, archevêque de Bordeaux. Hélas ! sous l'inspiration de je ne sais quelles préoccupations, les deux prélats eurent la pusillanimité d'engager le Roi à souscrire aux volontés de l'Assemblée constituante ; et, le 24 août 1790, Louis XVI apposa sa signature sur la constitution civile du clergé, sanctionnant ainsi l'établissement d'un vrai schisme (1).

Forte de cette approbation royale, l'Assemblée constituante poussa activement l'exécution de sa constitution ; le 27 novembre 1790, elle fit un décret obligeant les évêques et les curés, dans le délai de huit jours, à prêter serment à la constitution, sans quoi il seraient censés avoir renoncé à leurs fonctions. La cérémonie devait se faire un dimanche, en chaire, à la grand'messe en présence des officiers municipaux.

Que de choses étranges ! et quelles énormités ! c'est à partir de ce jour que commencèrent les plus graves difficultés.

D'abord il y eut établissement schismatique d'un évêque à Laval. Le 12 décembre 1790, les électeurs nommèrent M. l'abbé Desvaupons, prêtre recommandable et grand vicaire de Dol. Mais n'ayant accepté que provisoirement, il donna sa démission le 22 février 1791. Du reste, il ne fut pas consacré, et ne fit aucun acte d'administration. A cette date le Pape n'avait pas encore parlé ; mais par un bref du 13 avril 1791

---

(1) Même auteur. — L'archevêque de Vienne en mourut de douleur et de remords. L'archevêque de Bordeaux publia plus tard une humble et pieuse rétractation.

adressé à tout le clergé et aux fidèles de la France, il condamna la *constitution civile* et ordonna à tous les ecclésiastiques assermentés de rétracter leur serment dans un délai de quarante jours sous peine de suspense. Désormais la lumière était faite ; et pour tous les bons prêtres, il n'y avait plus d'hésitation possible sur la ligne de conduite à tenir.

Les électeurs du département, ne voyant aucun ecclésiastique un peu marquant du pays qui voulut accepter l'épiscopat de leur main, choisirent un étranger du Midi, le Père Villar, principal du Collège de la Flèche, où les religieux Doctrinaires avaient remplacé les Jésuites (1). Malgré la condamnation pontificale, Villars se fit sacrer à Paris le 22 mai 1791 et arriva à Laval, le 30, mardi des Rogations. Le 4 juillet il publia, paraît-il, une lettre pastorale. A quoi bon en parler autrement ? Le clergé du pays se tint généralement à l'écart, et l'évêque intrus eût bien de la peine à trouver les prêtres nécessaires à son administration ; pour vicaires généraux, il en fut réduit à prendre un nommé Guilbert, vicaire de Viviers, et Martin, vicaire de Torcé. Le premier fut en même temps chargé de la direction d'un prétendu grand séminaire ; à la fin de 1793 il apostasia, et devint le plus impie et le plus féroce des révolutionnaires de Laval : il faisait partie de la commission qui condamna à mort quatorze prêtres fidèles, restés à Patience et exécutés le 21 janvier 1794. Villar gouverna son

---

(1) *Id.* — La congrégation des Doctrinaires avait été fondée par le vénérable César de Bus et approuvée par le pape Clément VIII. — 1592 à 1605.

nouveau diocèse pendant seize mois, et fit plusieurs ordinations. Le 2 novembre 1792, ayant été nommé, par la ville de Mayenne, député pour la Convention, il partit pour Paris et ne revint pas.

A la fin de 1798, parut à Laval un deuxième évêque schismatique ; c'était, l'abbé d'Orlodot, curé de Saint-Vénérand. Il fut sacré dans son église paroissiale le 7 avril 1799 par Lecoz. On s'occupa peu de lui. Du reste, il dût disparaître quand Bonaparte renversa le Directoire et fit cesser les déportations. (9 novembre 1799).

En face de ces mercenaires mitrés, subsistait toujours la vraie et légitime autorité de l'évêque catholique du Mans, Mgr de Gonssans.

Le 18 juin 1791, en vertu de pouvoirs obtenus du Pape, il donna aux prêtres la permission de célébrer la messe et d'administrer les sacrements dans les maisons particulières, même, s'il le fallait, sans soutane, sans surplis, sans étole, sans ornements ecclésiastiques, et de se servir de calices d'étain ou de verre et même de fer-blanc. Les prêtres pouvaient aussi consacrer ces vases et les pierres d'autel. Précautions nécessaires, mais qui dépeignent éloquemment l'état lamentable où allait tomber la France jadis si chrétienne !

Obligé de quitter son diocèse, Mgr de Gonssans se réfugia d'abord en Angleterre. De là, en 1797, il était revenu à Paderborn, pour veiller de plus près et avec moins de difficultés sur son troupeau. Ce fut au mois de juin qu'après avoir établi un administrateur général, aidé d'un conseil et en résidence au Mans, parce que ce prêtre sexagénaire n'était point sujet à la déportation, il partagea son diocèse en vingt missions, ayant chacune un supérieur à sa tête.

Maisoncelles fit partie de la sixième mission, dont le centre était à Sablé, et qui comprenait quarante-deux paroisses (1).

A la mort de Mgr de Gonssans, arrivée à Paderborn en janvier 1799, la légitime autorité diocésaine ne cessa pas pour cela. D'après les règles de l'Eglise, les chanoines de la cathédrale, présents au Mans, au nombre de six, élurent pour vicaire capitulaire M. Duperrier, qui depuis lors jusqu'à l'installation de Mgr de Pidoll (6 juillet 1802), gouverna le diocèse.

Sous cette haute direction, subsistait toujours aussi le pouvoir du clergé paroissial, mais forcé à son tour, comme l'était en même temps la puissance épiscopale, de lutter contre des obstacles que nul ne connaissait plus.

Dès la fin de 1790, M. Cormier, curé de Maisoncelles, et M. Huchedé, son vicaire, furent mis à l'épreuve ; il s'agissait de prêter serment à la fameuse *constitution civile* dont on a déjà tant parlé. D'après tous les historiens, les deux prêtres firent le serment mais avec restriction, c'est-à-dire en déclarant qu'ils n'acceptaient cette loi qu'en tant qu'elle n'avait rien d'opposé à l'Eglise, et qu'ils la condamnaient si elle était réprouvée par le Pape. C'était agir peut-être avec moins de vaillance que les fiers ecclésiastiques

(1) *Mémoires sur le district d'Evron*, par M. Gérault.

qui, du premier coup et en bloc rejetèrent cette loi ; je me trompe, ce n'était pas une loi puisqu'elle dépassait la compétence du législateur ; mais, même avec une telle réticence, cette attitude était encore correcte ; et par là curé et vicaire restaient avec les bons prêtres. C'est si vrai que l'un et l'autre furent avec raison regardés par le directoire de Laval, qui ne se trompait pas là-dessus, comme non assermentés, et à ce titre, l'année suivante, au mois de mars 1792, ils furent obligés de quitter la paroisse et de se rendre à Laval pour être à la disposition du comité révolutionnaire.

Ils étaient là, avec quatre cent quatre-vingt de leurs confrères, obligés tous les jours d'aller à dix heures à l'église des Cordeliers pour répondre à leur appel nominal, et vivant de la charité des Lavallois, admirables en cette circonstance.

Au mois de septembre 1792, pendant que la plupart de ces quatre cent quatre-vingts prêtres catholiques étaient déportés à Jersey, les autres furent enfermés à la maison commune de Patience. M. Cormier et M. Huchedé entrèrent dans cette glorieuse prison. Ils y restèrent un peu plus d'un an, jusqu'au 23 octobre 1793. A cette époque, on se le rappelle, l'armée Vendéenne approchait de Laval. Les Républicains alarmés et ne voulant pas que les prêtres, injustement détenus, au nombre de quatre-vingt-huit, fussent délivrés par les Royalistes, les attachèrent deux à deux, et les firent partir pour Rambouillet. La marche fut rapide autant que cruelle ; le 2 novembre, nos vénérables captifs arrivèrent à Chartres ; et le 26 du même mois, ils entraient dans les cachots qui leur étaient réservés.

M. Cormier et M. Huchedé étaient de cette phalange de victimes ; n'ayant pu mourir de tant de misères, ils restèrent dans les prisons de Rambouillet jusqu'à la fin de mars 1795.

Que devint M. l'abbé Moisson, titulaire de la Luvinière ? Je l'ignore.

Quant à M. l'abbé Meignan, qui n'avait fait qu'apparaître ici avant la Révolution, et qui ne remplissant pas dans la paroisse de ministère régulier, échappait, ce me semble, à la loi de proscription, il émigra en Espagne, grâce à un secours pécuniaire généreusement fourni par M. le comte du Boberil, de Saint-Saturnin-du-Limet.

« Outre ces prêtres, raconte Dom Piolin, un nommé Lebucle ou Lebeugle, de Maisoncelles, qui n'était que minoré, fut déporté à la Rochelle en 1793 ; il mourût sur les pontons de la rade de l'île d'Aix en 1794 (1). »

Pendant ces trois années d'absence du vrai clergé paroissial, — de 1792 à mars 1795, — que devint Maisoncelles ?

On avait promis la liberté, et on tortura horriblement la conscience des catholiques. La première chose qui fut faite après le départ de M. Cormier et de M. Huchedé, ce fut l'envoi ici d'un curé constitutionnel, du nom de Jean-Baptiste Lesainthomme.

---

(1) *Histoire de l'Eglise du Mans pendant la Révolution*, par D. Piolin, — *passim*.

Qui était-il ? D'où venait-il ? Qu'avait-il fait antérieurement ? Nul ne le sait. Pauvre homme, qui justifiait si mal son nom, il arriva là, choisi par les électeurs du district, et n'ayant pas plus de pouvoirs que son évêque intrus, Villar, vrai loup dans la bergerie. Tout recours à son ministère était absolument illicite, je l'affirme ; les paroissiens ne pouvaient s'adresser à lui ni pour les baptêmes, ni pour les sépultures, encore moins pour la confession et le mariage ; le dimanche même, ils ne devaient pas assister à sa messe. La raison de tout cela est bien simple ; c'est que, pour la légitimité du culte religieux, il ne suffit pas que les cérémonies soient accomplies par le premier venu habillé en soutane ; il faut que le ministre de l'autel soit nommé par le véritable évêque diocésain, et que l'évêque le soit déjà par le Pape, d'où s'écoule toute juridiction dans l'Eglise. En dehors de cette hiérarchie, il n'y a plus que division, désordre, péché pour tout le monde.

Quelle situation douloureuse pour les bons et fidèles chrétiens ! Obligés de passer près de leur église sans pouvoir y entrer, entendant sonner la cloche, et n'allant pas à son appel, privés de tous les exercices publics qui font la vie d'une paroisse ; on peut dire vraiment qu'ils étaient exilés chez eux : leur état était pire qu'en pays de mission. C'est la majorité, et la très grande majorité des habitants de Maisoncelles qui fut ainsi atteinte dans ses convictions religieuses ; très peu de paroissiens, en effet, se rangèrent du côté de l'intrus Lesainthomme. J'en trouve la preuve, non pas précisément dans les registres paroissiaux où son nom apparaît quelquefois jusqu'au 3 novembre 1792, époque de la clôture des registres religieux et de l'ouverture des registres exclusivement civils ; car dans l'intervalle qui remonte de cette date à celle de son arrivée ici, mai ou juin 1792, Lesainthomme baptisa solennellement trois enfants : Perrine Lepage, Victoire Friquot et Renée Leterme, et fit trois sépultures : Pierre Simon, de la Haudardière, 19 août 1792 ; Marie Lelièvre, de Soulou, 29 septembre, et François Ferrand, de la Boulayère, 2 novembre ; mais pas un mariage. C'était, il faut en convenir, le ministère courant. La preuve positive du fait que j'avance, vient d'un autre côté ; elle est, toute claire et toute évidente, dans le nombre étonnant de baptêmes et de mariages que plus tard M. Huchedé eut à faire, à son retour en 1795, et dont tout à l'heure on verra la série : si tant de familles s'empressèrent de recourir au ministère du vrai prêtre catholique, c'est qu'elles avaient justement récusé celui du prêtre schismatique. Honneur donc aux paroissiens de Maisoncelles ! Si leur goût n'était pas de prendre les armes et de faire du bruit pour défendre la cause de Dieu et du Roi, du moins ils restèrent solidement fidèles, là, à leur place ; et il y a de ces résistances passives qui valent bien des attaques tumultueuses !

Jusqu'à quand Lesainthomme resta-t-il au milieu de cette population qui, presque tout entière, le dédaignait ? Aucun registre ne l'indique expressément, puisque à la mairie on n'avait plus besoin de ses actes religieux, et que d'un autre côté l'Eglise catholique n'a pas eu à garder ce qui était contre elle. Mais je pense qu'après avoir terminé ici l'année 1792, il y passa encore au moins une partie de 1793, toléré par la municipalité qui, malgré son bon vouloir secret, n'était pas maîtresse de toutes ses déterminations, soutenu plus probablement par l'agent national Bruneau, qui avait ses raisons d'être dévoué à la République. Ce qui est certain, c'est qu'en 1794 il devait avoir décampé, puisqu'en février tous les objets du culte furent expédiés à Laval, et que l'église paroissiale, suivant le langage officiel du maire, devint la *ci-devant église*.

1793, 1794, deux années abominables ! Ce fut alors que le Roi fut guillotiné ; que le calendrier fut changé et la religion abolie, les prêtres constitutionnels même furent proscrits à leur tour ; plus de saints, mais des jours consacrés aux légumes, aux animaux; plus de dimanches, mais le *Décadi* qui revenait tous les dix jours ; plus de Dieu, mais le culte de la Raison. A la voix des commissaires répartis dans les différentes parties du département, les croix, les calvaires, les crucifix, tombent, sont brisés. En beaucoup d'endroits les églises sont transformées en corps de garde, en lieux de réunion pour les assemblées électorales, en salle de fêtes aux jours de *Décadi* ; ça et là même on installe sur les autels des filles à demi-nues, et les hommes qui ne veulent plus se mettre à genoux devant Jésus-Christ, vont adorer « le marbre vivant d'une chair publique (1) ».

Je ne crois pas que ces atrocités se soient jamais

---

(1) **Parole du P. Lacordaire.**

commises à Maisoncelles ; on n'en garde du moins aucun souvenir. Mais quel temps d'enfer que cette période de la Terreur ! Fasse Dieu qu'elle ne reparaisse jamais en France !

Ce régime de la Terreur cessa à Paris le 27 juillet 1794, à la mort de Robespierre ; dans les départements, il se prolongea jusqu'au mois d'octobre.

Durant tout cet intervalle de temps, la vie commune et civile allait petit à petit. En 1793, il y eut un seul mariage civil, René Chaliand, d'Entrammes, et Louise Meignan, de Maisoncelles (11 février 1793). Onze décès furent déclarés à la mairie.

En 1794, huit naissances, six sépultures, un mariage civil, Etienne Geslot, d'Entrammes, et Marie Bourdoiseau, de Parné. La bénédiction nuptiale ne fut donnée que le 16 juin 1795, par M. l'abbé Huchedé, dans la chapelle de la Jupellière.

En 1795, douze naissances, quinze sépultures ; pas un mariage civil.

Relativement aux naissances, il n'y avait pas de difficultés pour les catholiques ; le baptême pouvait être donné à la maison par n'importe qui, les cérémonies solennelles restant réservées pour des jours meilleurs. Quant aux décès, on ne se compromettait en rien en les déclarant à la mairie ; le seul et vif regret était pour les moribonds de ne pouvoir recevoir les derniers sacrements, et pour les familles de ne pouvoir accompagner leurs morts au cimetière avec le signe de la Rédemption. Le grand embarras concernait les mariages ; comme entre chrétiens, depuis le concile de Trente qui a défendu la clandestinité, il n'y a pas de lien matrimonial sans la présence du prêtre, il fallait régulièrement ou différer le mariage ou chercher quelque part un prêtre ayant juridiction. Cependant, dans l'impossibilité absolue d'avoir un prêtre catholique, et d'après l'enseignement (1) d'un supplément de catéchisme autorisé dans le diocèse, qui rappelait sur ce point les décisions de Bénoit XIV et celles plus récentes de Pie VI, les futurs époux pouvaient, après s'être excités à la contrition, se donner le consentement mutuel de mariage en présence de trois ou quatre témoins. L'effet civil du contrat n'étant plus assuré par la présence du propre prêtre, ils allaient ensuite faire à l'officier municipal la déclaration du mariage.

Quant à cette démarche, qui était une nouveauté, et en attendant le Code civil qui n'était pas encore rédigé, voici comment s'accomplissait la cérémonie. Après un affichage de leurs bans à la porte de la maison commune, les époux se présentaient à la mairie ; là, en présence ou du consentement écrit des parents, et avec l'assistance de plusieurs témoins, le citoyen-maire donnait lecture des actes de naissance de ces futurs ; puis ceux-ci déclaraient à haute et intelligible voix qu'ils se prenaient pour époux ; le maire ajoutait : Au nom de la loi, je vous déclare unis ; on dressait procès-verbal du tout ; et c'était fini.

Cette formalité s'accomplissait à cette époque soit avant, soit après le mariage religieux : c'est beaucoup plus tard que, sous prétexte de liberté per-

(1) *Histoire du catéchisme dans le diocèse du Mans depuis* 1508, par M. Angot, p. 64. — 1886.

fectionnée, on en viendra à dire aux gens : vous n'irez recevoir la bénédiction nuptiale du curé que quand M. le Maire vous l'aura permis. En fait, la grande majorité des futurs, à Maisoncelles et dans les paroisses voisines, se mariaient d'abord devant un prêtre catholique avant de se faire enregistrer à la mairie : c'est ce qui explique, comme on le verra dans les tableaux suivants, que pendant l'absence de M. Cormier et de M. Huchedé, il y a si peu de mariages ; tandis que, une fois connu le retour secret de ce dernier prêtre, on accourt de tous côtés près de lui, ou bien on le fait venir pour recevoir la bénédiction nuptiale, et du même coup, les mariages civils se multiplient subitement.

En 1796, il y eut cinq naissances, six décès, et un seul mariage. Jean Brillet, secrétaire de la municipalité, et veuf, se maria avec Marie Haran, de Villiers, devant René Brillet, maire ; l'adjoint était Jean Périer. Mais, le 24 novembre 1795, M. l'abbé Huchedé était allé secrètement, et du consentement de M. Deslandes, vicaire de Villiers, bénir ce mariage dans la ferme de Motreuil, domicile de Mlle Haran. Ce fait d'un employé de la municipalité de Maisoncelles, et frère du premier magistrat du village, qui entre si franchement en relations avec un prêtre catholique encore proscrit, et qui veut être marié par lui avant de se présenter au bureau de sa propre mairie, est tout à fait caractéristique.

En 1797, il y eut huit mariages civils ; presque tous eurent lieu à dix heures du matin. Dans l'acte d'un de ces mariages, il est dit, pour indication du jour, que c'était le deuxième Décadi, 20 vendémiaire. On le voit, il fallait quand même suivre le nouveau calendrier !

En 1798, douze mariages civils; en 1799, six seulement, qui, d'après une loi du 13 fructidor an VI (30 septembre 1798) furent célébrés, non plus à la mairie de Maisoncelles, mais à celle de Parné, chef-lieu de canton, à dix heures du matin et aux jours Décadis. La République sentait que son jour de fête civile, établi pour supplanter le dimanche chrétien, était déserté par les populations catholiques; et pour y rallier à tout prix un peu de public, elle déplaçait les familles à l'occasion des mariages de leurs membres, et faisait venir les noces au chef-lieu de canton.

Acheminement et retour à la tranquillité. — En février 1798 la Convention avait reconnu le droit des citoyens à exercer leur culte, mais sans cérémonie extérieure ; et au mois de mai de la même année, elle porta un décret qui cédait aux fidèles les églises non aliénées. Bien que la pensée de ces mesures fut évidemment de favoriser les partisans de l'église constitutionnelle, il en résulta cependant une relâche sensible dans la persécution contre les catholiques. Dès la fin du mois de mars 1795, les prisons de Rambouillet furent ouvertes ; et les prêtres fidèles, enfermés là depuis trois ans, furent mis en liberté.

M. Cormier alla je ne sais où, refaire un peu sa santé ; il ne reparut à Maisoncelles que deux ans plus tard, au mois de juillet 1797.

Quant à M. l'abbé Huchedé, il se hâta courageusement de revenir dans la paroisse ; et le 15 juin 1795, je le retrouve faisant un mariage dans la chapelle de la Jupellière. Par prudence, il ne se montra ni au presbytère, ni à l'église, qui restèrent fermés pendant deux ans encore, mais il se réfugia soit à la Jupellière où se trouvait une cachette que j'ai vue moi-même, soit à la ferme de la Rairie, paroisse du Bignon, où l'on montre dans le grenier de la maison l'emplacement du pauvre autel sur lequel, lui et plusieurs autres confrères cachés là aussi, ont tant de fois célébré la sainte messe : c'était un sûr abri, protégé par le voisinage des bois de Bergault, et défendu un peu aussi, j'aime à le croire, par la bienveillance des Brillet avec qui, on se le rappelle, le prêtre ex-prisonnier, noua promptement de bonnes relations. De là, le proscrit, devenu vraiment apôtre, portait, de nuit plus que de jour peut-être, jusque dans les paroisses voisines, le secours de son ministère sacré aux bons chrétiens que la République ne pouvait détacher de Dieu ni de l'Eglise. De ces actes religieux il ne reste, consignés par écrit, que les baptêmes et les mariages ; mais que ces pages de registres sont intéressantes à parcourir ! Elles attestent que ces paysans de l'ancien régime, dépeints si souvent comme de malheureux esclaves, ne se sont pas courbés devant la persécution et n'ont pas renié leur Dieu pour se vendre ! Les familles actuelles qui comptent de tels ancêtres doivent en être fières ; et c'est pour assurer la possession de cet honneur à qui de droit, que je veux au moins donner ici la liste des mariages chrétiennement contractés en ces années de tourmente révolutionnaire.

Mariages *légitimement contractés en présence de M. l'abbé Huchedé, prêtre catholique, vicaire de Maisoncelles, et bénits par lui, avec la permission de Monseigneur de Gonssans, évêque du Mans, et avec dispenses de publications de bans ainsi que de domicile.*

PAROISSE DE MAISONCELLES

Dans la chapelle de la Jupellière.

15 juin 1795. — Jean Guérin et Magdelaine Meslay, de Parné.

16 juin. — Etienne Geslot, d'Entrammes, et Marie Bourdoiseau, de Parné.

17 juin. — Jean Chauvet et Etiennette Fouassier, l'un et l'autre d'Arquenay.

25 juin. — Jean Verger et Perrine Dutier, l'un et l'autre de Parné.

8 juillet. — François Leterme, de Parné, et Renée Bouilleau, de Maisoncelles.

14 juillet.— François Marcadé et Perrine Duchesne, l'un et l'autre d'Argentré.

1er septembre. — René Blandet, de Maisoncelles, et Jacquine Bourgonnier, veuve Lepage, d'Entrammes.

29 septembre. — Marin Landelle et Jeanne Guiard, l'un et l'autre de Parné. (En présence de M. Gernigon, curé de Chazé-Henry, et de Claude Barbançon, diacre, lesquels ont signé).

22 octobre. — Pierre Potier, de Cossé-le-Vivien, et Renée Bouvet, de Villiers-Charlemagne.

26 octobre. — Jean Paumard et Perrine Martigné, d'Entrammes. (Il n'y a à Maisoncelles qu'une note indiquant la célébration du mariage, et constatant que l'acte a été trouvé et déchiré par les soldats de la République.)

10 novembre. — François Paumard, de Maisoncelles, et Jeanne Lelièvre, de Parné.

12 janvier 1796. — Joseph Chevalier, de la Bazouge-de-Chemeré, et Thérèse Aubigné, de Meslay.

4 février. — Jacques Bourgonnier, d'Arquenay, et Louise Fouassier, d'Arquenay.

23 mai. — Etienne Liger et Françoise Faucheux, d'Arquenay.

12 juillet. — Hyacinthe Besnier, de Préaux, et Renée Leduc, veuve Besnard, de Préaux.

23 juillet. — Olivier Dutier et Renée Ory, veuve Belanger, l'un et l'autre d'Entrammes.

28 juillet. — Joseph Baloux, du Petit-Nuillé, et Perrine Duval, de Parné.

1er août. — Joseph Cotton, de la Bazouge, et Scholastique Mé, de Meslay.

24 août. — Julien Guiard et Renée Hion, les deux d'Arquenay.

30 août. — François Bourdais et Louise Tavau, l'un et l'autre d'Entrammes.

11 octobre. — Jean Rezé et Marie Fournier, de Maisoncelles.

17 octobre. — François Verger, de Parné, et Louise Adam, veuve Cocmer, de Bonchamp.

25 octobre. — François Guiard et veuve Lepage, l'un et l'autre de Parné.

25 octobre. — Pierre Guiard et Perrine Guérin, l'un et l'autre de Parné.

26 octobre. — Noël Meignan et Jeanne Clavereul, de Maisoncelles.

31 octobre. — Charles Triquerie et Anne Brehin, tous deux de Bazougers.

7 novembre.— Jean Maline, d'Entrammes, et Renée Brault, veuve en premières noces de Louis Leroi, en deuxièmes noces, de René Guiard, de Parné.

9 novembre. — Mathurin Peltier, d'Arquenay, et Angélique Lancelin, aussi d'Arquenay.

12 novembre. — Pierre Reauté, de Parné, et Françoise Boutreuche, d'Avénières.

10 janvier 1797. — François Garrot, de Maisoncelles, et Anne Guérin, de Maisoncelles.

12 janvier. — Etienne Duval, de Parné, et Louise Hérivau, de Parné.

14 janvier.— Antoine Ratelade, de Parné, et Renée Gari, dont le domicile n'est pas désigné.

16 janvier. — Julien Hubert, de Parné, et Marie Peschard, de Bazougers.

17 janvier.— René Martigné, d'Entrammes, et Anne Haque, aussi d'Entrammes.

18 janvier. — François Sauvage, de Parné, et Julienne Landais, veuve Garrot, de Soulgé-le-Bruant.

30 janvier. — Charles Blandet et Anne Blu, l'un et l'autre de Maisoncelles.

31 janvier. — Pierre Haques, d'Entrammes, et Louise Lelièvre, de Maisoncelles.

24 février. — Jean Bouvier et Françoise Fournier, tous deux de Parné.

27 février. — Mathieu Pelé, de Maisoncelles, et Françoise Houdu, de Saint-Vénérand de Laval.

24 avril. — Charles Courceile, de Maisoncelles, et Anne Cosson, de Parné.

25 avril. — René Guiard, d'Entrammes, et Etiennette Courcelle, d'Entrammes.

6 juin. — Pierre Duval, de Bazougers, et Renée Monloré, de Parné.

12 juin. — René Rabbé, d'Entrammes, et Marie Gâteau, aussi d'Entrammes.

13 juin. — Julien Perrier, d'Arquenay, et Jeanne Oger, aussi d'Arquenay.

26 juin. — Jean Abafour, de Parné, et Marie Perrier, aussi de Parné.

27 juin. — Félix Dubré et Scholastique Langlois, tous deux de Maisoncelles.

(*Même après le retour du curé, M. Huchedé continue son ministère à la Jupellière.*

25 juillet. — Jean Bruno, d'Arquenay, et Marie Talvaz.

16 juillet 1798. — Jean Leclerc, de Maisoncelles, fermier à la Jupellière, et Jeanne Patié, aussi de Maisoncelles.

7 janvier 1800. — Marin Buchot, de Bazougers, et Perrine Peslier, aussi de Bazougers.

17 février. — Jean Paumard, d'Entrammes, et Renée Logeais, aussi d'Entrammes.

25 février. — François Leroi, de Forcé, et Julie Bastier, de Forcé.

21 avril. — Pierre Poulain et Anne Jupin, tous deux de Parné.

23 avril. — Denis Barillet, d'Entrammes, et Jeanne Guilmaux, de Laval.

A la Tremelière (1).

14 février 1797. — Etienne Cosnard, de Maisoncelles, et Jeanne Heaumé, de Parné.

Aux Rouëries (2).

10 octobre 1797. — François Lion, de Parné, et Magdelaine Leroi, aussi de Parné.

14 octobre. — René Hériveau, d'Arquenay, et Jeanne Heaumé, aussi d'Arquenay.

30 octobre. — Jean Geslot, d'Arquenay, et Jeanne Boisseau, de Parné.

3 novembre. — Guillaume Cheron, d'Arquenay, et Jeanne Meignan, aussi d'Arquenay.

15 janvier 1798. — Jacques Bouvier, de Parné, et Renée Hiaumé, aussi de Parné.

16 février. — Jean Paumard, de Parné, et Anne Hairain, de Loiron.

9 octobre. — René Angot, d'Entrammes, et Jeanne Bruno, dont le domicile n'est pas indiqué.

A la Roulière (3).

19 février 1798. — François Leroy, d'Entrammes, et Marie Martel, aussi d'Entrammes.

(1) Le fermier se nommait Cosnard.
(2) Le fermier se nommait Bouvet.
(3) Le fermier se nommait Bourgonnier.

A la Bretonnière (1).

8 octobre 1798. — René Gary, de Parné, et Thugale Legerot, aussi de Parné.

11 octobre. — René Verdier, d'Entrammes, et Françoise Lepage, aussi d'Entrammes.

13 octobre. — Edmond Lelièvre (67 ans), de Parné, et Marie Gouesse, veuve Legerot, aussi de Parné.

25 octobre. — Julien Priou, d'Entrammes, et Marie Lepage, aussi d'Entrammes.

30 octobre. — Etienne Lepage, de Parné, et Marie Taupin, aussi de Parné.

A la Mégnannerie (2).

21 octobre 1799. — René Blu, de Villiers-Charlemagne, et Catherine Lepage, d'Entrammes.

18 février 1800. — François Garrot, de Maisoncelles, et Marie Duval, de Parné.

PAROISSE DE PARNÉ

A la Buchetière.

27 octobre 1796. — François Marpau et Etiennette Lepage, l'un et l'autre de Parné.

Aux Roseaux.

21 février 1797. — Pierre Bobard et Mathurine Fournier, tous deux de Parné.

---

(1) Le fermier se nommait Rezé.
(2) Le fermier était un Garrot.

A Orvilette.

29 avril 1797. — Pierre Ledoux et Jeanne Fournier, tous deux de Parné.

19 octobre. — Julien Butier, de Maisoncelles, et Françoise Redon, aussi de Maisoncelles.

20 octobre. — Pierre Chaperon, de Parné, et Jeanne Guérin, aussi de Parné.

10 février 1800. — Michel Morin, d'Entrammes, et Perrine Bouvier, aussi d'Entrammes.

A Launay-Fouassier.

31 octobre 1797. — Denis Geslot, d'Arquenay, et Jeanne Duval, de Parné.

Au Grand-Moulinet.

24 avril 1800. — Julien Solier, de Parné, et Rose Répussard, aussi de Parné.

Chapelle de Sumeraine.

29 avril 1800. — Antoine Hacque, d'Entrammes, et Perrine Courcelle, veuve Menard, d'Entrammes.

PAROISSE DE VILLIERS-CHARLEMAGNE

A Motreuil.

24 novembre 1795. — Jean Brillet, de Maisoncelles, et demoiselle Marie Haran, de Villiers (du consentement de M. Deslandes, vicaire de Villiers).

PAROISSE DE MESLAY

Aux Hautes-Rhéories.

3 juin 1797. — René Langlois, de Maisoncelles, et Renée Bergère, de Meslay.

PAROISSE D'ARQUENAY

Aux Prés-Neufs.

18 juin 1798. — Etienne Marteau, d'Arquenay, et Marie Pellier, d'Arquenay.

8 novembre 1799. — Jean Hanuche, d'Avénières, et Jeanne Margaleu, d'Avénières.

PAROISSE D'ENTRAMMES

A Montigné.

27 septembre 1796. — Pierre Fairand, de Maisoncelles, et Julienne Guiard, d'Entrammes.

A la Chesnaie.

22 novembre 1796. — Mathurin Fleuri, d'Ahuillé, et Anne Verdier, d'Entrammes.

20 février 1797. — Louis Réauté et Marie Bourgonnier, tous deux d'Entrammes.

A la Babinière.

13 février 1797. — Pierre Logeais et Perrine Planchard, d'Entrammes l'un et l'autre.

A la Veronnière.

9 janvier 1797. — Louis Chailland et Jeanne Prillé, tous deux d'Entrammes.

A Briassé.

18 juillet 1797. — Michel Nourry et Renée Tourtelier, tous deux d'Entrammes.

A la Petite-Chevallerie.

16 octobre 1797. — Jean Bazin, d'Entrammes, et Jeanne Barillet, d'Entrammes.

A la Chevallerie.

17 octobre 1797. — François Monnier, de l'Huisserie, et Anne Haque, d'Entrammes.

Dans l'église d'Entrammes.

Après publications faites régulièrement (1).

3 juin 1800. — Antoine Chanonat, de Parné, et Magdeleine Ratelade, aussi de Parné.

1ᵉʳ juillet. — Jean Pieau, de Forcé, et Marie Bafferd, d'Entrammes.

8 juillet. — Julien Fournier, né à Entrammes, et Julienne Guiard, veuve Maillard, de Parné.

9 février 1801. — René Haque, d'Entrammes, et Marguerite Bourgonnier, d'Entrammes.

---

(1) M. l'abbé Huchedé eut le titre et remplit les fonctions de desservant d'Entrammes, tout en restant vicaire de Maisoncelles, depuis juin 1800 jusqu'à juillet 1801. — A partir de 1801, M. Cormier, revenu à Maisoncelles en juillet 1797, avait pour auxiliaire M. l'abbé Meignan.

15 février. — Jean Martigné d'Entrammes, et Julienne Foucher, d'Arquenay (1).

Pendant cette même période de temps, M. Huchedé fit en outre un grand nombre de baptêmes et de suppléments des cérémonies de baptême ; car la plupart des enfants qu'on lui présentait avaient déjà été baptisés à la maison.

Le plus souvent il faisait plusieurs cérémonies le même jour : trois ou quatre, six un jour, huit un autre jour. Mais il n'indique jamais les lieux où il baptisait. Incontestablement ce devait être presque toujours à la chapelle de la Jupellière ; parfois aussi, je le présume du moins, dans les fermes du voisinage, à l'occasion de son passage pour quelques mariages. — Ainsi, en décembre 1795, il baptisa trois enfants de Parné.

En 1796, il baptisa douze enfants de Maisoncelles, trois du Bignon, vingt de Parné, cinq d'Entrammes, un de Bazougers, deux d'Arquenay, deux de Forcé, trente-sept dont le domicile n'est point indiqué. — Total : quatre-vingt-deux.

En 1797, il baptisa six enfants de Maisoncelles, un du Bignon, deux de Parné, trois d'Entrammes, un de Laval, un de Bonchamps, dix-neuf dont le domicile n'est pas indiqué. — Total : trente-trois.

En 1798, il baptisa un enfant de Parné.

En 1799, il baptisa un enfant de Maisoncelles, qua-

---

(1) Archives du presbytère. Chacun de ces actes n'occupe que le recto de la page sur laquelle il est écrit ; ils sont aujourd'hui réunis ensemble, et reliés en un volume.

tre de Parné, onze dont le domicile n'est pas indiqué. — Total : seize.

En 1800, il baptisa trois enfants de Parné, deux d'Entrammes, deux de Bazougers, deux de Forcé, trente-quatre dont le domicile n'est pas indiqué. — Total : quarante-trois.

Total général cent soixante-dix-huit sur lesquelles naissances, je n'en trouve que huit qui soient illégitimes.

Ce qu'on peut remarquer dans toutes ces listes, c'est que, à partir de juillet 1797, M. Huchedé remplit son ministère en faveur surtout des catholiques des paroisses voisines. La raison de ce fait est toute natuturelle, et se trouve tout entière dans le retour de M. Cormier au milieu de ses anciens paroissiens. Le bon curé a écrit lui-même en tête d'un registre : *Registre de baptêmes, mariages, sépultures, depuis mon retour*, 1797, et le registre commence par un baptême, en date du 24 juillet 1797. — Dans cette fin d'année, M. Cormier fit de son côté, cinq baptêmes, point de mariages ; mais *quatre sépultures,* avec cette désignation expresse : a été inhumé dans le cimetière de cette paroisse le corps de..... De plus, le 5 septembre 1797, M. Huchedé fit un mariage dans l'église de Maisoncelles. C'est la preuve sans réplique, que, dès cette époque, le culte catholique reprenait tout doucement sa place légitime et publique. Le schisme établi par la constitution civile du clergé subsistait pourtant toujours ; et en ce moment même il y avait encore un évêque intrus à Laval. Mais tout cela tombait, mourait, et les populations de la campagne surtout, affamées en quelque sorte par ces cinq années de privation de messes et de sacrements, profondément touchées du dévouement de ces prêtres revenus de prison avec un cœur plus ardent, devaient se sentir heureuses de retrouver leurs vieux pasteurs, et avec eux, leurs beaux dimanches, et leurs bons offices de paroisse. Encore quelque temps, et ce sentiment deviendra si général et si puissant que Bonaparte, maître de la situation après le 18 brumaire an VIII (9 novembre 1799), fera droit à l'opinion publique, abolira les décrets de déportation, et un peu plus tard fera le Concordat.

En attendant, M. Cormier, réinstallé dans son église et très probablement même dans son presbytère, se remit discrètement au service de son petit troupeau. Comme autrefois, les fonctions communes du ministère restèrent la part de M. Huchedé, encore vicaire, et lui curé, n'eut, de ce côté du moins, qu'un fardeau facile à porter. Ainsi, en 1798, il ne fit ni baptêmes ni sépultures; mais seulement deux mariages. — Rien absolument en 1799. — En 1800, quatre baptêmes et quatre sépultures; point de mariages. — Mais en 1801, vingt-deux baptêmes, deux mariages et onze sépultures.

L'acte du premier de ces mariages débute ainsi : « Le 28 avril 1801, après les fiançailles et publications de bans canoniquement faites, par trois dimanches consécutifs, aux prônes de nos messes paroissiales, sans opposition, etc. »

La paix religieuse se consolidait donc peu à peu ; bientôt elle allait devenir définitive par le Concordat qui, à ce moment, finissait d'être discuté, et qui fut signé le 15 juillet 1801.

A cette date, M. l'abbé François Meignan, revenu, lui aussi, de son exil, reparut à Maisoncelles ; et, comme il l'avait fait déjà quelquefois avant la Révolution, vint cette fois donner tout son concours à M. Cormier, pendant que M. Huchedé, s'autorisant toujours des pouvoirs exceptionnels donnés par l'ancien évêque du Mans, feu Mgr de Gonssans, achevait de se dévouer au profit des paroisses voisines, spécialement d'Entrammes, dont une fois il s'intitule desservant.

La collaboration de M. Meignan est si quotidienne, si régulière que bien certainement il a dû être nommé à cette fonction par M. l'abbé Duperrier, alors vicaire capitulaire. Aussi est-ce lui seul qui garda la desservance de la paroisse, quand, le 28 prairial an X (17 juin 1802), à huit heures du soir, mourut le vénérable M. Cormier, à l'âge de 72 ans..... M. Cormier était né à Laigné-en-Belin (Sarthe) le 12 juin 1730, de Jean-Baptiste Cormier et de Marie Lambert.

M. l'abbé Huchedé, retiré dans une maison du bourg de Maisoncelles, mourut le 27 avril 1806, âgé de 83 ans : il était né à Azé, le 4 octobre 1723, de Jean Huchedé et de Jeanne Jousseau. Possesseur d'une petite fortune, mais de goûts très simples, à en juger par l'inventaire (1) des effets de sa succession, où on ne signale ni fauteuils, ni tapis, ni lingerie de valeur, ni meubles de prix, pas même de bibliothèque

---

(1) Archives du presbytère.

(ce n'était plus l'heure de s'abandonner à l'étude), il avait pu faire la guerre à ses frais, et remplir de tout cœur son rôle de dévouement sans être à charge à personne. Quittant ce monde, il légua à sa famille le restant de son capital, 3,030 fr. ; à la fabrique paroissiale, ses ornements ecclésiastiques estimés à 22 fr. ; à sa domestique, une partie de son mobilier évaluée à 136 fr. ; et aux pauvres le reste de son mobilier estimé à 628 fr. S'il a cru que c'était tout, il s'est trompé : il a laissé une mémoire dont s'honore toujours le clergé de Maisoncelles.

TROISIÈME PARTIE

MAISONCELLES

Depuis le rétablissement du Culte

HISTOIRE CONTEMPORAINE

Après le pape Pie VI, fait prisonnier par une des armées du gouvernement français, et mort à Valence, en Dauphiné, le 29 août 1799, l'autorité pontificale était passée aux mains de Pie VII, élu le 14 mars 1800, par les cardinaux réunis en conclave à Venise.

Jusqu'en 1790, les relations du Saint-Siège avec les monarques français avaient été réglées par un Concordat, conclu en 1515 entre le Pape Léon X et le roi François Ier. Après l'effroyable bouleversement causé par la constitution civile du clergé, Bonaparte, devenu maître du gouvernement, songea à renouer de bons rapports entre le pays dont il était le chef, et le chef de l'Eglise catholique, et il traita du rétablissement du culte. Ce fut l'œuvre la plus grande de sa vie.

Le Concordat, signé à Paris le 15 juillet 1801 par les plénipotentiaires, fut ratifié dès le 15 août suivant par le Pape Pie VII. A Paris, la publication marcha moins vite ; ce ne fût que le 8 avril 1802 que le Corps législatif l'adopta comme loi de l'Etat. Mais, dès le lendemain, le premier consul nomma à tous les nouveaux sièges épiscopaux ; et le cardinal Caprara, au nom du Souverain-Pontife, donna les bulles d'institution.

La France catholique entrait dans une situation, différente sans doute de son vieux passé, exceptionnelle encore en bien des points, mais du moins régulière et légitime.

L'évêché, schismatiquement créé à Laval, ne fut pas maintenu, et le département de la Mayenne resta, avec celui de la Sarthe, pour former le nouveau diocèse du Mans. Le prélat, choisi pour gouverner cette vaste région, fut Mgr de Pidoll, déjà évêque, suffragant de l'archevêché de Trèves, et devenu français par l'annexion de son pays à la République.

Il arriva au Mans le 6 juillet 1802, et vint à Laval le mardi 17 août, accompagné de M. l'abbé Duperrier qu'il avait nommé vicaire général. Les historiens du pays racontent que ce fut une entrée triomphale.

Le lendemain, le clergé catholique se présenta d'abord ; puis vinrent les prêtres jureurs : pénitents et soumis, ils signèrent un formulaire de rétractation.

Pendant son séjour à Laval, Mgr de Pidoll, de concert avec le préfet, s'occupa de choisir des prêtres pour les cures et pour les desservances ; cette organisation religieuse, provisoirement achevée le 6 septembre 1802, devint définitive le 3 mai 1803. Aux environs de cette date, le préfet, M. Harmand, qui avait dressé un état nominatif de tous les ministres du culte, convoqua les prêtres de chaque arrondissement à un jour fixé, et leur remit leurs lettres de nomination et d'institution, après serment prêté par eux. C'était un peu monter sur le pied de l'évêque ; mais, vu les circonstances, et eu égard aux bonnes dispositions de l'administrateur, on fit mine de pas s'en apercevoir.

C'est à cette époque, et après la mort de M. le curé Cormier, arrivée le 19 juin 1802, que M. l'abbé Meignan, qui depuis plus d'un an exerçait les fonctions de vicaire à Maisoncelles, fut nommé, en titre, desservant de la paroisse.

Jeune encore et zélé, il avait besoin de ces deux qualités pour faire face aux difficultés de la position dont il héritait. Non pas que ses paroissiens eussent grand besoin d'être convertis, ni retirés des écarts de la Révolution ; Maisoncelles, on l'a vu, était courageusement resté fidèle à ses devoirs religieux : baptêmes, mariages, tout depuis longtemps était en règle. Mais il y avait, au défaut des anciens bénéficiers de la Luvinière, de la Jupellière, de la Bigottière qui n'étaient plus là, et dont les fonctions du reste avaient été abolies par l'évêque (3 janvier 1803), à trouver et à façonner de dignes laïques pour le chant et les cérémonies solennelles du culte ; il y avait même, pour lui, à se procurer des moyens de subsistance ; car, sans fortune personnelle, et, dans les premiers temps surtout, ne recevant de l'Etat ni traitement ni pension, il fut forcé d'accepter l'aumône de ses paroissiens.

Voici à ce sujet une pièce, instructive (1) à plus

(1) Archives du presbytère.

d'un titre, et qui ne vient pas de la main du curé ; ce n'est certainement pas son écriture :

Etat des choses promises par les habitants de Maisoncelles à Monsieur leur Pasteur. Le 6 novembre 1802 :

Marteau, closier aux Soucheries..	1 boisseau de froment, soit 5 livres.
Julie Cônard, à la Maisonneuve	1 l. 4 s.
Bécher, métayer à Souloup.	1 cent de genêts, soit 10 livres.
Verger, métayer au Grand-Coudray	1 boisseau.
Les closiers du Petit-Coudray	1 boisseau.
Abafour, closier à Juigné ..	8 l.
Jacques Viot, à la Parantière	2 l. 8 s.
Panard, métayer à la Galicherie	1 boisseau 1/2 de seigle, soit 6 livres.
Meignan, closier à la Parantière	5 l.
Langlois, closier à la Parantière	3 l.
La veuve Simon, closière à l'Enaudrie............	1 boisseau de froment.
Leveau, tisserand à l'Enaudrie	1 l. 4 s.
Gary, closier à la Bênerie..	3 l. 4 s.

La fille Réauté, à la Bénerie	1 l. 12 s.
Bouvet, à la Bretonnière...	9 l.
Brillet, closier au Pâtis....	1 boisseau de froment.
Rezé, closier aux Rouëries.	1 boisseau 1/2 id.
Bouvier, à la Jupellière....	6 l.
M. du Hardaz.............	30 l.
La veuve Letessier, à la Quettrie	2 boisseaux de froment.
Jean Réauté, à la Croixille .	9 l.
M. Brillet, au Poirier......	9 l.
Simon, closier au Friche-Massé	6 l.
Bourgogner, métayer à la Roulière...............	12 l. 16 s.
Leclerc, à la Jupellière, métayer	10 l.
Garot, métayer à la Meignannerie..............	8 l.
Perier, métayer à la Motte.	15 l.
Cosnard, métayer à la Vilaine	8 l.
Cosnard, métayer à Tremelière.......	12 l. 16 s.
M. Beauvais, à la Rue	1 busse de cidre, soit 20 livres.
Garot, métayer au Mesnil..	2 boisseaux de froment.
Gruau, closier à la Galicherie	1 id.
Gruau, au bourg..........	10 l.
Guy, maréchal............	6 l. 8 s.
Charles Blandet, menuisier.	3 l. 4 s.
Leveau, rouettier au Poirier	3 l. 4 s.

Pilard, tailleur au bourg...	3 l. 4 s.
Julie Maillard, couturière au bourg	1 l.
Rose Landais, id.	1 l.
Etienne Meignan, maréchal.	8 l.
Mme de la Bourgonnière...	9 l.
Ménard, closier à la Bourgeaiserie	9 l.
Guédon, au Bout-du-Bois..	1 l. 10
David, id.	3 l.
Félix Dubray, tailleur au Mortier	1 l. 10 s.
René Chartier, journalier..	» l. 12 s.
Meignan, métayer à la Pommerais	1 boisseau de froment.
Fournier, closier à la Sinandière	4 l.
Total.	294 livres 6 sols.

Pour quels motifs cette liste de souscriptions volontaires ne comprenait-elle qu'un quartier de la paroisse ? Pendant combien de temps les donateurs versèrent-ils leurs cotisations ? En pareille matière, ce sont des détails dont habituellement on ne tient pas registre. Assuré désormais que de bonnes âmes, attachées à lui, ne le laisseraient pas mendier son pain, M. Meignan se livra tout entier à son ministère pastoral.

Son premier souci se porta du côté de l'église paroissiale. Après avoir recueilli quelques fonds, non pas dans la caisse de la fabrique qui avait été si soigneusement vidée par la République, mais dans la générosité infatigable de ses pauvres paroissiens, il pût, dès 1804, comme je l'ai raconté page 87 et suivantes, construire le chœur, la sacristie et le clocher pour 1,124 fr. Les charpentes de cette partie neuve, faites par M. Tessé, charpentier à Villiers-Charlemagne, coûtèrent 914 francs. Je n'ai pu trouver le marché de la couverture. Quant au lambris du chœur, il ne fut fait qu'en 1811, par les Blandet, menuisiers à Maisoncelles, pour 118 livres 16 sols. En 1823, le vieux plafond du bas de l'église fut abattu et remplacé par un lambris en rapport avec celui du chœur; cette restauration coûta 165 livres 18 sols pour trois mille pieds de voliges achetées à M. Chartier, maire, plus 147 livres 12 sols pour travail des menuisiers. C'est en 1825 seulement que se terminèrent ces gros travaux de construction par l'établissement de deux piliers supplémentaires aux côtés extérieurs de l'église, un enduit général des murs, et un badigeonnage de chaux à l'intérieur.

L'église ainsi réparée, il restait à la pourvoir peu à peu de tout ce qui est nécessaire au culte. En 1816, M. Meignan fit faire par Jouin, maçon à Châtelain, le grand autel, encore existant, pour 1,024 fr. — c'est une façade grecque, style corinthien, très bien réussie.

Dès 1808 ou 1809, une petite cloche avait été installée dans le clocher. Répudiée comme insuffisante, elle fut, en 1825, remplacée par une nouvelle, sortie des ateliers de M. Brunel, fondeur à Laval, et du prix de 705 livres, y compris la valeur de l'ancienne

(144 livres). Cette dépense fut couverte par une quête, faite à domicile, qui rapporta, 383 livres 27 sols, et par des offrandes, recueillies le jour de la bénédiction, qui s'élevèrent à 246 livres 4 sols.

En 1810, l'horloge fut réparée et remise en mouvement. Un bienfaiteur anonyme fit don de 100 fr. pour ce travail.

Quant aux vêtements sacerdotaux et vases sacrés, la fabrique avait bien reçu, en 1806, par legs de M. l'abbé Huchedé, quatre aubes, deux rochets, trois chasubles, huit amicts, quatorze purificatoires, un bonnet carré, un calice d'étain avec sa patène et deux burettes d'argent; mais ce don, ajouté même aux premiers ornements que le clergé avait dû se procurer, ne pouvait constituer que le nécessaire. Peu à peu, à mesure que les fonds arrivèrent, M. Meignan pourvut à tout. Ainsi, en 1826, il paya à Mme Guiau-Pecq 19 livres 8 sols pour réparation de la belle chasuble blanche et de la rouge journalière; plus 126 livres pour façon et fourniture de deux chasubles, l'une violette, l'autre noire. La même année, il paya à M. Jenny 12 livres pour réparation des croix et cadres du chemin de la croix. En 1823, il avait déjà dépensé 140 livres pour reliure et réparations des missels, rituels, graduels, antiphonaires et processionnaux.

Les ressources étant assurées, et devenant un peu plus que suffisantes, il songea, non pas à de luxueuses décorations, mais à un ameublement plus digne; et voici le budget qu'il rédigea avec la fabrique, en 1828, sous l'inspiration de ce légitime désir :

Dépenses ordinaires du culte	200 fr.
Peinture et dorure de l'autel	600
Buffet dans la sacristie pour les chapes, chasubles, calices, linges	200
Chandeliers de l'autel	300
Bannière	300
Soutanes, aubes, rochets pour chantres, sacriste, enfants de chœur	200
Total	1800 fr.

Ces prévisions furent approuvées par l'Evêché du Mans, avec une réduction cependant de 200 fr. sur le tout (1). Mais le bon curé ne put réaliser son projet ; les infirmités l'arrêtèrent bientôt, et un peu plus tard la mort l'enleva.

Je viens de parler de ressources assurées, c'est que, en effet, la fabrique était peu à peu arrivée à trouver des revenus réguliers. D'abord, depuis l'agrandissement de l'église, le nombre des bancs avait augmenté, et en même temps le prix de chaque place, qui en 1804 était de 6 sous, monta vite à 1 fr., si bien que le revenu total des bancs, qui était de 43 fr. 60 en 1804, s'élevait à 252 fr. en 1810. Une autre importante source de revenu se trouvait dans les offrandes volontaires, faites par les fidèles ; beurre, paleron, échinée de porc, fruits, oies, poulets, etc. Les oies se vendaient de 20 à 28 sols ; une poulette coûtait 11 sols. On vendait du lin en assez grande quantité ; ainsi en 1808, trente-quatre chevaliers de lin furent adjugés à 17 sols 3 deniers le

(1) Comptes de la fabrique.

chevalier; le paquet de chanvre coûtait 5 sols et quelques deniers. En 1808, treize gerbes de froment à 27 sols la gerbe. En 1810, quatorze livres de fil à 3 livres 16 sols la livre. Les pommes du cimetière se vendaient de 15 à 18 livres. Il y avait aussi une quenouille, qui était offerte à la sainte Vierge par les mariés et que les donateurs garnissaient de leur mieux. En janvier 1810, Mathurine Gruau paya une quenouillée 30 sols ; en décembre même année, Mme du Hardaz paya une quenouillée 3 livres. En un mot, d'après le compte très détaillé de la gestion des marguilliers, Pierre Bécher, de Souloup, et Pierre Menard, de la Bourgeaiserie, depuis le 2 février 1808 jusqu'au 1er juillet 1811, ces dons volontaires produisirent une somme totale de 840 livres 19 sols ; ce qui fait que, pendant cette même période de temps, la fabrique eut à sa disposition 1630 livres 12 sols. Comparé aux revenus antérieurs, c'était une fortune.

Jusque-là, l'administration fabricienne, — je le vois par la confrontation des pièces de cette époque avec celles de 1781 et 1783, — se rapprochait autant que possible de l'ancien mode de comptabilité. Mais le 30 décembre 1809, parut le fameux décret qui règle sur de nouvelles bases la gestion des biens ecclésiastiques. Outre la très grave question de principe, que soulevait cette ingérence autoritaire du pouvoir civil et dont la solution n'est pas douteuse pour les docteurs catholiques (1), il y avait là des difficultés

---

(1) Soglia dit : *Appendix juris ecclesiastici*, p. 36. — Bonorum ecclesiasticorum administratio, sæcularis potestatis jurisdictioni

pratiques de plus d'une sorte. Le temps et l'habitude des affaires pouvaient seuls en venir à bout. On le comprit partout ; et pendant les premières années, l'application du décret se fit par à peu près. L'autorité épiscopale, qui évidemment voulait, par cette conciliation, écarter toute lutte intempestive, pressa enfin l'exécution ; et, en 1821, Mgr de la Myre demanda un état détaillé de toutes les fabriques. Maisoncelles envoya le sien en novembre. Dans la copie laissée par M. Meignan, je remarque que la nomination des cinq membres électifs a bien été faite par qui de droit, mais non aux époques voulues, « et alors, si besoin est, on demande leur confirmation. »

Le tableau sommaire des recettes est ainsi dressé d'après le compte de 1820 :

Produit des rentes	9 fr. 20
Biens-fonds (néant)	» »
Location des bancs	291 76
Quêtes (néant)	» »
Oblations	145 56
Droits de fabrique (néant)	» »

nullatenus subjacet in Gallia. Certam atque omnino tenendam esse hancce conclusionem..... Non tamen ex ea sequitur non posse, ex concessione sedis apostolicæ, juris aliquid in administrandis bonis ecclesiasticis sæculari potestati competere. Unde matricularii (les marguilliers) constituti, non ex jure proprio aut a seculari potestate accepta, administrant (id tanquem attentatum semper ecclesia reprobavit), sed duntaxat ex sibi facto ab ecclesiastica potestate procuratorio mandato. Quo sensu non repugnat in matricularios, seu ad temporalem parochiæ administrationem, adhibere laïcos. Dicto autem sensu intellecta, matriculariorum institutio, sacris canonibus consona, parochiis valde utilis esse potest.

16.

Celui des dépenses comprend :

    Entretien des bâtiments.........   23 fr. 15
    Traitement des vicaires (néant)...   »   »
    Frais du culte................   547   51

(Les frais du culte proprement dits sont de 200 fr.)

« *Observations :* — On ne fait ni emprunts, ni ré-
» serves. L'église, à moitié brûlée et dévastée dans
» le dernier siècle, a bien des besoins qu'on satisfait
» à mesure qu'on a des fonds. Depuis le rétablisse-
» ment du culte on n'a point fait de visite et montrée
» au presbytère. Quelques réparations, prises sur les
» fonds communaux, ont été faites ; il reste beaucoup
» à faire. »

Quant aux sommes que la commune pouvait verser pour suppléer à l'insuffisance de la fabrique, il y a néant à tous les articles.

En ce qui concerne le supplément de traitement au desservant, M. Meignan écrit : « On était convenu verbalement d'un traitement, qui n'est pas payé. Quelques personnes volontairement donnent en grain de 150 à 200 francs.

En 1829, l'actif curé, ne voulant rien laisser en ruines, releva les murs de clôture du cimetière ; les charrois de pierres et de sable furent faits gratuitement par vingt-et-un fermiers.

Si je me suis attardé au récit de ces détails minutieux, c'est que, convenons-en, le cœur est ému de voir ces paysans catholiques, tant humiliés, dépouillés de tout par la Révolution, arriver, par leurs seules forces, à se refaire une situation respectable.

Si important qu'ils pussent être, ces travaux de reconstruction matérielle, et d'administration temporelle n'absorbaient pas tout le zèle du dévoué pasteur. Pieux, instruit, — il parlait plusieurs langues — il s'occupait aussi activement de la sanctification de son troupeau. Ses sermons, plus moraux que dogmatiques, sévères, un peu longs, ont laissé un souvenir qui n'est pas encore perdu. Plus d'une fois on m'a parlé de ses vives remontrances adressées à l'occasion de quelques abus du carnaval, et répétées, pendant plusieurs semaines de suite, aux jours d'absolution du Carême. Il exigeait un maintien modeste de la part des jeunes personnes; et un jour — ce devait être à l'une de ces périodes d'ardente reprobation, — il tonna publiquement contre la désinvolture des grandes filles du quartier des Vallées qui vont le nez en l'air comme des cavales débridées! (*sic*).

En général, la population, sans être autant adonnée qu'aujourd'hui à certaines pratiques de dévotion, mais éclairée par la dure expérience qu'elle venait de faire de la disparition du culte, était sincèrement chrétienne. Les offices des dimanches étaient suivis avec exactitude : la municipalité donnait même la main au clergé pour l'observation des jours fériés. J'ai là sous les yeux un arrêté, en date 25 août 1822, signé de René Chartier, maire; F. Fournier, adjoint; Jean Perier; Jean Leclerc; Louis Guy; Pierre Leclerc, et prescrivant aux cabaretiers de fermer leurs maisons pendant les offices, et tous les soirs à huit heures et demie même en été. Les processions des Rogations prenaient des demi-journées complètes : parfois on allait rejoindre la procession de Villiers dans la grange de la Lizière, parce que là, en un point assez exceptionnel, se trouvait la limite des deux paroisses.

La suppression d'un certain nombre de fêtes, prononcée, non par le Concordat qui ne s'en occupe pas, mais par un simple indult du cardinal Caprara, le 9 avril 1802, n'était pas absolument goûtée du public : presque partout, clergé et fidèles fêtaient volontairement les anciennes solennités. Le gouvernement s'en plaignit, cela devait être ; et l'évêque du Mans, Mgr de Pidoll, à trois reprises différentes jusqu'en 1808, insista pour faire cesser cette piété inopportune : cela était de trop, je le dis avec respect. En revanche il recommanda le catéchisme uniforme de l'Empire français. Sur la demande de l'Empereur, la rédaction de ce livre, écrivait-il dans son mandement de 1806, avait été confiée au Légat en France, « qui » ne crut pouvoir mieux répondre à la confiance dont » il était honoré qu'en puisant dans les ouvrages de » l'immortel Bossuet l'enseignement qu'il est chargé » de transmettre. »

Le 26 septembre 1819, érection du chemin de la croix par M. Petit, missionnaire à Laval, en présence du curé de la paroisse, de M. Pierre Gestin, curé du Bignon, de Michel Buttier, fabricien, de Louis Guy, officier municipal, et de Etienne Meignan, chantre, soussignés.

Le grand regret de M. Meignan fut de ne pas avoir d'écoles dans sa paroisse ; pas plus que ses prédécesseurs il ne réussit à vaincre les divers obstacles,

— soit manque de ressources, soit défaut de maître et maîtresse d'école, soit pour les enfants difficulté d'aborder le bourg, soit apathie des familles, — qui jusque-là s'étaient opposés à la création d'une œuvre toujours très utile. Mais alors, comme il l'avait vu faire sous l'ancien régime, lui-même se fit maître d'école, et dans l'une des chambres de son presbytère, chaque matin, il enseignait la lecture et l'écriture aux enfants de bonne volonté qui se présentaient : c'est là que l'un de ses neveux, de qui je tiens ces détails, M. Joseph Meignan, un M. Blu, secrétaire de la mairie, et un M. Beauvais avaient commencé à s'instruire. De cette école sortit aussi un élève ecclésiastique, M. Gruau, qui, des mains du curé passa directement au séminaire. M. Gruau est mort curé de Lhomme dans la Sarthe.

Abattu par l'âge et la fatigue, le vénérable pasteur, en 1831, fit appel au concours d'un prêtre du nom de Perrin qui, un ou deux jours par semaine, venait faire les actes les plus pénibles du ministère. Sa santé s'affaiblissant de plus en plus, il demanda à l'évêché du Mans un vicaire en titre qui lui fut aussitôt envoyé. C'était M. l'abbé Sacier. Le jeune prêtre arriva pour la Toussaint ; mais il ne vit plus qu'un moribond : M. Meignan expira le 19 novembre suivant, gardant, à mon avis, une place au moins égale à celle de M. Huchedé dans l'histoire de Maisoncelles.

Par humilité, il avait demandé à être enterré au bas des marches de la grande porte de l'église, afin que si ses paroissiens avaient à se plaindre de lui, ils pussent le fouler aux pieds. Son vœu fut exaucé et sa dépouille mortelle a reposé là jusqu'en janvier 1883. A cette époque, je fis faire une exhumation avec autorisation de qui de droit; et les derniers ossements de M. Meignan, transférés dans le nouveau cimetière, à droite de la croix centrale, sont recouverts de leur ancienne pierre tombale, que supporte une petite maçonnerie, inclinée du côté de la croix.

Pendant sa vie, M. Meignan a vu la fin du règne de Louis XVI; la République, de 1792 à 1804; le premier Empire, de 1804 à 1814; la Restauration avec Louis XVIII, de 1814 à 1824; avec Charles X, de 1824 à 1830; et enfin le commencement du règne de Louis-Philippe.

Sur le trône pontifical de Rome passèrent Pie VII, de 1800 à 1823; Léon XII, de 1823 à 1828; Pie VIII, de 1829 à 1831; puis arriva Grégoire XVI qui, nommé en février 1831, règnera jusqu'en 1846.

Sur le siège épiscopal du Mans, après Mgr de Pidoll, qui en 1815 fut nommé évêque de Bayeux, parurent : Mgr de la Myre, de 1815 à 1829; Mgr Carron, de novembre 1829 à août 1833; Mgr Bouvier de 1834 à 1854.

Maires de Maisoncelles : M. Louis Beauvais, depuis le Consulat jusqu'en mars 1821; M. René Chartier, depuis 1821 jusqu'à décembre 1825 ; M. François Beauvais, depuis janvier 1826 jusqu'en juillet 1833.

M. Trouvé (Désiré), nommé curé de Maisoncelles à la fin de 1831, y resta quatre ans seulement.

Au point de vue des œuvres extérieures, son court passage s'est principalement signalé dans la formation de bons chantres — il en avait huit au chœur —

et dans l'exécution des décorations de l'église, projetées par son prédécesseur.

« Vu la délibération du Conseil de fabrique en date du 6 juillet 1828 — écrit-il à la première page du premier registre des délibérations, dont la tenue ne pouvait plus être différée, — vu l'approbation de l'évêché en date du 27 novembre 1828, nous, Membres du Bureau, sommes entrés en marché avec M. Henry jeune, marbrier à Laval, pour la confection d'un tabernacle en marbre blanc, du prix de 532 fr. tous frais compris...., ; et avec M. Godivier, doreur et peintre à Laval, pour dorer le frontispice du grand autel et les attributs de saint Pierre et de saint Paul, et pour fourniture d'un tableau de huit pieds de hauteur sur quatre et demi de largeur, le tout d'après les règles de l'art, au prix de 634 fr. 50, non compris la nourriture (des ouvriers), dont les frais s'élèveront de 70 à 75 fr. »

L'argent, mis de côté jusqu'ici par la fabrique, ne put couvrir cette forte dépense, faite en un seul coup, et il fallut vendre, outre le vieux tabernacle cédé pour 20 fr., deux chandeliers d'argent qui furent livrés au prix de 213 fr. — Ils étaient donc bien beaux (1) ?

D'un caractère aimable et franc, M. Trouvé avait, dès les premiers jours, gagné la sympathie de toute sa paroisse. Fort de cette influence toute personnelle il s'en servit hardiment pour mettre au moins un frein, de plus en plus serré, à certains désordres publics qu'il est presque impossible d'extirper d'une so-

---

(1) Comptes de 1833.

ciété. La profanation du dimanche l'irritait surtout; et quand il apprenait qu'un de ses paroissiens, sans permission, ou sans excuse, avait par exemple, fait des charrois en ces jours réservés, où le repos est un acte religieux, au prône suivant il tonnait contre cette violation d'un des plus importants commandements de Dieu; si la leçon, par hasard, restait infructueuse, ce n'était pas faute d'avoir été vivement inculqué! Ayant des forces à dépenser, il laissa généreusement entendre qu'un poste, plus laborieux que Maisoncelles, lui agréerait et il fut envoyé à Saint-Germain-le-Guillaume. C'était vers le milieu de 1835.

A cette époque, vivaient encore dans le quartier de la Besnerie et de Bergault, quelques partisans de la petite Eglise ; braves gens au fond, mais d'un entêtement tel qu'ils ne voulurent jamais comprendre que le Concordat de 1801 était parfaitement légitime. Se tenant systématiquement à l'écart des catholiques, leur schisme n'était nuisible qu'à eux-mêmes, puisqu'ils ne convertissaient personne, pas plus qu'ils ne se convertissaient eux-mêmes. Avec le temps, ils disparurent peu à peu.

Maire : M. Louis Guy, depuis 1833 jusqu'en août 1837.

Le 10 septembre 1835, M. l'abbé René Bource prit possession de la cure de Maisoncelles. Il y resta jusqu'à 1843, époque à laquelle il fut nommé curé de Levaré.

Homme d'exactitude symétrique, il a laissé trace de ce caractère jusque dans la tenue de ses divers registres, tous bien réglés, portant marges correctes à droite et à gauche de chaque page. C'est ce même besoin d'ordre et même de stricte légalité qui, dès les premiers jours, le porta à régulariser la location des places de bancs. « Considérant — est-il dit dans une délibération du Conseil du 3 janvier 1836 — que les places n'étant pas affermées par bail dans l'église, ni la fabrique, ni les personnes qui jouissent de ces places, n'étaient assurées, avons décidé à l'unanimité des voix, que dorénavant toutes les places de bancs vacantes seraient affermées après trois publications pour neuf ans....., que l'on continuerait à payer ses places par avance au premier février....., que l'on fera lithographier un livre pour inscrire les baux des bancs. »

Rien de mieux ; mais cette mesure en nécessita immédiatement une autre. Les premiers bancs n'étant guère que de pauvres bancelles, il fallut offrir aux locataires des sièges plus convenables ; de là obligation de reconstruire tous les bancs de l'église. Le travail, commencé en 1836, et confié par parties à divers ouvriers, fut fini en 1838. Chaque banc de six places coûta en moyenne 36 fr., y compris l'emploi du vieux bois. Dans le même temps, M. Bource fit faire les huit stalles qui existent encore, grâce à un don de bois offert par M. de Vaufleury et par M. François Beauvais.

Aimant par goût truelle et outil, il reconstruisit, en 1840, la grande porte de l'église, ainsi que l'escalier de granit qui y conduit : mince évènement en soi, mais qui a un peu grandi en importance par suite

d'une circonstance dont on ne se doute pas. C'est Mgr de Hercé qui, le premier, passa par cette porte neuve ; et comme le prélat voulut bien s'arrêter pour célébrer la sainte messe, sa présence devint une sorte de fête à Maisoncelles. Voici sur cette journée le rapport qui est consigné dans le registre de la fabrique. « Le 4 octobre 1840, premier dimanche du
» mois, Monsieur de Hercé, évêque de Nantes, a eu la
» bonté de venir célébrer la sainte messe dans l'église
» de notre paroisse, après avoir ouvert le premier
» une porte construite en sous-œuvre aux frais de la
» fabrique. Il y a eu un grand concours de fidèles,
» et environ cent quarante personnes ont eu le
» bonheur de communier de la main de Monseigneur
» Dehercé.

» Signé : F. Bruneau-Miré ; Pelard-Thevalle ; P. Bruneau ; H^{te} Bruneau ; Pont, c. dess. ; René Bourgonnier ; J. Menard ; Labbé.

» † François, *évêque de Nantes*. »

On sait qu'à cette époque Nos Seigneurs les Evêques se montraient moins larges qu'aujourd'hui pour l'érection des confréries comme pour la concession des saluts du Saint-Sacrement. M. Bource en fit, à son heure, l'expérience. « A la Gloire de Marie, écrit-il en tête du Registre de la Confrérie du Carmel. — Après une retraite prêchée par le père Augry, prêtre de Saint-Michel, commencée le 20 septembre et terminée le 7 octobre, j'ai demandé l'érection de la Confrérie de Notre-Dame du Mont-Carmel dans ma paroisse : j'ai été refusé. J'ai demandé une seconde fois ; j'ai encore éprouvé un refus. Enfin une troisième ; et j'ai été assez heureux que d'obtenir le titre d'érection en date du 22 décembre 1837. Que Dieu soit loué ! Que la sainte Vierge soit honorée ! Le 6 janvier 1838. R. Bource. »

Il avait raison de se montrer satisfait : depuis ce jour jusqu'à son départ, il a lui-même reçu dans la confrérie deux cent cinquante-sept personnes, soit de la paroisse, soit du voisinage.

Quant à la bénédiction du Saint-Sacrement, Mgr Bouvier, par une ordonnance spéciale en date du 16 octobre 1842 — c'est la première pièce de ce genre que jusqu'à ce moment j'aie trouvé à Maisoncelles — autorisa les curés de la paroisse à donner cette précieuse bénédiction : avec le saint ciboire, le premier dimanche de chaque mois dans le courant de l'année ; aux fêtes solennelles mineures solennisées ; et tous les dimanches dans l'Avent et en Carême ; avec l'ostensoir, seulement aux fêtes solennelles majeures solennisées.

Un autre acte religieux, accompli du temps de M. Bource, mérite aussi d'être signalé : je veux parler de la bénédiction de la chapelle des Bigottières. Mention du reste en a été faite dans les registres paroissiaux, et je me borne à transcrire le procès-verbal, inséré à la page 70 :

« Le 28 septembre 1838, nous, soussigné, René-Louis Bource, curé de la paroisse de Maisoncelles, canton de Meslay, arrondissement de Laval, département de la Mayenne, diocèse du Mans, vu l'article 75 de la circulaire n° 8 de Monseigneur l'Evêque Jean-Baptiste Bouvier, et d'après la permission que Sa Grandeur nous a accordée par une lettre de sa main du 22 de ce mois, de bénir une chapelle existant au château des Bigottières, de la paroisse ci-dessus dénommée, fondée le 28 septembre 1698 d'après l'acte authentique qui nous a été présenté, et qui depuis quarante et quelques années avait été employée à des usages profanes, laquelle chapelle vient' d'être réparée par les soins de M. Jean-Marie-Théodore de Foucault des Bigottières, pour être consacrée à Dieu sous l'invocation de saint René et pour y célébrer le saint sacrifice de la messe pour la commodité dudit M. de Foucault et de sa famille, et encor pour que le curé de la paroisse puisse s'en servir chaque année pour le même usage aux Rogations et à la Saint-Marc.

» En conséquence, étant dûment autorisé et pour satisfaire à la piété de M. de Foucault des Bigottières, nous avons, lesdits jour, mois et an que ci-dessus, vers les onze heures du matin, bénit cette chapelle, séparée du château d'environ quatre-vingt à cent pieds, large de vingt-et-un et long de quarante, ayant trois croisées, un bel autel de l'ordre corinthien, nouvellement doré et peint, au milieu un tableau représentant le sacrifice d'Abraham, et derrière une petite sacristie.

» Laquelle bénédiction a été faite en présence de Mme veuve de Foucault des Bigottières; de M. Jean-Marie-Théodore de Foucault des Bigottières, chevalier de la Légion d'honneur, ex-capitaine de dragons, de MM. Théodore, Charles et Henry de Foucault des Bigottières, et de Mlles Théodorine, Claire, Eugénie et Marie de Foucault des Bigottières, et encore de Mlle Toulon, institutrice, lesquels ont signé avec nous le présent acte rédigé en double expédition, comme il est prescrit à l'article 75 de la circulaire de Monseigneur ci-dessus précitée, et après leur en avoir donné lecture.

» De Foucault des Bigottières, Claire de Foucault, Théodorine de Foucault, Marie de Foucault, Eugénie de Foucault, Veuve de Foucault, née de Bobigné, M. Toulon.

» Bource, *curé, président du bureau.*

» Labbé, *trés.*; J. Menard. »

C'est aussi, je crois, vers le milieu de ce siècle, que furent plantées les croix qui se dressent çà et là le long des chemins publics. Maisoncelles a l'avantage de compter sur son territoire douze de ces signes bénits et salutaires de la Rédemption : la croix de la Parentière; la croix de la Turmelière; la croix de la Jupellière; la croix de la Megnannerie; la croix de la Bourgeaiserie; la croix de la Cour; la croix de Vauguyon; la croix de la Foullerie; la croix de la Boulayère; la croix de la Chauffaudière; la croix de la Vilaine et la croix de la Basse-Flécherie. — Y a-t-il des légendes attachées à quelqu'une de ces croix? Nul n'a pu me le dire.

Maires : M. François Beauvais, renommé, depuis 1837 jusqu'à octobre 1839 ; M. Louis Beauvais depuis avril 1840 jusqu'en juillet 1852.

C'est vers le milieu de l'année 1843 que M. l'abbé Théodore Paumard vint succéder à M. Bource ; il resta six ans à la tête de la paroisse ; cordial, très mêlé à son monde, et dépensant largement la fortune dont il était favorisé.

A son tour, il mit la main à l'embellissement intérieur de l'église. En 1844, il fit poser la table de communion avec les deux marches de marbre noir sur lesquelles elle est établie, pour une somme de 326 fr. 50 (1).

En 1846, eut lieu l'installation d'une fort belle chaire en chêne, sculptée à Vitré, et don de Mme du Hardaz. La fabrique n'eut à dépenser que 300 et quelques francs pour le posage et divers frais accessoires.

En 1848 et 1849, réparation des fenêtres de l'église dans le genre inauguré par M. Bource pour la grande porte. C'est bien dommage que ces Messieurs n'aient pas consulté un architecte.

Au point de vue religieux proprement dit, les faits les plus notables du ministère de M. Paumard sont : d'abord l'appel qu'il reçut de la part de Mgr Bouvier, pour aller, le jeudi 14 mai 1851, huit heures du matin, à Arquenay, présenter à la confirmation ceux de ses paroissiens qui n'avaient pas encore reçu ce sacre-

---

(1) Comptes de la fabrique.

ment : c'était la première fois en ce siècle que Maisoncelles allait recevoir la confirmation. Puis l'érection canonique d'un nouveau chemin de la Croix. Pourvu de tous les pouvoirs nécessaires, M. le curé accomplit les cérémonies obligatoires, et M. Davost, curé de la Trinité de Laval, fit les prédications usitées en pareille circonstance (février 1853).

M. Paumard mourut à Maisoncelles le 14 mai 1853. A la fin de la cérémonie de sépulture, quand allaient bientôt cesser les glas funèbres, la cloche se cassa.

Un peu plus d'un an après mourait à Rome Mgr Bouvier, évêque du Mans.

A Rome déjà, Pie IX, en juin 1846, avait succédé à Grégoire XVI, et il gouvernera l'Eglise jusqu'en 1878.

A Paris, Louis-Philippe avait été détrôné en 1848, et le gouvernement civil était passé aux mains d'une deuxième république, dont le président était Louis-Napoléon Bonaparte.

Le 2 décembre 1852, rétablissement de l'Empire, qui durera jusqu'en septembre 1870.

Maire : M. Jules de Quatrebarbes, depuis le 1er septembre 1852 jusqu'en novembre 1874. Avec lui, peu après 1840, était venue s'implanter ici, par l'acquisition de la terre des Bigottières, l'une des branches de cette vieille famille de Quatrebarbes.

Le 17 juillet 1853, M. l'abbé René Lemonnier prit possession de la cure.

La première œuvre qui s'imposait à lui, c'était la restauration de la sonnerie. Ne pouvant, en raison des modiques ressources de la fabrique, songer à un brillant carillon, il se résigna au strict nécessaire, et commanda à M. Bollée, fondeur au Mans, une cloche de 600 kil.

Présentée par M. Jules de Quatrebarbes, maire de Maisoncelles, et par Mme du Hardaz d'Hauteville, propriétaire à la Jupellière, elle reçut les noms d'Adèle, Honorine, et fut solennellement bénite le 9 mai 1854, par M. Michel Devaux, doyen de Meslay, en présence de MM. Lemonnier, curé de la paroisse ; Descars, chanoine honoraire, principal du collège de Château-Gontier ; Lemonnier, curé d'Arquenay ; Pillet, curé de Forcé ; Cœuret, curé de Bazougers ; Chevalier, curé d'Entrammes ; Gandonnière, chanoine honoraire, curé de Villiers-Charlemagne ; Lemonnier, curé du Bignon ; Nugues, curé de Parné ; Foucault, aumônier de la prison de Laval ; Plaguer, curé de la Bazouge-de-Chemeré ; Chopin, vicaire à Meslay ; Forton, vicaire d'Entrammes ; Reneux, vicaire de Bazougers ; Blanchard, vicaire d'Arquenay ; Esnault, vicaire de la Bazouge-de-Chemeré ; Héteau, vicaire de Parné ; de Mme Jules de Quatrebarbes ; MM. Fortuné et Félix de Vauguion ; Charles Labbé, adjoint ; Christian de Quatrebarbes, et d'un nombre considérable de fidèles (1).

A la fin de cette même année, la paroisse s'associa de son mieux à la joie sainte que la proclamation du dogme de l'Immaculée-Conception suscita dans l'univers catholique.

Peu après, la piété de M. Lemonnier pour le Saint-

(1) Registre de la fabrique, p. 85.

Sacrement le portant à enrichir son église de beaux vases sacrés, ainsi que d'ornements plus brillants, il fit, en 1858, acheter un calice en vermeil pour 385 fr. avec un dais pour 270 fr. et, l'année suivante, il se procura un grand ostensoir à pied de cuivre doré pour 330 fr. Cette dernière acquisition força la fabrique de se dépouiller d'un vieil ostensoir, petit, mais en argent massif. Une mesure du même genre avait déjà été prise en 1832. Il est vraiment regrettable, j'ose le dire, qu'on se laisse acculer à de telles extrémités, parce que ces vieux objets, outre leur prix vénal, ont toujours une valeur artistique, bien supérieure à ce clinquant que débitent tant de fournisseurs actuels du clergé. D'ailleurs nos églises de l'Ouest sont déjà si peu riches de reliques du passé, qu'elles doivent garder comme un trésor les rares épaves qui leur sont restées.

L'évêché de Laval, non plus formé schismatiquement comme au siècle dernier, mais légitimement créé par Pie IX, d'accord avec le gouvernement impérial, avait, le 28 novembre 1855, reçu son premier titulaire, Mgr Wicart. Deux ans plus tard, le 5 mai 1857, le vénéré prélat vint pour la première fois visiter Maisoncelles, et y donner la confirmation. Le bourg était superbement décoré; et la population garde encore le souvenir de cette fête qui a fait vraiment époque dans son histoire.

On sait avec quel zèle Mgr Wicart, jusqu'à la fin de son épiscopat, tint à visiter lui-même régulièrement son diocèse. Après avoir, une seule fois, en 1861, appelé Maisoncelles dans une paroisse voisine, il revint ici le 17 avril 1864, le 7 juin 1868, et le 22 avril 1872. Depuis lors, Maisoncelles n'a plus vu d'évêque dans son église.

A cette dernière date, M. Lemonnier était déjà mort depuis trois ans (28 août 1869), et sa dernière œuvre avait été l'établissement de la Confrérie du Sacré-Cœur de Jésus, avec l'Association de la Communion réparatrice (12 février 1869).

Pour arriver là, nous avons traversé une période dont je n'ai encore rien dit, mais qu'il importe sans autre délai de mettre dans tout son jour. L'espace qui s'écoula de 1842 à 1862 fut pour Maisoncelles un temps de transformation complète au point de vue communal : chemins vicinaux, établissements scolaires, bureau de bienfaisance, alignement des rues du bourg, translation du cimetière, tout s'est fait durant ces vingt années ; et grâce à cela, Maisoncelles a non-seulement pris un aspect absolument nouveau, mais il s'est trouvé organisé comme jamais il ne l'avait été jusque là. Imprimé par le gouvernement de Louis-Philippe, ce mouvement de restauration communale n'a pas été ralenti par la République, et, sous l'Empire, il n'a fait que s'accélérer.

Chemins vicinaux. — C'est en 1843 que la question de l'entretien des chemins vicinaux ou de leur tracés nouveaux parut sérieusement posée. Les projets, débattus et acceptés, furent exécutés, par tronçons, d'années en années, au fur et à mesure des ressources. Le chemin de Maisoncelles au Bignon fut accepté en novembre 1849.

La route de Maisoncelles à Parné commença vers 1855. La route de Maisoncelles à Entrammes fut terminée vers 1858, et celle de Maisoncelles à Château-Gontier par les Bigottières, de 1860 à 1864.

Translation du cimetière. — Une ordonnance de 1843 pressait l'exécution du décret du 23 prairial an XII (12 juin 1804) qui défend de placer les cimetières dans l'enceinte des villes et des bourgs. Mais ce ne fut qu'au mois de mai 1849 qu'un projet de translation du vieux cimetière qui entourait l'église, se fit jour ici, « sous le prétexte, dit textuellement la délibération du conseil municipal, *que des exalaisons cadavéreuses s'exalent des fosses du cimetière et que cela peut être très nuisible pour la santé des habitants du bourg.* » C'était s'apercevoir bien tard d'un inconvénient dont personne dans le passé ne s'était plaint, et à cette époque les sépultures n'étaient pas plus nombreuses qu'autrefois. Il eut bien mieux valu dire franchement et simplement que ce transfert allait avoir lieu en conformité d'ordres supérieurs. Quoi qu'il en soit, l'affaire ne marcha pas sans difficultés. D'abord les ressources manquaient, et il fallut attendre que la nouvelle maison d'école fut payée, afin d'appliquer aux frais du cimetière les impôts votés pour l'établissement scolaire. Puis le choix du terrain ne fut pas arrêté du premier coup. Après avoir songé à le prendre dans le Pré-Sec de la Quetterie, ensuite dans le champ de la Blotterie, près des Soucheries, on se décida enfin à le prendre près de la Bourgeaiserie, sur la route de Maisoncelles au Bignon. Les premiers travaux de clôture et l'installation du portail eurent lieu en 1853, et c'est en 1854 seulement que le nouveau cimetière fut définitivement ouvert aux sépultures.

Je n'ai trouvé nulle part mention de la bénédiction qui a dû en être faite.

Mais, restait toujours autour de l'église le vieux cimetière qui, ne recevant plus les dépouilles des défunts, allait bientôt finir par sembler gênant aux vivants. De fait, sa disparition était inévitable. Quand le temps requis fut révolu, le nivellement de la place fut décrété par le Conseil municipal ; et, en 1870, M. François Beauvais, de la Vilaine, se chargea du travail, qui ne tarda guère à être terminé. Chose étrange ! Ce dégagement total pour former un simulacre de champ-de-mars dont on ne sait que faire ou qu'on encombre de dépôts de tout genre, s'est effectué juste au moment où les villes remplissent d'arbres et de verdure leurs places trop vastes ; et pourtant ces champs sacrés des morts, maintenus au moins dans leur partie la plus voisine des églises, auraient pu, avec leurs monuments religieux et des plantations diverses, composer le square le plus intéressant et le plus pittoresque.

Alignement des rues du bourg. — Malgré cette imperfection, le bourg, en tout cela, a perdu peu à peu la figure de chétif village qu'il avait eue jusque-là, et dont quelques traits ont été gardés dans plusieurs délibérations du conseil municipal. L'un de ces documents (1849, 20 mai) déclare en toutes lettres que la communication du bourg à la mairie et à la maison d'école était impraticable ; et un autre, de 1855, fait le même aveu pour la partie du bourg vers Parné, le long du presbytère. C'est à cette dernière date que fut dressé le plan général pour l'alignement des rues : heure tout à fait opportune, puisqu'alors s'ouvraient les quatre belles routes qui devaient faire circuler un peu plus de vie dans la paroisse; qu'au lieu des antiques masures, s'élevaient çà et là des constructions nouvelles, dont plusieurs composées d'un étage au-dessus du rez-de-chaussée, sont exécutées dans ce genre bourgeois, devenu commun, mais d'aspect agréable; et qu'à cet embellissement s'ajoutait un notable accroissement d'agglomération : à l'heure qu'il est, du Saule à la Cour, et de la Rue à la Bourgeoisie, on compte au chef-lieu de la paroisse une trentaine d'habitations.

Ecoles. — On n'a pas oublié la charité de cœur que mit jadis M. le curé Meignan au service des enfants de sa paroisse, pour leur donner une connaissance élémentaire de la lecture et de l'écriture. Après lui, cette œuvre de dévouement fut continuée par des femmes chrétiennes qui, tout en étant occupées soit au commerce, soit au ménage, consentaient à prélever chaque jour quelques heures sur leur travail quotidien pour les donner à de petits groupes d'élèves des deux sexes. Ainsi se sont faites maîtresses d'école, les unes après les autres, parfois même ensemble, Mlle Gruau, Mlle Lepage, Mme Joséphine Moulard, Mme Labbé et Mme Oger. Cet enseignement *libre et laïque* était, je l'accorde, assez incomplet; mais quel mérite pour tout le monde, élèves et institutrices ! Et quel temps mémorable que celui où pouvaient naître de telles bonnes volontés, et où les familles avaient assez d'entente entre elles pour ne pas se croire humiliées en rendant et en recevant de tels services !

Vint un jour pourtant où, d'après la loi du 28 juin 1833, l'établissement d'une école, au moins pour les garçons, ne pouvait plus être différée à Maisoncelles; et en 1842 fut enfin annoncé le projet de la construction d'une maison, comprenant le logement de l'instituteur, une classe pour les enfants et une chambre pour la mairie. Une fois le terrain choisi et acheté sur le chemin qui descend à Villiers, et par où plus tard devait passer la route des Bigottières, un devis montant à 6,000 fr. fut présenté par M. Morineau, expert-géomètre à Laval, et les travaux commencèrent en 1844 ou 1845. Tout fut à peu près terminé en 1847 puisque, le 3 mai de cette année, eut lieu la réception provisoire du nouveau bâtiment.

Dès le mois d'août 1845, la municipalité — c'était alors une de ses prérogatives — avait proposé pour instituteur M. Joseph Griveau, né à Andouillé le 16 août 1790, et pourvu d'un brevet de capacité du deuxième degré : effectivement c'est lui qui a été le premier maître d'école en titre à Maisoncelles.

En 1853, il prit sa retraite et fut remplacé par M. Tallot; en 1855, vint M. Filliâtre ; en 1869, M. Gautier ; en 1873, M. Bridier; et en 1877, M. Bigot.

Quant à l'école des filles, on ne commença à s'en

occuper qu'en 1860. Les frais de construction de ce second établissement, d'après le devis de M. Fouilleul, architecte à Château-Gontier, devaient s'élever à 7,500 fr. Pour les couvrir, le gouvernement donna 1,000 fr.; le reste tomba à la charge de la municipalité, qui heureusement recueillit quelques souscriptions, et surtout reçut de la générosité de Mlle Freulon, de Laval, une maison avec jardin et dépendances, d'une valeur de 6,060 fr.

« Le don fut fait à la condition expresse que les
» lieux seraient occupés gratuitement par une ou
» deux sœurs enseignantes au choix de l'Evêque de
» Laval; et dans le cas ou la commune manquerait
» à l'obligation de pourvoir de sœurs enseignantes
» les immeubles donnés, le bureau de bienfaisance
» de la commune profiterait des deux tiers de la
» libéralité. »

L'acte de donation a été passé devant Me Mottier, notaire à Laval, en 1860; l'acceptation du conseil municipal, pour sa part, est du 8 juillet 1862; et celle du bureau de bienfaisance, pour sa part, est du 24 août 1862.

C'est en cette année que fut ouvert l'établissement; et on demanda à Briouze une sœur institutrice.

La première titulaire fut sœur Honorine Gouyais, qui d'assez bonne heure fut remplacée par sœur Agathe Delanoë. Puis succédèrent sœur Maria Chalumeau et sœur Augustine Guiton. Au mois d'août 1869 arriva sœur Elise Gallet, accompagnée pour la première fois d'une consœur du même institut.

Bureau de bienfaisance. — Un arrêté de la préfecture de la Mayenne, en date du 1ᵉʳ septembre 1853, mit en demeure la commune de Maisoncelles, comme bien d'autres communes peut-être, également en retard sur ce point, de constituer enfin un bureau de bienfaisance ; et le 6 novembre de la même année la commission administrative fut organisée ; elle se composait du maire, M. de Quatrebarbes ; du curé, M. Lemonnier, et de quatre autres membres : MM. Louis Beauvais, Charles Labbé, Jean Brillet et Edouard O'Madden. Mais ce dernier n'ayant pas voulu prêter le serment politique dont l'Empire était si friand, fut remplacé sur décision préfectorale, par M. Etienne Guy.

Avant cette formation du bureau, un legs charitaritable de 50 fr. de rente, remboursable au capital de 1,200 fr. avait été déjà fait au profit des pauvres de la commune par M. de Vaufleury, en 1846, et accepté par le conseil municipal, à défaut du bureau de bienfaisance, le 26 octobre de la même année.

Peu à peu de nouvelles ressources s'ajoutèrent à ce premier revenu. Ainsi, en 1855, une rente perpétuelle de 100 fr., au capital de 2,000 fr. et assise sur la closerie de la Bourgeaiserie, fut constituée par M. Dubois de Beauregard ; de plus, en 1862, Mlle Freulon réserva au bureau les deux tiers de sa libéralité déjà faite en faveur de l'école congréganiste, dans le cas où les sœurs n'occuperaient plus sa maison ; et enfin subsiste toujours une vieille rente dont les titres ne se trouvent pas aux archives de la mairie (1) ;

(1) Cette rente apparait pour la première fois dans le budget mu-

tant et si bien que les membres de la commission administrative purent, en 1868 et en 1869, établir ainsi avec précision leurs ressources annuelles :

1° Rente de M. Hugdé (ou Huchedé), sur l'Etat 67 fr.
2° Rente Dubois.......................... 100
3° Rente Vaufleury....................... 50
                                      Total........ 217 fr.

C'est au moment où se développaient ensemble tous ces éléments de vie communale que M. l'abbé Hippolyte Hesteau prit possession de la cure (14 septembre 1869.

Quelques mois plus tard s'ouvrit à Rome un Concile général que le monde n'avait pas vu depuis le XVIe siècle; et l'année suivante éclata la guerre de France contre la Prusse.

Au Vatican, l'Eglise, qui ne fit cependant que commencer la grande œuvre qu'elle méditait, obtint un vrai triomphe : le dogme de l'Infaillibilité pontificale fut décrété, et la foi catholique rallia les âmes dans une unité de sentiments dont on trouve peu d'exemples dans l'histoire : pas un schisme, pas une hérésie ne surgirent à la suite du Concile.

En France, au contraire, l'insuccès s'attacha à nos armes dès les premières luttes; puis, les défaites succédant aux défaites, nous fûmes, en quelques mois, absolument écrasés par l'Allemagne victorieuse.

nicipal de 1835 au chiffre de 75 fr., avec mention expresse pour les pauvres. En 1853, par suite de la conversion du 5 0/0 elle est réduite au chiffre de 67 fr. qu'elle garde encore. Elle porte parfois le nom de rente du curé Huchedé.

Maisoncelles qui, comme partout où battaient des cœurs français, ressentait déjà jusqu'au fond de l'âme cette humiliation nationale, crut que sa part, à l'instar de celle de tant d'autres pays, allait devenir plus lourde encore, quand l'envahissement de la Prusse s'étendit jusqu'à Laval. Le canon avait été entendu dans le voisinage, mais quelques uhlans firent seulement une courte apparition dans le bourg; le long de leur chemin, ils s'étaient bornés à saisir M. Lebossé, curé de Villiers, qui venait ici visiter son confrère malade, et qui fut assez promptement relâché.

Dans le cours de cette funeste guerre, au lendemain de la chute de l'Empire, une troisième république, sous le nom de gouvernement de la Défense nationale, s'était emparé du pouvoir. Dans le but de prolonger une résistance, sur l'issue de laquelle tout le monde alors — il faut en convenir — se faisait illusion, le gouvernement décréta aussitôt, outre de nouvelles levées d'hommes, la formation d'une garde nationale. C'est, on le sait, l'idée favorite des républicains. Partout les Français, autrefois si fiers, plièrent le dos à cette fantaisie et à bien d'autres, plus tristes encore, avec une souplesse que rien ne lassera plus.

Les élections — faut-il dire militaires? — accomplies le 11 septembre à Maisoncelles, donnèrent le résultat suivant :

Capitaine de la garde nationale: M. Beauvais (François).

Lieutenant : M. de Quatrebarbes (Christian).

Sous-lieutenant : M. Geslot (Louis).

Sergent-major : M. de Vauguion (Félix).

Au milieu des émotions diverses que faisaient naître tous ces évènements, grands et petits, M. le curé entreprit la reconstruction du presbytère. Les travaux, exécutés d'après le plan de M. Boret, architecte à Laval, commencèrent en 1870 et furent reçus le 1er février 1872. Ce fut l'œuvre principale de M. Hesteau.

Peu après il fit les honneurs de ce que le public a parfois nommé le Logis du curé, à Mgr Daniel, ancien aumônier des zouaves pontificaux, alors camérier de Sa Sainteté le Pape Pie IX, et venu à Maisoncelles (13 mai 1873) pour bénir le mariage de M. Maurice Saulnier avec Mlle Marie Butler O'Madden (1). Le remarquable discours du prélat, la brillante et nombreuse assistance composée de toute la noblesse de la contrée, la présence du général Athanase de Charette, près de qui se retrouvaient, outre le jeune époux, deux autres de ses soldats, Yves de Quatrebarbes et Tresvaux du Fraval ; en même temps que ces noms, les souvenirs à peine refroidis de Mentana et de Patay ; tout cela donna à la cérémonie un éclat et un intérêt qu'on ne trouve pas sou-

---

(1) Originairement, les Butler O'Madden étaient une famille ducale d'Irlande. Chassés de leur pays au xviie siècle par le protestantisme, ils se réfugièrent en France avec beaucoup de catholiques anglais. En 1849, l'un des descendants de cette famille, M. Edouard O'Madden, marié à Mlle Marie de Foucault des Rigottières, avait fait construire, dans le champ de la Rochette, un château dont j'ai déjà parlé, et auquel il avait appliqué le vieux nom de Lizière ou Lezière, que déjà portait une ferme voisine.

vent à un égal degré dans ces fêtes de famille.

Un peu trop autoritaire peut-être, ce qui ne veut pas dire qu'avec cela on possède toujours la vraie force, M. Hesteau avait fini, au bout de neuf ans de ministère, par trouver le sort réservé aux hommes de ce caractère : à côté de partisans très dévoués, il comptait autour de lui des adversaires non moins ardents. Un jour même, ces derniers furent les plus forts, et le curé, ni sacrifié, ni disgrâcié, mais seulement écarté du champ de bataille, alla vivre en paix à Saint-Laurent-des-Mortiers.

A Maisoncelles, la guerre intestine cessa d'assez bonne heure, et en quelque sorte naturellement. Le temps, a-t-on dit, est un grand maître ; guidé, en effet, par la main de la Providence, il amène tôt ou tard des joies, plus souvent des deuils devant lesquels les dissensions s'éteignent toutes seules.....

Maire : M. Christian de Quatrebarbes, depuis le 30 novembre 1874.

Comparée à ce qu'elle était dans le passé, la paroisse actuelle de Maisoncelles est, pourrait-on dire, méconnaissable sous plusieurs rapports.

Ses habitants d'abord ne sont plus les mêmes. A côté des représentants de quelques familles qui datent de cent ans ou même plus, telles que les Ferrand, les Guy, les Meignan, les Cosnard, les Foucault des Bigottières, les Verger, les Viot, les Leclerc, les Beauvais, la plupart des autres concitoyens sont nouveaux venus ; leur installation ici ne remonte guère au-delà du premier quart de ce siècle.

Quant aux corps de métiers, vu leur nombre forcément restreint, ils n'ont pu subir de grandes variations ; là se trouvent toujours deux maréchaux, plusieurs marchands d'épiceries et de menus objets, un maçon, deux charrons, un affranchisseur, un cordonnier. Cependant le corps des tisserands a totalement disparu. Par compensation, si cela en est une, les cabaretiers se sont multipliés : il y en a cinq.

Comme autrefois encore, la grand majorité de la population est employée à l'agriculture. Mais, grâce aux débouchés qui lui sont ouverts de tous côtés, elle trouve aujourd'hui (1878), pour ses produits directs, des prix vraiment rémunérateurs. D'un autre côté la vente des pommes de Damelot, et le commerce du cidre, si justement renommé, des Vallées, donnent un surcroît de revenus ; et enfin la récolte journalière de lait, que font les Trappistes d'Entrammes pour la fabrication de leur fromage, ajoute une importante source de bénéfices. Aussi y a-t-il dans toutes les familles une aisance qu'on ne dissimule pas, et qui se dévoile d'ailleurs par le confortable de l'ameublement et des costumes, par l'éclat des équipages de fermes, et par le petit nombre d'indigents (une vingtaine en tout) inscrits au bureau de bienfaisance.

Etre bien vêtu, bien nourri, bien logé, c'est assurément un avantage très appréciable : pourtant ce n'est ni toute la vie d'un homme, ni toute la vie d'un peuple. Individus et multitude sont faits pour vivre surtout de la vie de la raison, du cœur, de l'âme ; à tous la vertu est plus nécessaire encore que le pain.

Or, à ce point de vue supérieur, Maisoncelles a-t-il gagné ? A-t-il perdu ? La réponse précise est difficile à donner : outre qu'en pareil sujet l'appréciation est délicate, les curés de ce siècle, comme leurs vieux prédécesseurs, ont oublié de se faire les historiens du ministère qu'ils remplissaient : on se le rappelle, maintes fois j'ai été contraint de chercher, dans la lumière des faits généraux, quelques rayons plus ou moins directs pour en éclairer nos chroniques paroissiales.

Ce qui, du moins, est incontestable, c'est que malgré les transformations industrielles qui sont sorties des découvertes récentes et dans lesquelles les idées de Monarchie, de République n'entrent pour rien ; malgré le progrès matériel, qu'il ne faut pas plus confondre avec la vraie civilisation d'un pays, que le vêtement d'un homme avec sa constitution et sa moralité ; l'Eglise et la Religion continuent, comme elles l'ont fait depuis plusieurs centaines d'années, de garder, dans ce petit coin de terre, un poste et un rôle, non-seulement respectés et honorés, mais prépondérants. Et, qui ne le sait ? Si, dans une société, l'intelligence personnelle des agents du pouvoir est d'un grand prix, sa force première, cependant, est dans ses institutions bien organisées, et régulièrement mises en exercice.

Un curé de campagne peut être par lui-même peu de chose ; son ministère pastoral, incessamment rempli, est toujours d'une réelle puissance.

On me pardonnera de ne pas pousser plus loin la publication de ces *Chroniques paroissiales*. Arrivé à Maisoncelles au mois d'août 1878, c'est dans un autre manuscrit, qui restera aux mains de mes successeurs, que j'ai consigné le récit des faits contemporains, en l'accompagnant d'appréciations qu'on pourra contredire si l'on veut, mais que je n'ai pas craint d'exprimer.

Décembre 1886.

CH. MAILLARD, *curé*.

TABLE DES MATIÈRES

PREMIÈRE PARTIE

Maisoncelles sous l'Ancien régime.

	Pages
I. — Origine. — Fondation de la paroisse. — Etat canonique	11
II. — Territoire. — Population. — Patronage.	19
III. — Curés. — Biens de la Cure. — Vicaires. — Dotations.	36
IV. — Eglise. — Cimetière. — Biens de la Fabrique. — Administration de la Fabrique.	86
V. — Familles seigneuriales. — Familles honorables. — Familles de paysans. — Mœurs. — Coutumes. — Pratiques religieuses	121
VI. — Chapellenies ou prestimonies	188
VII. — Maisoncelles au point de vue civil.	215

DEUXIÈME PARTIE

Maisoncelles depuis le 4 août 1789 jusqu'au Concordat.

I. — Maisoncelles au point de vue civil.	225
II. — Maisoncelles au point de vue religieux	237

TROISIÈME PARTIE

Maisoncelles depuis le rétablissement du Culte.

Histoire contemporaine	279

Tiré à 100 Exemplaires.

Laval — Imprimerie CHAILLAND, rue des Béliers, 2. — 10476

www.ingramcontent.com/pod-product-compliance
Lightning Source LLC
Chambersburg PA
CBHW071316150426
43191CB00007B/640